D1717387

Gerd-Klaus Kaltenbrunner (Hrsg.)

WAS IST DEUTSCH?

Gerd-Klaus Kaltenbrunner (Hrsg.)

Was ist deutsch?

Die Unvermeidlichkeit, eine Nation zu sein

MUT-Verlag  ASENDORF

Schutzumschlag:
Gemälde von Hans Pleydenwurff:
„Erzengel Michael tötet den Drachen", Hofer Altar (um 1450);
München, Alte Pinakothek;
Foto: Artothek, München.

Der Erzengel Michael
gilt als Führer und Bannerträger der himmlischen Heerscharen,
Bekämpfer des apokalyptischen Höllendrachens und Beschützer
einzelner Völker. Als „Schutzengel des Volkes" wird er besonders
in Deutschland verehrt; hier war er bevorzugter Patron
der Burgkapellen. Auf den Bergen verdrängte seine Gestalt
den Wotanskult, ein Beispiel der Interpretatio christiana.
Als Seelenführer geleitet er die Verstorbenen
vor den Richterthron Gottes.

1988
© MUT-Verlag * Postfach 1 * D-2811 Asendorf * Tel.: 04253/566
Alle Rechte vorbehalten
Satz und Gestaltung: Wintzek-Offsetdruck
Druck und Bindearbeit:
Adam Prettenhofer GmbH + CoKG, Eystrup/Weser
Printed in Germany
ISBN 3-89182-032-1

Inhalt

Vorwort
zur erweiterten
Neuausgabe

Der Sammelband „Was ist deutsch?" ist zuerst 1980 als 39. Heft des von mir herausgegebenen Taschenbuch-Magazins „Initiative" im Herder-Verlag erschienen. Er gehörte zu den erfolgreichsten Nummern der „Initiative", da er, obwohl von den Massenmedien durchweg totgeschwiegen, innerhalb kurzer Zeit völlig vergriffen war. Er hatte ohne Vermittlung von Rezensenten und Kritikern seine Käufer und Leser gefunden. Diese gehörten offenbar zu jener „Minderheit von zehn- bis zwanzigtausend Leuten, die sich nichts vormachen lassen", weil sie sich, wie Hans Magnus Enzensberger treffend feststellt, „vom Kasperltheater der großen Medien längst abgekoppelt" haben. Sie stellen jenes qualifizierte Publikum dar, von dem er sagt: „Es bildet sich sein Urteil unabhängig vom Blabla der Rezensionen und der Talkshows, und die einzige Form der Reklame, an die es glaubt, ist die Mundpropaganda, die ebenso kostenlos wie unbezahlbar ist." [1]

Der Band hat in den Erörterungen über die „deutsche Frage" und die „nationale Identität" der Deutschen, die Ende der siebziger, Anfang der achtziger Jahre infolge der Bücher von Hans-Joachim Arndt, Hellmut Diwald, Armin Mohler, Wolfgang Strauss, Bernard Willms und anderen begonnen hat, eine weit größere Rolle gespielt, als der fast völlige Mangel an Besprechungen in Presse, Rundfunk und Fernsehen suggerieren könnte. Er gehörte gleichsam zur

Pflichtlektüre vorurteilslos nach neuen Wegen suchender Einzelgänger und politisch obdachloser Gruppen, „linker" wie „rechter", christlicher wie sozialistischer, „radikaler" wie „konservativer". Er wurde zum Losungswort, an dem sich in Begegnungen und Gesprächen diejenigen zu erkennen gaben, die weder in den altgewohnten Parteiformationen noch in den etablierten Massenmedien eine Tribüne haben. Diese Kreise umfassen alle Generationen, wenngleich die der Zwanzig- bis Vierzigjährigen den Hauptanteil stellen. Die Auseinandersetzungen, in denen um Selbstverständigung, Situationsbestimmung und Zukunftsperspektiven gerungen wird, finden einerseits in Briefen, Diskussionen und Tagungen statt, andererseits in Zeitschriften, Taschenbüchern und Almanachen. Um solche Organe, deren oft niedrige Auflagenhöhe im Gegensatz zu den vielfältigen von ihnen ausgehenden geistespolitischen Tiefenwirkungen steht, scharen sich in zunehmendem Maße selbständig denkende und um Klarheit bemühte Grenzgänger, die sich über herkömmliche parlamentarische Etikettierungen ebenso unbekümmert hinwegsetzen wie über massive ideologische Tabus.

Zu diesen publizistischen Foren eines sich von scheinmoralisch abgesicherten Denkzwängen emanzipierenden Dialogs über vitale Fragen der politischen Kultur gehörte von ihrer Gründung im Jahre 1974 bis zu ihrer Einstellung 1988 das Taschenbuch-Magazin „Initiative", in dem der Band „Was ist deutsch?" ursprünglich erschienen ist. Inzwischen zählt auch die Monatszeitschrift MUT zu den führenden kulturpolitischen Periodika nicht nur der Bundesrepublik Deutschland, sondern des deutschen Sprachraums insgesamt. Im Zuge einer konzeptionellen Wandlung, die man bewundernd als schöpferische Mutation kennzeichnen muß, hat sich MUT zu einer Zeitschrift von Niveau gemausert, in der mittlerweile neben vielen anderen Autoren auch einige der prominentesten langjährigen Mitarbeiter der „Initiative" regelmäßig zu Wort kommen.

Es freut mich deshalb ganz besonders, daß der Verlag der Zeitschrift MUT sich bereit erklärt hat, den jahrelang vergriffenen, aber immer wieder verlangten Band „Was ist deutsch?" in einer revidierten Ausgabe neu herauszubringen.

Die Texte der Hauptbeiträge erscheinen so gut wie unverändert, wenn man von einigen stilistischen Verbesserungen und geringfügigen Streichungen mancher durch die Ereignisse der letzten zehn Jahre inaktuell gewordenen Passagen absieht. Außerdem entfielen aus Platzgründen die sechzehn engbedruckte Seiten umfassende Bibliographie, die heute wohl doppelt so umfangreich ausfallen müßte, und zwei kleinere Texte, die mittlerweile auch an anderer Stelle erschienen sind (Jean-Paul Picaper: „Keine Nation ohne selbstbewußte Menschen"; Friedrich Franz von Unruh: „Klage um Deutschland").

Neu hinzugekommen sind die Beiträge von Hellmut Diwald, Detlef Kühn, Reinhold Oberlercher, Karlheinz Weißmann und Bernard Willms, die eine entscheidende Bereicherung des Bandes darstellen, weil er dadurch noch mehr Facetten, Standpunkte und Perspektiven zur Sprache bringt als die 1980 erschienene Erstausgabe. Er umfaßt historische und zeitgeschichtliche Betrachtungen, verfassungsrechtliche und philosophische Analysen, aber auch eher bekenntnishafte Essays, polemisch zugespitzte Stellungnahmen und kühn in eine bessere Zukunft vorgreifende Entwürfe. Sie beweisen trotz unterschiedlicher Ausgangspunkte und Sichtweisen, daß die „deutsche Frage" durchaus nicht abgetan, antiquiert und obsolet ist, sondern springlebendig — unbekümmert darum, ob dadurch das saturierte Ruhebedürfnis phantasielos den Status quo vergötzender Spießer erschüttert wird. Die Unvermeidlichkeit, eine Nation zu sein, gilt heute mehr denn je. Sie ist die unüberholte Grundlage sowohl der im Laufe der Neuzeit, jedenfalls prinzipiell, zu weltweiter Anerkennung gelangten Maßstäbe zwischenstaatlicher Beziehungen als auch der modernen Demokratie. Die zum Pawlowschen Reflex gewordene pauschale Diffamierung des Nationalen, die nach dem Zweiten Weltkrieg in Deutschland an die Stelle der vorher verübten massiven Pervertierung des Nationalen getreten ist, wird von Tag zu Tag brüchiger. Die Unterstellung, daß, wer von nationaler Identität und Selbstbehauptung zu sprechen wage, totalitärer oder „rechtsextremer" Gesinnung verdächtig sei, flößt immer weniger Schrecken ein. Aufgeklärte „Rechte" und undogmatische „Linke" stimmen in zunehmendem Maße darin überein, daß ein verstaubter und zum irrationalen Ritual herabgekommener „Antifaschismus" uns nicht davon dispensieren dürfe, die Wirklichkeit der Nation zu bedenken. Diese Entwicklungen zeichneten sich bereits an der Wende der Jahre 1979/1980 ab, als ich die Erstausgabe des Bandes „Was ist deutsch?" vorbereitete und die Einleitung dazu schrieb. Heute, da ich das Vorwort zur revidierten und erweiterten Neuauflage zu Papier bringe, sind die hier nur ganz allgemein umrissenen Tendenzen zu nationaler Selbstbesinnung so mächtig geworden, daß sie nicht mehr ignoriert werden können. Noch immer gilt, was ein großer deutscher Sozialdemokrat jüdischer Abkunft vor mehr als sechzig Jahren erklärt hat, der Staatsrechtslehrer Hermann Heller, der einst, nach Papens Schlag gegen das sozialdemokratisch regierte Preußen, die preußische Regierung vor dem Staatsgerichtshof in Leipzig verteidigt hat:

„Die stärksten und dauerndsten menschlichen Vergemeinschaftungen beruhen nicht auf organisatorischer, zweckbewußter Interessenverbindung, sondern haben einen organischen, naturhaften Kern. Die wichtigsten naturhaften Bindungen, welche die Menschen ohne ihr Zutun zusammenführen und von anderen absondern, sind das

Blut und der Boden, die Abstammung und die Landschaft. Beide bilden auch natürliche Grundlagen der Nation."

Mag auch der Ausdruck „Blut und Boden" aus bestimmten Gründen heute etwas anrüchig klingen, so ist doch die Hinzufügung „Abstammung und Landschaft" klar genug, um zu beweisen, daß Hermann Heller etwas völlig Richtiges, Zutreffendes und im Grunde Selbstverständliches gesagt hat.

Er hat es in seinem bereits 1925 erschienenen Werk „Sozialismus und Nation" gesagt.

Wenn ich als in der Bundesrepublik Deutschland lebender österreichischer Staatsbürger noch etwas hinzufügen darf, dann folgendes: Keine politische Kraft, ob rechts oder links, könnte es mit einer Bewegung aufnehmen, die sich ernsthaft und glaubwürdig auf dieses patriotische Erbe von Ferdinand Lasalle, Friedrich Ebert, Kurt Schumacher und Hermann Heller besänne.

Kandern in der Markgrafschaft, Mai 1988

Gerd-Klaus Kaltenbrunner

Anmerkung

1) Vgl. Hans Magnus Enzensberger: Rezensenten-Dämmerung. In: Wo wir stehen. Dreißig Beiträge zur Kultur der Moderne. Hrsg. von Martin Meyer. Piper Verlag, München 1988, S. 89 ff., Zitat auf S. 95.

Solange die Zersplitterung unseres Vaterlandes besteht, so lange sind wir politisch null. Wir wollen aufhören, die Narren der Fremden zu sein, und zusammenhalten zu einem einzigen unteilbaren, starken, freien deutschen Volk!

Friedrich Engels

Vorwort
des Herausgebers
zur ersten Ausgabe (1980)

„Denk' ich an Deutschland in der Nacht
Dann bin ich um den Schlaf gebracht..."

Die ersten Zeilen von Heines „Nachtgedanken" aus dem Jahre 1843 drängen sich noch immer auf, wenn gefragt wird: Was ist deutsch? Die Frage, der in diesem Band Historiker, Soziologen, Politikwissenschaftler, Juristen und Publizisten nachgehen, ist nicht neu. Die größten Geister der Nation haben mit ihr gerungen. Dichter, Philosophen, Musiker, Gelehrte und Staatsmänner versuchten im Lauf der letzten zweihundert Jahre, das „deutsche Wesen", die „deutsche Seele", den „Genius der Deutschen" zu ergründen.

Die Frage nach dem Deutschen hat viele Aspekte und Dimensionen: sprachgeschichtliche, ethnische, sozialpsychologische, kulturelle, geographische, verfassungsrechtliche, politische und, wagen wir das Wort, metaphysische. Uralt ist ja die Vorstellung von den Völkerengeln, die die Geschicke der Nationen leiten, ihre Repräsentanten am Thron Gottes sind und gelegentlich auch sichtbar in deren Kriege eingreifen. Der Erzengel Michael gilt jüdischer Überlieferung zufolge als der zur Rechten Gottes stehende Patron Israels. Michael war auch der Schutzherr des Fränkischen Reiches. Auf Wunsch Kaiser Karls des Großen erhob der Papst den 29. September zum für die ganze Kirche

12

verbindlichen Michaelstag. Nach der bald nach dem Tod Karls vollzogenen Teilung des karolingischen Erbes wurde Michael zum Schutzengel des Ostfränkischen Reiches, aus dem später Deutschland hervorgehen sollte. Der Legende nach griff Michael im Jahre 955 in das gewaltige Völkerringen auf dem Lechfeld bei Augsburg ein, wo das von Kaiser Otto I. geführte Reichsheer den Ansturm der heidnischen Ungarn zurückschlug. Daß Michael sowohl von den Juden als auch von den Deutschen als himmlischer Protektor angesehen wurde, mag zu tiefsinnigen Meditationen Anlaß geben. Wie so oft befinden sich freilich auch hier das Erhabene und das Komische dicht nebeneinander. Aus dem überirdischen Reichsfeldmarschall Michael, dessen Bild auf den Sturmbannern mittelalterlicher Heere prangte, wurde schließlich der „teutsche Michel", der Inbegriff des gutmütigen, aber auch unbeholfenen, einfältigen und linkischen Deutschen mit der Zipfelmütze. Das spöttische Wort vom teutschen Michel taucht zum erstenmal 1541 in Sebastian Francks „Sprichwörtern" auf. Franck war ein Zeitgenosse des Reformators Martin Luther.

Luther hat wie kein zweiter Deutscher das Bild seines Volkes geprägt. Die durch ihn bewirkte konfessionelle Spaltung der Nation gehört zu den folgenreichsten Ereignissen deutscher Geschichte. Luthers Lehre von der *sola fides,* von der Rechtfertigung des Menschen allein durch den Glauben, bedeutet eine radikale Wende in der Geschichte deutschen Denkens. Ein gewisser Dualismus, wie er sich auch in der Zweiheit von himmlisch-heroischem Michael und schwerfällig-tumbem Michel äußert, ist eng mit Luthers schicksalhafter Tat verbunden. Ja, man kann sagen, daß sich bereits in Luther selbst jene Polarität nachweisen läßt: der Himmel, Erde und Unterwelt herausfordernde Trotz des „Hier steh' ich, ich kann nicht anders" und das Mönchisch-Tölpelhafte lassen sich in seinem Charakter nicht trennen. *Furor teutonicus* und Servilität, Ungestüm und Unterwürfigkeit, faustischer Drang ins Jenseitig-Unendliche und spießbürgerliches Behagen am Herddämmerglück in anheimelnder Stube — all dies ist in Luther bereits angelegt. Dostojewskij sprach 1877 von Deutschland als dem „protestierenden Reich" und vom „ewigen Protestantismus" „dieses großen, stolzen und besonderen Volkes". Er hat damit, wenn auch in polemischer Einseitigkeit, etwas Wesentliches hervorgehoben. Es ist nicht abwegig, vom Luther-Geruch der deutschen Nation zu sprechen. Deutsche Philosophie, deutsche Musik, die klassische deutsche Literatur, die Dichtung der deutschen Romantik — sie alle sind fast ausschließlich aus dem Luthertum hervorgegangen. Groß ist die Zahl der Dichter und Denker, die deutschen Pfarrhäusern entstammen.

Bereits Luther selbst war die Eigenart der Deutschen ein Problem. „Man weiß von den Teutschen nichts in andern Landen", seufzte er. „Es ist keine verachtetere Nation denn die Teutschen", sagte er einmal; „Italiäner heißen uns Bestien, Frankreich und Engeland spotten unser, und alle anderen Länder. Wer weiß, was Gott will und wird aus den Teutschen machen?" Das Bild des gefürchteten und verspotteten, des unheimlichen und lächerlichen Deutschen taucht bereits damals auf. Durch die Jahrhunderte zieht sich die Klage über die Verhaßtheit, das Verkanntsein, die Erniedrigung der Deutschen. Bisweilen will es scheinen, als bedeute Deutschsein fremd in der Welt sein. Deutschheit als Welt-Fremdheit ... Am Ausgang des achtzehnten Jahrhunderts erblickt Hölderlin Deutschland „allduldend, gleich der schweigenden Mutter Erd, und allverkannt, wenn schon aus deiner Tiefe die Fremden ihr Bestes haben". In einer anderen Ode („An die Deutschen") nennt der Dichter seine Landsleute „tatenarm und gedankenvoll".

Es gibt aber auch den entgegengesetzten Drang ins Weite: über alles Stammesmäßige, Provinzielle, Nationale hinweg ins Allmenschliche, in die Universalität des absolut Humanen. Bekannt sind Goethes und Schillers Epigramme: „Deutschland? Aber wo liegt es? Ich weiß das Land nicht zu finden, / Wo das gelehrte beginnt, hört das politische auf" und „Zur *Nation* euch zu bilden, ihr hoffet es, Deutsche, vergebens; / Bildet, ihr könnt es, dafür freier zu Menschen euch aus" (Xenien, Musenalmanach auf das Jahr 1797). Damit wird gezielt auf die merkwürdige Politikferne des deutschen Geistes, seine Neigung, aus der subjektiv-intimen Privatheit übergangslos in eine abstrakte Humanität zu fliehen. Niemand hat jemals die Idee überpolitischer und übernationaler Menschlichkeit so bedingungslos verherrlicht wie Lessing, Goethe, Schiller und Humboldt. Lessing erklärte: „Der gute Ruf eines Patrioten ist das letzte, was ich mir wünsche, wenn der Patriotismus mich lehren sollte, mein Weltbürgertum zu vergessen." Kommt in dieser exzentrischen Leidenschaft für die sozusagen rein humanisierte *eine* Menschheit, die alle anthropologischen Konkreta überschreitet, nicht auch jene fatale deutsche Neigung zum Unbedingten und Anfälligkeit für alles Radikale zum Ausdruck? Dazu noch eine Xenie aus Goethes und Schillers Nachlaß: „Daß der Deutsche doch alles zu einem Äußersten treibet, / Für Natur und Vernunft selbst, für die nüchterne, schwärmt!"

Was dieser Zweizeiler als Tadel ausspricht, hat Max Stirner zum Programm erhoben: „Der Deutsche erst bekundet den weltgeschichtlichen Beruf des Radikalismus. Wo der Deutsche umreißt, da muß ein Gott fallen und eine Welt vergehen." Stirner kommt von Hegel, und von Hegel kommt auch Marx. Wieviel fanatische Maßlosigkeit und fürchterliche Radikalität ist in seinem Werk enthalten. In seiner Dissertation steht bereits der Satz: „Die Philosophie verheimlicht es nicht. Das Bekenntnis des Prometheus —, mit einem Wort, ich hasse all die Götter' — ist ihr eigenes Bekenntnis, ihr eigener Spruch gegen alle himmlischen und

15

irdischen Götter, die das menschliche Selbstbewußtsein nicht als die oberste Gottheit anerkennen. Es soll keiner neben ihm sein." Im Medium deutscher spekulativer Philosophie artikuliert sich der Ruf nach der Weltrevolution. Deutscher Titanismus, deutsche Monomanie, deutscher Drang zum Absoluten: Prometheus, Faust, Zarathustra, ein mythisiertes Proletariat als Archetypen. Sie repräsentieren gewiß nicht die ganze Spannweite des deutschen Geistes, doch unzweifelhaft eine im Lauf der Neuzeit immer stärker werdende Tendenz. — Fichte, Hegel, Marx, Nietzsche, Heidegger — jeder verkörpert etwas von dieser spezifischen Radikalität des deutschen Geistes, seiner Lust am Zu-Ende-Denken bis zur Selbstaufhebung des Denkens. Alles, was deutscher Geist an Ideen aufgreift, gerät in diesen spekulativen Sog.

Der Klassizismus wäre eine kurze Mode geblieben, angeregt durch die Ausgrabungen in Pompeji und andere archäologische Entdeckungen, doch der Deutsche Winckelmann machte daraus eine Ideologie, ja einen Kult mit Dogmen und Riten, eine fanatische Kunst-Religion, die ganzen Generationen den Blick für die Schönheit des Barocks zu rauben imstande war.

Für einen starken Staat plädierten auch Machiavelli und Hobbes, doch nur ein Deutscher, der zum preußischen Hofphilosophen avancierte Schwabe Georg Wilhelm Friedrich Hegel, konnte ihn vergöttlichen: „Der Staat ist die Wirklichkeit der sittlichen Idee. Es ist der Gang Gottes in der Welt, daß der Staat ist, sein Grund ist die Gewalt der sich als Wille verwirklichenden Vernunft. Man muß daher den Staat als wie ein Irdisch-Göttliches verehren."

Der Sozialismus ist durchaus keine deutsche Erfindung, er hatte in England und Frankreich seine verschiedenen Schulen — reformistische, technokratische, empirischpositivistische, pragmatische, christliche und auch utopische —, welche die Folgen der beginnenden Industrialisie-

16

rung in den Griff zu bekommen versuchten. Er wäre eine
Angelegenheit philanthropischer Sekten geblieben, vielleicht wäre er auch als ein brauchbares Organisationsmo-
dell in bestimmten Krisensituationen allgemein anerkannt
worden, wenn nicht ein Deutscher, Karl Marx, der Hegel
gut, das wirkliche Proletariat jedoch nur dürftig kannte, ihn
mittels philosophischer Deduktion in eine apokalyptische
Heilslehre verwandelt hätte, die die völlige Wiedergewin-
nung des Menschen, die Aufhebung jeglicher Entfremdung,
die Lösung des Rätsels der Weltgeschichte und den Sprung
aus dem Reich der Notwendigkeit in das Reich der Freiheit
— alle diese Formeln finden sich bei dem Mann aus Trier —
mit dem Los der angeblich zur Weltrevolution berufenen
Industriearbeiter verknüpft.

Auch anderen Völkern sind Reiselust, Fernweh, Zunei-
gung zu fremden Nationen und Kulturen nicht unbekannt, doch niemand außer den Deutschen hat sich im
Lauf der Jahrhunderte mit einer bis zu ekstatischer Selbst-
vergessenheit gesteigerten Inbrunst dem Ausland zugewandt. Wahrscheinlich war und ist in keinem zweiten Kul-
turvolk Fremdenhaß so wenig verbreitet wie in Deutschland.
Schon um 1775 notierte Lichtenberg: „Der Charakter der
Deutschen in zwei Worten: *patriam fugimus.*"

Das Land der Griechen mit der Seele suchend, brachen
Winckelmann, Goethe, Schiller, Hölderlin und Nietzsche
zum Exodus in eine verklärte Antike auf, um in immer tie-
fere Schichten hellenischer Vergangenheit einzudringen.
Von ihrem griechischen Exil aus maßen sie Deutschland
an den erhabenen Normen apollinisch-dionysischer Kultur. Berühmt sind die harten Worte, die Hölderlin dem Hyperion in den Mund legt:

„So kam ich unter die Deutschen ... Barbaren von alters
her, durch Fleiß und Wissenschaft und selbst durch Religion barbarischer geworden, tiefunfähig jedes göttlichen
Gefühls, verdorben bis ins Mark zum Glück der heiligen

Grazien, in jedem Grad der Übertreibung und der Ärmlichkeit beleidigend für jede gutgeartete Seele, dumpf und harmonielos, wie die Scherben eines weggeworfenen Gefäßes ... Es ist ein hartes Wort und dennoch sag' ich's, weil es Wahrheit ist: ich kann kein Volk mir denken, das zerrißner wäre, wie die Deutschen. Handwerker siehst du, aber keine Menschen, Denker, aber keine Menschen, Priester, aber keine Menschen, Herrn und Knechte, Jungen und gesetzte Leute, aber keine Menschen — ist das nicht, wie ein Schlachtfeld, wo Hände und Arme und alle Glieder zerstückelt untereinander liegen, indessen das vergoßne Lebensblut im Sande zerrinnt? ... Ich sage dir: es ist nichts Heiliges, was nicht entheiligt, nicht zum ärmlichen Behelf herabgewürdigt ist bei diesem Volk ..."

Mit dem Traum von Hellas verband sich oft, so bei Goethe, Nietzsche und George, die Italien-Sehnsucht der Deutschen. In Rom, Venedig, Florenz und Pompeji vergaßen sie den nebligen Norden. „Ich suche, soviel möglich ist, meine verlorne Jugend zurückzurufen", schreibt der neunundvierzigjährige Winckelmann 1766 aus Rom. „Venedig, der einzige Ort auf Erden, den ich liebe", läßt Nietzsche 1887 seinen Freund Overbeck wissen. Stefan George, der verkündet hatte: „Hellas ewig unsre Liebe", feiert im „Teppich des Lebens" die deutschen Rom-Fahrer:

Freut euch dass nie euch fremdes land geworden
Der weihe land der väter paradies
Das sie erlöst vom nebeltraum im norden
Das oft ihr sang mehr als die heimat pries.

Goethe bekannte: „In Rom hab' ich mich selbst zuerst gefunden", und ähnlich heißt es auch bei Anselm Feuerbach 1857: „Rom. Bei diesem Namen hört alles Träumen auf, da fängt die Selbsterkenntnis an." Doch solche verhältnismäßig nüchternen Stimmen sind selten im Chor deutscher Italien-Sehnsucht. Den meisten wurde der

Süden weniger zum Ort der Selbstfindung und Selbstbegegnung denn zur Pforte ins Reich der Geschichtslosigkeit. „Es hängt an den Mauern Roms etwas, das das Tiefste im Menschen aufregt", schreibt Bachofen, Bürger der ehemaligen deutschen Reichsstadt Basel, an seinen Lehrer Savigny. Bei Dichtern des zwanzigsten Jahrhunderts werden Hellas, Ägäis, Italien zu reinen Symbolen, Spiegelungen und Chiffren des Ausstiegs aus allen nationalen Bindungen. Das Geographische, Historische, Kulturelle löst sich auf in „vom Süden umlagerte Worte und Themen", wie Gottfried Benn bekennt. Wenngleich mediterrane Bildpartikel nach wie vor überwiegen, tritt der Bezug zu konkreten Orten, Landschaften und Bevölkerungen fast ganz zurück. Der „Süden" ist mythisiert, Emblem und Fata Morgana der nach Frühe, Ursprünglichkeit, Verzückung lechzenden deutschen Hyperion-Enkel Mombert, Däubler und Benn.

Ein Kapitel für sich ist die deutsche Affinität zum slawischen Osten, insbesondere zu Rußland. Maximilian Klinger, der rhein-fränkische Stürmer und Dränger, ging 1780 in russische Dienste, wird Reisebegleiter des Großfürsten, Direktor des Kadetten- und Pagenkorps in St. Petersburg, Kurator der Universität Dorpat und Inhaber zahlreicher Ämter im Bildungs- und Schulwesen des Zarenreiches. Er stirbt am 13. Februar 1831, im gleichen Jahr wie Hegel, als Träger des höchsten russischen Ordens, im Besitz der Adelswürde, eines Krongutes sowie eines Hauses in St. Petersburg, das Besucher mit einem Palast verglichen. Er hielt sich für einen Deutschen unter den Russen, doch unter den Deutschen galt er als russifiziert.

Maximilian Klinger mag als Beispiel für zahllose andere stehen. Auch der Theaterdichter August Kotzebue stand seit 1781 in russischen Diensten, zuletzt als Staatsrat für auswärtige Angelegenheiten und Korrespondent des kaiserlich-russischen Kultusministeriums. Er wurde deshalb von liberalen Gazetten als „russischer Spion" denunziert und schließlich auf der Flucht aus Weimar, wo er sich seines Lebens nicht mehr sicher war, von dem verhetzten Burschenschaftler Karl Sand 1819 in Mannheim ermordet. Franz von Baader, der Münchner Religionsphilosoph in der Nachfolge Böhmes, pflegte ebenfalls enge Kontakte zu Rußland, träumte von der Gründung einer christlich-ökumenischen Akademie in St. Petersburg und erwartete von einer erneuerten Orthodoxie die Befreiung des Abendlandes vom französischen Materialismus und deutschen Spiritualismus. *Ex oriente lux:* Wie von Rußland aus der Sturz Napoleons ins Werk gesetzt wurde, sollte von dem größten slawischen Volk auch die christliche Wiedergeburt Europas ausgehen. Der Reichsfreiherr vom Stein wurde, nachdem er seinen Abschied von Preußen nehmen mußte, 1812 von Alexander I. als politischer Berater berufen. Er bestimmte den Zaren, nicht nur Rußland, sondern ganz Europa von der Napoleonischen Herrschaft zu befreien. Auf dem Wiener Kongreß war vom Stein ausschließlich Berater der russischen Delegation. Bis weit in das zwanzigste Jahrhundert hinein sind insbesondere die deutschen Konservativen aller Quartiere von Rußland fasziniert: die Reihe reicht von den Brüdern Gerlach und dem bereits erwähnten Baader über Nietzsche bis zu Moeller van den Bruck (der Dostojewskij auf deutsch herausbringt), dem frühen Thomas Mann der „Betrachtungen eines Unpolitischen" und den sogenannten Nationalbolschewisten im „Widerstands"-Kreis um Ernst Niekisch.

Rilke hat zweimal Rußland bereist, in Begleitung von Lou Salomé, der Tochter eines russischen Generals hugenottischer Abstammung und einer deutschen Mutter. Lou hatte in jungen Jahren Nietzsche beeindruckt und sich später der Lehre Freuds zugewandt. Gemeinsam mit Lou besucht Rilke den greisen Tolstoj und den Maler Leonid Pasternak — Vater des Dichters Boris Pasternak —; gemeinsam feiern sie die Osternacht im Moskauer Kreml und fahren zu Schiff auf dem Dnjepr und der Wolga. Rilke ist zutiefst ergriffen von Rußland. Gierig saugt er landschaftliche, literarische und religiöse Begegnungen in sich hinein; er übersetzt Tschechow, Dostojewskij, Lermontow, versucht, das altrussische Igor-Lied ins Deutsche zu übertragen und schreibt selber eine Reihe von Gedichten in russischer Sprache. Was für frühere Generationen Italien und Griechenland gewesen waren, wird für Rilke Rußland, das numinose eurasische Imperium, in dem alles ganz anders ist. Rilke horcht auf die Schläge des Herzens Rußlands „im Gefühl, daß dort die richtigen Taktmaße sind auch für unser Leben". An Lou Salomé schreibt er am 15. August 1903: „Daß Rußland meine Heimat ist, gehört zu jenen großen und geheimnisvollen Sicherheiten, aus denen ich lebe." Es ist das Formlos-Elementare, die mystische Dreiheit von Gott, Bauerntum und ursprünglicher Schöpfung, die kontinentale Weite des Reiches, die Rilke an Rußland faszinierten.

Auch die radikale Linke, insbesondere deren intellektuelle Elite, folgt noch diesem Gesetz, als sie sich nach dem Ende des Ersten Weltkriegs für Lenins Sowjetrußland begeistert, zu den sich auf Marx berufenden Nachfolgern des Zaren an die Moskwa pilgert und dort ihr wahres Vaterland zu finden wähnt. Für Armin T. Wegner und Ernst Bloch ist der im gläsernen Sarg im Mausoleum an der Kremlmauer ruhende Lenin eine Heilbringer-Gestalt wie der im Kyffhäuser seiner glorreichen Wiederauferstehung entgegenharrende Kaiser Barbarossa. Bloch, der aus Ludwigshafen stammende Expressionist unter den deutschen Marxisten, emigriert nach der Schweiz, der Tschechoslowakei und schließlich nach den USA, doch als seine eigentliche Heimat sieht er das kommmunistische Rußland an: „Ubi Lenin, ibi Jerusalem" (Das Prinzip Hoffnung 2, S. 711).

Der Radikalismus der Deutschen in der Zuwendung zu anderen Völkern und Kulturen feierte noch in den sechziger und siebziger Jahren orgiastische Triumphe; Tausende junge Münchner, Heidelberger, Frankfurter, Hamburger und Westberliner engagierten sich für Vietnam, Kuba und das China Mao Tse-tungs, während sie für das Schicksal ihrer zwischen Elbe und Oder lebenden Landsleute nicht einmal ein Achselzucken übrig hatten. So wie die frühen Romantiker aus der Ferne Indien huldigten und Sanskrit für die Sprache des Weltgeists hielten, wie der alte Goethe aus den Wirren der Befreiungskriege sich in ein imaginäres Persien zurückzog, um „im reinen Osten Patriarchenluft zu kosten", wie Schopenhauer den Buddhismus an den Main verpflanzen wollte, so wogte zwischen 1967 und etwa der Mitte der siebziger Jahre eine neue Flut von Morgenlandschwärmerei durch Deutschland, nur daß an die Stelle der Sakuntala, Hafis' und Gautamas Mao, Che und Arafat getreten waren und diese linksorientalische Fernstenliebe kulturell unfruchtbar blieb. Sie bereicherte das deutsche Geistesleben in wissenschaftlicher, philosophischer und poetischer Hinsicht in keinem nennenswerten Maße.

Welches Volk sonst hat solche bis zur Selbstverleugnung und Preisgabe der eigenen Identität gehende Sympathien für fremde Stämme, Völker und Reiche gehegt? Vielleicht nur noch die Juden seit dem achtzehnten Jahrhundert, die oft deutscher fühlten und dachten als viele auf ihre germanische Herkunft stolze Gojim.

Lichtenberg bemerkt zu diesem Phänomen schon Ende des achtzehnten Jahrhunderts, als in Preußen ein großer König regierte, der nur französisch dachte, sprach und schrieb, weil er das Deutsche für einen barbarischen und literaturunfähigen Dialekt hielt (und dies zu einer Zeit, als Klopstock, Lessing, Wieland und der junge Goethe bereits das Zeitalter der Klassik eröffnet hatten):

„Keine Nation fühlt so sehr als die deutsche den Wert von andern Nationen und wird, leider, von den meisten wenig geachtet, eben wegen dieser Biegsamkeit. Mich dünkt, die andern Nationen haben recht: eine Nation, die allen gefallen will, verdient, von allen verachtet zu werden."

Vielfalt deutscher Radikalität ... Streben in die Transzendenz *und* liebevolles Sichversenken ins Unscheinbarste, wie es das Rasenstück Dürers ist. Innigkeit — ein Kernwort deutscher Mystik, dieses Abenteuers weltüberwindender, welteinschmelzender Sehnsucht — *und* brutales Berserkertum wie in Kleists Gedicht „Germania an ihre Kinder": „Alles, was ihr Fuß betreten, / Färbt mit ihren Knochen weiß, / Welchen Rab und Fuchs verschmähten, / Gebet ihn den Fischen preis, / Dämmt den Rhein mit ihren Leichen." — „Schlagt ihn tot! Das Weltgericht / Fragt euch nach den Gründen nicht!"

Deutsche Todeslust, Todessehnsucht, Todestrunkenheit ... Hofmannswaldau schreibt „Poetische Grabinschriften", sein Freund Lohenstein dichtet Sargverse („Irdisches und sterblich Volk, lebend-tote Erdengäste, / Ihr Verwürflinge des Himmels, ihr Gespenste dieser Welt ..."); in der Ode „An Ebert" imaginiert Klopstock den Tod seiner jungen Freunde, um durch diese düstere Vergegenwärtigung sich der Kostbarkeit der Freundschaft zu vergewissern, und einer seiner vollkommensten Gesänge hat den Titel „Die frühen Gräber"; das erste gedruckte Werk von Matthias Claudius ist eine Totenrede, zu den schönsten Gedichten gehören „Der Tod" und „Diese Leiche hüte Gott", immer wieder erfährt er „Freund Hein", den als Knochenmann personifizierten Tod, als eine bald freundliche, bald furchtbare Macht; Gottfried August Bürgers großartigste Ballade „Leonore" enthält die Verwesungsvision: „Des Reiters Koller, Stück für Stück, / Fiel ab wie mürber Zunder. / Zum Schädel, ohne Zopf und Schopf, / Zum nackten Schädel ward der Kopf; / Sein Körper zum Gerippe, / Mit Stundenglas und Hippe ..." Lessing schreibt eine Abhandlung „Wie die Alten den Tod gebildet". Todesröcheln und Todesstarre, Bahre und Sarg, Grab und Gruft, Kirchhof und Leichenzug, Totenklage und Trauerflor, Gebein und Asche — das sind die stets wiederkehrenden Worte und Bilder deutscher Lyrik. Eine Sterbeglöcklein- und Leichenbitterpoesie. Gedichte als Epitaphe, Urnen und Katafalke. *Pompe funèbre*-Lyrik und *danse macabre*, *memento mori* und aus prunkendem Brokat entsteigender Modergeruch im Barock, dann tränenreich empfindsames Schwelgen in Grabgewölben und auf dem Friedhof. Noch der späteste Hölderlin, der im Turm am Neckar dahindämmert, fällt in diesen Tonfall zurück: „Du stiller Ort, der grünt mit jungem Grase, / Da liegen Mann und Frau, und Kreuze stehn ..." Schließlich die Romantik als Pandämonium neuer, raffinierterer, sublimerer Arten dichterischen Umgangs mit dem Tod: die Mord- und Selbstmorderotik Kleists, Novalis' Lobpreis der Agonie in den „Hymnen an die Nacht": „Welche Wollust, welchen Genuß bietet dein Leben, die aufwögen des Todes Entzückungen? Trägt nicht alles, was uns begeistert, die Farbe der Nacht?", Platens Gedicht „Wer die Schönheit angeschaut mit Augen, / Ist dem Tode schon anheimgegeben", das er, bedeutsam und hellseherisch, „Tristan" überschrieben hat ... Wagner aber, der Erbe und Vollender deutscher Romantik, ist die Synthese von Novalis und Schopenhauer. Was dem jungen Nietzsche an Schopenhauer, an dem schopenhauerisch gedeuteten Wagner des „Tristan" behagte, hat er in einem Brief vom Oktober 1868 an Erwin Rohde so umschrieben: „die ethische Luft, der faustische Duft, Kreuz, Tod und Gruft ..." Diese Charakteristik trifft aber auch auf wesentliche Elemente der Heideggerschen Fundamentalontologie zu, die das Dasein als „Vorlaufen zum Tode", als „Hingehaltenheit in das Nichts", als „Sein zum Tode" versteht. Heideggers Zeitgenossen sind Benn, Trakl und Georg Heym, in deren Lyrik das Grauen von Sterben, Tod und Verwesung eine

24

bisweilen geradezu morbide Lust an Untergang, Zerfall und Auflösung sich suggestiv ausspricht. Schon die Titel und Anfangsverse sind verräterisch: „Morgue", „Leichen", „Über Gräber" (Benn), „Allerseelen", „Die Totenkammer ist voll Nacht ...", „Träumend steigen und sinken im Dunkel verwesende Menschen ...", „Schlaf und Tod, die düstern Adler ...", „Siebengesang des Todes", „Verwestes gleitend durch die morsche Stube ...", „Verwesung traumgeschaffner Paradiese ...", „Am Friedhof", „Die tote Kirche" (Trakl), „Der Tod ist sanft. Und die uns niemand gab, er gibt uns Heimat ..." (Heym).

Sind die Deutschen mehr als andere Völker in den Tod verliebt? Verzehren sie sich sehnsüchtig nach dem Untergang, nach der Katastrophe? Hölderlins Wort von der Todeslust geistert in den verschiedensten Übersetzungen durch die Welt, und insbesondere französische Beobachter haben diesen Thanatos-Zug, dieses nekrotrope Gefälle häufig hervorgehoben, wobei sie bisweilen einen Bogen vom Nibelungenlied bis zu Hitlers Selbstmord schlagen.

Verallgemeinerungen dieser Art sind, wenn vom Charakter einer Nation gesprochen wird, immer problematisch. Der Deutsche zeigt in dem Moment ein anderes Gesicht, in dem man ihn definiert zu haben glaubt. Wie könnte man übersehen, daß die ein so sonderbares Verhältnis zum Tod pflegenden Deutschen seit Jahrhunderten auch als ein überaus lebensbejahendes, lebenstüchtiges, mit Behagen am Leben hängendes Volk gelten? Weit verbreitet ist das Stereotyp des feist-untersetzten Sauerkraut-, Wurst- und Kartoffelfressers, der Unmengen von Bier trinkt und dazu Humtata-Blechmusik hört. Diese etwas grobschlächtige Figur, die viel auf kleinbürgerliche Gemütlichkeit hält, hat wenig gemeinsam mit dem todessüchtigen, im Absoluten sich verlierenden Metaphysiker, obwohl bisweilen in einer überragenden Gestalt beide Extreme vereint sind. „Aber nicht das Leben, das sich vor dem Tode scheut und von der

25

Verwüstung rein bewahrt, sondern das ihn erträgt und in ihm erhält, ist das Leben des Geistes", schreibt Hegel, der die gesamte Wirklichkeit ansieht als die „Tragödie, welche das Absolute ewig mit sich selbst spielt", und die Weltgeschichte als „Schädelstätte des absoluten Geistes" interpretiert. Dieser faustische Metaphysiker des sich tragisch entäußernden Weltgeists ist zugleich ein Philister, wie er im Witzblatt steht, ein langweiliger, vulgärer und pedantischer Biedermann, der nichts so sehr schätzt wie ein spießig-behagliches Beamtenleben. „Ich suche wohlfeile Lebensmittel, meiner körperlichen Umstände willen ein gutes Bier, einige wenige Bekanntschaften", schreibt er am 2. November 1800 an Schelling. Nach der Heirat läßt er seinen Freund Niethammer wissen, daß er nunmehr sein „irdisches Ziel" erreicht habe, „denn mit einem Amte und einem lieben Weibe ist man fertig in dieser Welt" (Brief vom 10. Oktober 1811).

Das bis zum heutigen Tag im Ausland kursierende Wort von den *unruhigen* Deutschen zielt auf die Neigung, jede bedeutende Idee bis zum Exzeß zu radikalisieren. Nirgendwo als in Deutschland konnte in den vergangenen sechziger Jahren ernsthaft die Unruhe als erste Bürgerpflicht proklamiert werden. *L'Incertitude Allemande* heißt ein französisches Buch über Deutschland. Statt Unruhe kann man auch Aufgeregtheit, Unausgegorenheit, Verwirrung sagen. Die griechisch-römische Lehre vom ethischen Wert des Maßes, der Mitte, der Ausgeglichenheit hat im deutschen Raum weit weniger Wurzeln gefaßt als bei den romanischen Völkern oder auch den Briten. Die eine der vier klassische Kardinaltugenden bezeichnenden Wörter *sophrosyne* und *temperantia* lassen sich durch keine deutschen Ausdrücke genau wiedergeben; was damit gemeint ist, klingt am ehesten noch in dem mittelalterlichen Wort *diu mâze* an. Zu diesem Mangel paßt auch die Tatsache, daß das urban-humane Ideal, das verschiedene europäische Ausdrücke wie *Honnête homme, Cortigiano* und *Gentleman* umschreiben, in Deutschland wenig Anklang gefunden hat.

Das Wort von den unruhigen Deutschen erinnert an das Formlose, Formsprengende und Exzentrische im deutschen Wesen. Die Deutschen sind gefährdeter als andere Völker. Sie sind aber durch eben diese Unbestimmtheit, das Fehlen an ausgeprägter Weltgestalt auch chancenreicher, plastischer, keimträchtiger. Dieser eigentümlichen Unruhe, Ruhelosigkeit, Unabgeschlossenheit entspricht in der deutschen Philosophie die Betonung des *Werdens* im Gegensatz zum Sein. In seinem Kurzessay „Zum alten Probleme ,Was ist deutsch?'" stellt Nietzsche fest: „Wir Deutsche sind Hegelianer, auch wenn es nie einen Hegel gegeben hätte, insofern wir (im Gegensatz zu allen Lateinern) dem Werden, der Entwicklung instinktiv einen tieferen Sinn und reicheren Wert zumessen als dem, was ,ist' . . ." (Die fröhliche Wissenschaft, Aph. 357). In „Jenseits von Gut und Böse" (Aph. 244) kommt Nietzsche nochmals auf diese nationale Eigentümlichkeit zurück: „Ein Deutscher, der sich erdreisten wollte, zu behaupten, ,zwei Seelen wohnen, ach! in meiner Brust', würde sich an der Wahrheit arg vergreifen, richtiger, hinter der Wahrheit um viele Seelen zurückbleiben . . . der Deutsche versteht sich auf die Schleichwege zum Chaos. Und wie jeglich Ding sein Gleichnis liebt, so liebt der Deutsche die Wolken und alles, was unklar, werdend, dämmernd, feucht und verhängt ist: das Ungewisse, Unausgestaltete, Sich-Verschiebende, Wachsende jeder Art fühlt er als ,tief'. Der Deutsche selbst *ist* nicht, er *wird*, er ,entwickelt sich'."

Deutsche Vielschichtigkeit, deutsche Dynamik, deutsche Akzentuierung des Werdens . . . Deutschland als *das* „Entwicklungs-Land": unabgeschlossen, undefiniert, voller Überraschungen. Die Franzosen haben bis weit ins neunzehnte Jahrhundert hinein Deutschland im Plural gesagt:

Les Allemagnes. Sie meinten damit die politische und kulturelle Vielfalt ihres Nachbarvolkes. Dieser deutsche Pluralismus ist mit eine der Ursachen, warum die Frage „Was ist deutsch?" immer wieder gestellt wird. Deutsche Vielheit zeigt sich auch in der Benennung dieses Volkes durch andere Völker. Nur wenige sprechen die Deutschen mit ihrem Eigennamen an. Mit *Dutch* meint die englischsprechende Welt die Holländer; die Deutschen bezeichnet sie als *Germans,* und ähnlich tun es auch die Griechen. Franzosen und Spanier heißen die Gesamtheit der Deutschen nach einer Teilgruppe, nämlich den germanischen Völkerschaften der *Alemannen;* für die Finnen sind alle Deutschen *Sachsen.* Die slawischen Sprachen haben hingegen für uns Bezeichnungen hervorgebracht, die, ähnlich wie das griechische Wort „Barbaren", an das Bild des lallenden, stammelnden, unverständlich Redenden anknüpfen: *Njemzy* (russisch), *Némec* (tschechisch), *Nijemac* (serbokroatisch). Von den größeren Nationen sind es nur die Italiener, deren Wort *Tedesco* — ebenso wie *Deutscher* — das althochdeutsche *theodisk,* abgeleitet aus *theoda,* der Stamm, noch durchschimmern läßt. *Theodisk, theudisk,* schließlich *diutisc* sind ursprünglich keine Stammes- oder Volksnamen; die Worte bezeichnen vielmehr seit dem achten Jahrhundert die Sprache der nichtromanisierten Germanen.

Deutsches Werden, deutsches Nicht-mehr und Nochnicht, deutsches Ungenügen und Leiden an sich selbst . . . Fichte sprach von der „unendlichen Verbesserlichkeit des deutschen Wesens", stellte den Deutschen die Aufgabe, das „Urvolk" zu werden, und ersehnte 1813 einen „Zwingherrn zur Deutschheit", der, nach der Art eines platonischen Philosophenkönigs, das Volk notfalls mit Gewalt dazu anhält, es selbst zu werden. „Die Deutschheit liegt nicht hinter uns, sondern vor uns", meinte Fichtes Schüler Friedrich Schlegel, der einmal die Anarchie als die wahre Verfassung

Deutschlands bezeichnet hat. Hölderlins Hyperion sagt: „Wir sind nichts; was wir suchen, ist alles." Der Deutsche ist nicht, er wird. Der junge Nietzsche notiert: „Es ist wohl so: das, was deutsch ist, hat sich noch nicht völlig klar herausgestellt... Das deutsche Wesen ist noch gar nicht da, es muß erst werden; es muß irgendeinmal herausgeboren werden, damit es vor allem sichtbar und ehrlich vor sich selber sei. Aber jede Geburt ist schmerzlich und gewaltsam..." Deutschland ist noch nicht fertig. Seine Eigenart, seinen Stil, seine Verfassung muß es erst finden. „Aber jede Geburt ist schmerzlich und gewaltsam..." Nicht umsonst hat Nietzsche die mit diesen Worten endenden Sätze über die Unfertigkeit, die noch nicht vollendete Geburt deutschen Wesens im Manuskript unterstrichen.

Wir berühren damit das Problem der *Nation*. Die Deutschen haben den Nationalismus nicht erfunden. Noch für Schelling waren sie ein „Volk von Völkern". Erst Napoleons Fremdherrschaft ließ sie sich als Nation fühlen. Männer wie Arndt, Fichte, Görres und der „Turnvater" Jahn haben dieses Gefühl in leidenschaftlichen Worten zum Ausdruck gebracht. Der siebzigjährige Jahn, durch lange Jahre verfolgt als „Jakobiner" und von 1819 bis 1825 zu Festungshaft verurteilt, sprach 1848 vor der Frankfurter Nationalversammlung in der Paulskirche die ergreifenden Worte: „Deutschlands Einheit war der Traum meines erwachenden Lebens, war das Morgenrot meiner Jugend, der Sonnenschein der Manneskraft und ist jetzt der Abendstern, der mich zur ewigen Ruhe geleitet." Es ist bekannt, daß der nationale Gedanke bis zur Perversion und schließlich zur Selbstzerstörung radikalisiert wurde. Auch die Nation entging nicht dem deutschen Drang zum Radikalismus. Ebenso radikal wollte man sie nach der Besiegung Deutschlands ausmerzen. Das Nationale galt geradezu als anrüchig. Doch nationale Selbstverleugnung ist ebenso pervers wie nationaler Größenwahn. Jene ist wie dieser eine Form von Hybris.

Die Nation, die Vielheit der Nationen auf dieser Erde ist eine Wirklichkeit. Zwischen der Familie, der kleinsten Gruppe gemeinsamer Abstammung, und der Rasse oder Menschheit steht immer noch die Nation als Gemeinschaft, Ordnung und geschichtliche Größe mit eigener Vollmacht und Würde. Sie ist der hervorragendste Ort, an dem sich Sprache, Kultur und gemeinsame Geschichte, Tradition, Schicksal und Wille einer über die Familie hinausgehenden Gruppe zu einer höheren Ordnung amalgamieren. Auf nationale Existenz zu verzichten ist, allen kosmopolitischen Doktrinen zum Trotz, immer noch gleichbedeutend mit dem Verlust menschlicher Standfestigkeit, Orientierung und Selbstachtung. Ohne Verwurzelung in einem Volk, in dem der einzelne andere als seinesgleichen anerkennt, gibt es keine Identität. Mit dem Universalen, dessen Existenz keineswegs geleugnet wird, kommunizieren wir nur über das Konkrete und Partikulare, und dieses ist nach wie vor: die Nation.

Nationale Identitätsverweigerung ist keine angemessene Sühne für Hitler. Sie ist nicht einmal ein Mittel, um bei Nachbarn Sympathie und Vertrauen zu erwecken. Im Gegenteil. Der schweizerische Literaturwissenschaftler Adolf Muschg erklärte am 17. Mai 1980 in Frankfurt, es sei für ihn schwer, sich vorzustellen, daß die deutsche Einheit für eine ganze Generation von Bürgern der Bundesrepublik — anders als für DDR-Bürger — aufgehört habe, eine Sorge oder eine gefühlsmäßige Wirklichkeit zu sein. Es möge stimmen, daß Ausländer — Schweizer wie Russen oder Franzosen — eine deutsche Einheit im politischen Sinne nicht wünschen. „Aber daß die Deutschen selbst aufgehört haben sollen, sie zu wünschen, bleibt für einen Schweizer — bleibt für mich — im Grunde rätselhaft." Der Verzicht auf die Nation sei ihm nicht geheuer: „Nicht geheuer deshalb, weil das deutsche Selbstverständnis offenbar in einem Grade plastisch ist, daß es sich gestern über die Welt ausbreiten wollte und heute zur Liquidation bereit scheint." Adolf Muschg kommt dann ausdrücklich auf die Dialektik der Radikalisierung zu sprechen, die eine Konstante des deutschen Nationalcharakters sei: „Ja, ich glaube, es ist dieses Defizit an politischem Körpergefühl, das die Nachbarn der Bundesrepublik befremdet; nicht nur der Imperialismus kennt keine Grenzen, auch der Mangel an Patriotismus kennt sie nicht ... Möglich, wahrscheinlich ist nur, daß unterschlagener, verdrängter Nationalismus als Gespenst wiederkehrt, daß er als unfreiwilliger Chauvinismus den Respekt verlangt, den man der nationalen Identität glaubt vorenthalten zu können. Nur die befriedigte Selbstachtung kann gute Nachbarschaft halten; die unterdrückte schwankt zwischen Selbstverkleinerung und Hochmut."

Es mehren sich die Zeichen, daß nicht nur die Thematik „Nation" neu entdeckt, sondern auch um eine neue deutsche Loyalität gerungen wird. Vor allem jüngere Deutsche, „linke" wie „rechte", Konservative wie Sozialisten, brechen mit dem, was Thomas Schmid „die Tradition der Selbstbezichtigung" genannt hat. Sie halten die These für absurd, daß Deutschsein von vornherein ein erschwerender Umstand sei. Diese Absage an den masochistischen Glauben, ein im negativen Sinne auserwähltes Volk zu sein, hat nichts mit einem Rückfall in deutschtümelnde Borniertheit und nationalistisches Sektierertum zu tun, sehr viel aber mit einer Besinnung auf haltende, haltbare und Halt gebende geistespolitische und ökopolitische Bestände. Den Deutschen sollte nicht mißlingen, was die Polen unter drückenderen Bedingungen für sich erreicht haben. Johannes Paul II., der aus Polen stammende Papst, hat am 2. Juni 1980 in seiner Pariser Rede vor der Organisation der Vereinten Nationen für Erziehung, Wissenschaft und Kultur (UNESCO) das Nationalbewußtsein seines Volkes als beispielhaft auch für andere Völker hingestellt: „Ich bin der Sohn einer Nation, die ihre Nachbarn mehrfach zum Tode verurteilt hatten. Sie hat ihre Identität und nationale Souveränität trotz der Teilungen und Besetzungen bewahren können, und das nicht durch physische Gewalt, sondern einzig und allein durch das Festhalten an ihrer Kultur. Diese Kultur hat sich als stärker erwiesen als alle anderen Kräfte" (Die Welt, Nr. 127, 3. Juni 1980, S. 1).

Die Besinnung junger Konservativer und junger Sozialisten auf ihr Deutschsein gehört zu den faszinierendsten Zeichen der allerletzten Jahre. Sie könnte die Epoche selbstzerstörerischer Radikalismen überwinden zugunsten einer umfassenden integralen Synthese, in der nationale Selbstanerkennnung als Deutsche, europäische Zusammenarbeit und Sympathie mit um ihre Nationwerdung ringenden Völkern anderer Erdteile einander nicht ausschließen. Solche Selbstanerkennung würde mehr als die bisherige wirtschaftliche Prosperität oder ein forcierter Kult des Grundgesetzes bezeugen, daß die Deutschen ein normales Volk geworden sind.

Am 4. Dezember 1801, in dem Jahre also, in dem er seine beiden Hymnen „Germanien" und „Der Rhein" geschaffen hat, schreibt Hölderlin an seinen kurländischen Freund Casimir Böhlendorf: „Wir lernen nichts schwerer als das Nationelle frei gebrauchen." Der Weg zur Selbstanerkennung jenseits von völkischem Größenwahn und nationalem Masochismus ist gewiß kein einfacher Spaziergang.

Dieser Band „Was ist deutsch?" möchte einige Orientierungshilfen für diesen Weg bereitstellen.

Und der Leser der folgenden Beiträge möge Hölderlins Wort bedenken und bewahren, daß der freie Gebrauch des Eigenen das schwerste sei: „Wir lernen nichts schwerer als das Nationelle frei gebrauchen."

Gerd-Klaus Kaltenbrunner

WALTER HILDEBRANDT

Nation und Europa

Geschichtliche Blicke
auf die Zukunft des Kontinents

„Wir leben in einer Zeit des Übergangs,
wir müssen also das Alte nicht zerstören,
sondern es zeitgemäß abändern . . ."

Freiherr vom Stein (1818)

Die Unvermeidbarkeit, eine Nation zu sein, ist — zumindest in der weltgeschichtlichen Phase, in die wir hineingeboren sind — evident. Eine Welt ohne Nationen ist zur Zeit — bleiben wir realistisch — nicht vorstellbar. Daran ändert auch nichts das große Loch im politischen Bewußtsein der Deutschen, das Hitler und die perversen Übersteigerungen der Idee der Nation im Nationalsozialismus hinterlassen haben. Wir können nicht von unserem Vakuum auf andere schließen. Es genügt ein Blick in die Runde, um das zu belegen. Die eigenen Wege der Engländer und Franzosen beeindrucken uns immer wieder, und wir wissen nicht, ob der Ärger hierüber bei uns größer ist oder die Bewunderung, daß hier impulsgebende, integrierende Kräfte am Werk sind, die sich in den vielen Krisen nationaler und internationaler Art ständig aufs neue bewähren. Irland ist ein Musterbeispiel, das besonderen Gesetzen unterliegt. Das gilt auch für die türkische und griechische Nation, die von ihrer antagonistischen Geschichte nicht lassen können, sondern in der immerwährenden Aktualisierung der Kampfstimmung bewußt und unbewußt das sicherste Mittel sehen, einheitliche nationale Körper zu bleiben. Was die Vereinigten Staaten betrifft, so zeigen gerade die Niederlagen als Weltmacht und die sich daraus ableitenden innenpolitischen Reaktionen, in welcher tiefgehenden Weise die Amerikaner sich angesichts von Vietnam und Iran, Afghanistan, Mittelamerika oder Angola als Nation von diesen Schicksalsschlägen betroffen und in ihrer nationalen Ehre gekränkt fühlen. Daß sich die Länder der „Dritten Welt" im Augenblick in einem geradezu explosiven Prozeß der nationalen Selbstfindung befinden (stellenweise bis zur Ekstase und mörderischen Hysterie), zeigen uns täglich die Massenmedien. Nicht ohne Grund ließ der große alte Mann Kenias, Kenyatta, überall im Lande Schilder anbringen mit der Aufschrift „Nation first". Eine provozierende Parole! Doch sie zeigt die Richtung an. In diesem Fall ging es darum, die diffuse Stammeslandschaft auf einen Nenner zu bringen. Das ist ein Prozeß, der mit der Peitsche eines erhitzten Nationalgefühls vorwärts gebracht werden soll. Was in Kenia noch in relativ zurückhaltenden Farben gemalt ist, spielt sich in anderen Ländern in greller Zuspitzung ab. Die Entkolonialisierung hat nicht nur die Übernahme moderner Techniken zur Folge, sondern auch die Adaption des europäischen Nationbegriffs. Man hat den Eindruck, daß diese sogar noch den Vorrang vor allen zivilisatorischen Errungenschaften hat. Das nie Kolonie gewesene Kaiserreich Japan ist hier die große Ausnahme, ohne weniger nationalistisch als die unterentwickelten Länder zu sein.

Zum Beispiel die Rumänen ...

Der kurze Rundblick wäre unvollständig, wenn nicht des hohen Ranges alles Nationalen in den kommunistisch

34

regierten Staaten gedacht würde. Da ist keiner auszunehmen. Nur die Abstufungen sind verschieden. Man kann die Regel aufstellen, daß im gesamten Ostblock die hegemonialen Praktiken der Supermacht unmittelbar eine Verstärkung oder Wiederbelebung des nationalen Bewußtseins zur Folge gehabt haben. Hier macht sich ein funktionaler Zusammenhang bemerkbar. Druck erzeugt Gegendruck. Doch wer denkt, daß abnehmender Druck zu einer Verflüchtigung der nationalen Gefühle führt, der ignoriert die Vitalität des Nationalismus. Und so kam es, daß erst nach dem Tod Stalins die nationalen Bewegungen in den sozialistischen Ländern ihren immensen und auch organisierten Auftrieb erhielten. Die Aufstände in Ungarn und Polen im Jahre 1956 sowie die Entwicklung des Prager Frühlings 1968 sind auf diese Weise zu erklären: sie waren in erster Linie Ausdruck eines nationalen Überlebenswillens. Die Substanz dieser Vorgänge zeigt sich am deutlichsten am Beispiel Rumäniens. Dort kam es in den sechziger Jahren in der Abwehr der russisch-sowjetischen Gefahr zur Verbreitung immer kühnerer nationalistischer Ansichten. So wurde, als Ende 1964 der Verlag der Akademie der Rumänischen Volksrepublik einen Dokumentenband unter dem Titel „K. Marx. Aufzeichnungen über Rumänien. Unveröffentlichte Manuskripte"[1] herausbrachte, mit Hilfe von Marx unverhüllt die Problematik der Randlage Rumäniens und die Gefahr aus dem Osten thematisiert. Offensichtlich wurde mit der Herausforderung des sowjetrussischen Hegemons ein spezielles nach innen wirksames Integrationsverfahren, die Erzeugung von Feindbildern, in Gang gesetzt.

Gezielt wurde etwa Marxens Bemerkung über den Feldzug General Suworows im Jahre 1791 verbreitet: „Kaum hatten die Österreicher die Walachei verlassen, drangen die Russen unter Suworow in diese ein. Das Land wurde ein Opfer des Raubes und der Brandstiftung..." (S. 104).

35

Und kurz darauf über die russische Besetzung der rumänischen Fürstentümer nochmals: „Während ihrer letzten Besetzung... haben sich die Russen so gezeigt, wie sie sind: der Raub und die Besetzung Bessarabiens haben sämtliche Illusionen zunichte gemacht..." (S. 107). Schließlich wird dem Leser die Meinung von Marx über die Haltung Rußlands gegenüber den Rumänen in der Zeit des russisch-türkischen Krieges von 1828/29 in aller Ausführlichkeit unterbreitet. Zunächst habe Rußland Mitgefühle geäußert. „Bereits 1828 aber stellte sich heraus, wie hoch der Wert seiner Klagen war. Furchtbare Exzesse fanden statt... Diebstahl, Mord usw., Männer und Frauen wurden angespannt, und die kosakischen Kutscher schonten sie weder mit ihren Stöcken noch mit den Spitzen ihrer Lanzen. Über 30.000 Rumänen wurden der Feldarbeit entrissen und fanden als Tragtiere Verwendung."

G. W. Allport, der namhafte amerikanische Sozialpsychologe, meint, Abschirmungen würden in erster Linie gebaut, um das Geliebte zu schützen. Dazu gehöre freilich auch, und das sogar vorrangig, daß man die geliebten Dinge überschätze. Genau das kann man mit seltener Klarheit im Rahmen der rumänischen Renaissance des Nationalismus seit der Mitte der sechziger Jahre beobachten. So wurde mit bemerkenswerter Zielstrebigkeit die traditionsreiche Suche nach der „rumänischen Seele" und dem, wie man es nannte, „spezifisch Nationalen" kultiviert. Die Literaturkritiker hätten, so hieß es, die Idee des spezifisch Nationalen mit großer Genugtuung aufgenommen, da sie nun über ein „willkommenes Kriterium" zur Interpretation der verschiedenen literarischen Strömungen und künstlerischen Hervorbringungen in Rumänien verfügen würden. In der Parteizeitschrift „Scinteia" fordert ein bekannter Künstler, Liviiu Ciulei, Ende 1965, sowohl die rumänische Volkskunst als auch die Schauspielkunst diesem Schema einzuordnen. Der Filmkritiker Florin Potra bekannte sich mit folgenden Worten zur allumfassenden Tendenz des Nationalen: „Die Möglichkeit, sich an einem System von Komponenten der moralischen Physiognomie unseres Volkes zu orientieren, bietet vielfältige Vorteile auch für die Filmkritik. Es wird nun wohl leichter sein, den Mangel an Authentizität wie auch die psychologischen und analytischen Irrtümer festzustellen." Es ist offensichtlich, daß die in diesen Jahren entwickelte oder erneuerte Ordnungsidee des „spezifisch Nationalen" einen hohen Entlastungs- und Lenkungswert aufweist, der von den meisten Beteiligten nachdrücklich begrüßt wird. Man spricht von einem System, das man nun zur Hand habe, um sich zu orientieren, von Koordinaten, von Komponenten, Maßstäben und Perspektiven nationaler Provenienz. „Es gibt ohne Zweifel eine Formel der rumänischen Seele", stellt Camil Petrescu in seiner Arbeit „Die nationale Seele" („Luceafarul", 29.11.1965) dezidiert fest: „Mehr als Folklore unterscheiden uns Gefühlsqualitäten, Willen, Sensibilität und Intelligenz von den anderen." Immer wieder schlägt der Gesichtspunkt des Primats und damit zugleich die Bereitschaft zur Abschirmung und offensiven Verteidigung durch. Wir greifen exemplarisch die Position heraus, die der Psychologe Mihai Beniuc auf dem im November 1966 in Bukarest durchgeführten Kolloquium „Der Mensch im 20. Jahrhundert" einnahm. Mit historischen Reminiszenzen unterstreicht er die kämpferische Aktivität des rumänischen Volkes und schlägt damit zugleich die Brücke zur Politik als Verteidigung der Nationalinteressen.

Doch das paart sich, wie gesagt, unaufhörlich mit einer kaum zu überbietenden Selbstverherrlichung. Wir brauchen nur eine bezeichnende Äußerung des großen rumänischen Schriftstellers Tudor Arghezi zu zitieren, um die gefährliche Gratwanderung deutlich zu machen, die jedes Volk unternimmt, wenn es sich dem Überschwang nationaler Selbstfindung und Selbstbestätigung hingibt. Da heißt es: „Wir besitzen ein Land mit unendlichen Reichtümern und großen Schönheiten, die sich in der lieblichen Freundlichkeit eines gescheiten Volkes widerspiegeln, das mit Gaben ausgestattet wurde, nach denen andere darben ... Unser bezauberndes Volk mit seinen stattlichen Menschen, seinen Frauen, deren Konturen sich im tänzerischen Schritt rhythmisch wiegen, ist der Born poetischer Lieder und Geschichten, die das bleibende Kriterium des nationalen Elans sein müssen..." („Scinteia", 11.11.1965).

Die Hypothek der Deutschen — eine Chance?

Der Wille zum Überleben, das wird im Fall Rumäniens deutlich, läßt es zu den exaltiertesten Vorstellungen einer nationalen Wir-Gruppen-Existenz kommen. Angesichts der Lage des rumänischen Volkes inmitten eines hegemonialen Großraumes sollten wir darüber nicht die Nase rümpfen. Aber zugleich erkennen wir, daß den Deutschen eine Nachahmung solcher Bewußtseinsentwicklungen verwehrt ist und auch völlig unangemessen wäre. Die Versuche im Sinne Treitschkes und des Wilhelminischen Zeitalters sind gescheitert. Hitler hat dann das Ganze rassistisch ausgeweitet zum „germanischen Gedanken", ins Absurde vorwärtsgetrieben und damit eine offene Situation geschaffen, die es nunmehr auf neue Weise auszufüllen gilt. Nachdem jahrzehntelang das Problem mit Hilfe von Verdrängungsmechanismen behandelt wurde und man zu Ersatzkonstruktionen griff, ist es an der Zeit, nach tragfähigen, geschichtlich brauchbaren Möglichkeiten Ausschau zu halten. Das ist nicht leicht, aber ungeachtet eventuell auftretender Mißverständnisse sollen einige vorwärtsweisende Gedanken geäußert werden.

Wenn die *ethnozentrische Lösung"*, die Konzentration auf den puren Nationalismus oder die Idee des Nationalstaates, für uns aus verschiedenen Gründen — trotz der weltweiten Verbreitung dieses Phänomens — nicht in Frage kommt und auch das Gegenmodell der „kosmopolitischen Lösung", nach dem die „Bruderschaft aller Menschen" ganz und gar in den Vordergrund gerückt wird und der Gedanke einer „Weltinnenpolitik" (C. F. v. Weizsäcker) dominiert, keinen realistischen Wert besitzt, müssen andere Muster geprüft werden. Beide erwähnten Möglichkeiten dürfen nicht gänzlich stigmatisiert werden, sondern müssen in der Essenz in einer dritten Lösung gegenwärtig bleiben. Es handelt sich also um ein dialektisches Konzept, dessen Prinzip nur der Pluralismus, genauer: die Vielfalt in der Einheit, die Mächtigkeit der übergreifenden Tendenzen bei Anerkennung polyzentrischer Wirkungsfelder sein kann.

Natürlich denkt man bei solchen Formulierungen sofort an die Europäische Gemeinschaft, die uns in ihrem Kürzel (EG) so geläufig ist. In der Tat wäre es fahrlässig, diesen Versuch mit einem Rundschlag zu diffamieren. Das Ganze war schon groß angelegt. Den Grundgedanken äußerte Winston Churchill bereits im Herbst 1942 in einem Memorandum. Dort heißt es: „... Ich muß zugeben, daß sich meine Gedanken in erster Linie auf Europa richten — auf die Wiedergeburt der Weltgeltung Europas ... Es wäre ein nicht auszudenkendes Unglück, wenn russisches Barbarentum die Kultur und die Unabhängigkeit der alten europäischen Staaten überfluten würde. So schwer es fällt, heute so etwas zu sagen, hoffe ich doch, daß die europäische Völkerfamilie unter einem Europa-Rat als Einheit handeln möge. Ich ersehne die Vereinigten Staaten von Europa, die die zwischen den Nationen bestehenden Schranken gehörig vermindern ... Europa bleibt unser erstes Anliegen." [2]

Was in der Nachkriegszeit folgte, zeugt von imponierenden Anstrengungen. Nicht nur kam es an den Grenzen, vor allem zwischen Frankreich und Deutschland, zu Aktionen junger Menschen, um die von Churchill genannten Schranken zwischen den Staaten Europas einzureißen, sondern große Männer arbeiteten weiter an der Verwirklichung der aufgezeigten Idee. Da ist die neue Initiative Churchills zu nennen, als er am 19. September 1946 in Zürich seine berühmte Europarede hielt. Der Gründung des Europarates (5. Mai 1949) folgte am 9. Mai 1950 die Initiative Robert Schumans, die Montanunion (EGKS) als ein Kernstück der Integration zu gründen. Es ist an die Männer der Konferenz von Messina (2. Juni 1955) und von Rom (25. März 1957) zu denken, deren Bemühungen zu den römischen Verträgen und damit zur Gründung der EWG (und von Euratom) führten. Daß die Deutschen nach dem Verlust ihrer nationalen Identität durch die Politik Hitlers in der damaligen Zeit besonders aufgeschlossen für alle europäischen Konzeptionen waren, muß festgehalten werden. In Walter Hallstein kam diese Neigung besonders stark zum Ausdruck. Als Präsident der EWG-Kommission verfolgte er neben seinen amtlichen Pflichten im Geist Churchills vor allem politische Ziele. Das ist auch von Adenauer und de Gaulle zu sagen, deren Umarmung anläßlich der Unterzeichnung des deutsch-französischen Vertrages am 22. Januar 1963 unvergessen ist: ein Symbol, das an das Pathos der europäischen Geschichte anknüpfte.

Der Weg, den die europäische Integrationsbewegung seitdem genommen hat, ist bekannt. Bürokraten rückten in die Lücke ein, die die großen alten Männer Europas hinterlassen haben. Alles wurde nüchterner. Das wurde von manchen begrüßt, weil sich ganz allgemein in einer merkwürdigen Verkennung persönlicher und geschichtlicher Bedürfnisse die Angst vor Gefühlen in der Politik ausbreitete. Der Gedanke der europäischen Einigung wurde in den ersten fünfzehn Jahren seiner Entwicklung mit Herzblut geschrieben, seitdem hat man es mehr mit Schreibtischtinte zu tun, und die Verhandlungen kreisen um Kontingente, Preise und Zahlungen, um Butter und Käse oder Verpackungsvorschriften. Natürlich gibt es auch Gegenströmungen. Ich denke an die grundlegende Arbeit Leo Tindemans', die er als Beauftragter der Staats- und Regierungschefs der EWG-Länder über die „Europäische Union" schrieb und in der er „ein gemeinsames Leitbild für Europa" forderte, ohne die alle plantechnokratischen Bemühungen sinnlos bleiben müßten. Diesem Zeichen im Jahre 1976 schloß sich dann drei Jahre später die direkte Wahl zum Europaparlament an, die mit einer relativ hohen Wahlbeteiligung (vor allem der konservativen Wähler) und der Tatsache, daß sich wichtige, profilierte Persönlichkeiten vom Rang eines Willy Brandt nicht nur aus propagandistischen Gründen als Abgeordnete zur Verfügung stellten, trotz aller atmosphärischen Lustlosigkeit, zeigte, daß die Idee unter einer bestimmten, präzisen Voraussetzung noch nicht abgeschrieben und in den Mülleimer der Weltgeschichte geworfen werden muß.

Es geht um die Wiederbelebung eines europäischen *Geschichtsbewußtseins* und auf dieser Basis um die Verbreitung der Überzeugung, daß die Geschichtsmächtigkeit Europas in ihrer völkerübergreifenden Strukturierung nicht nur eine historische Reminiszenz ist, sondern eine zukunftsweisende und vielleicht menschheitsentscheidende Funktion zwischen dem unheimlichen russisch-asiatischen Druckkessel einerseits und dem unhistorisch dahinlaborierenden Amerikanismus andererseits wahrzunehmen hat.

Die Entwicklung der Europäischen Gemeinschaft in den letzten Jahren, die wirtschaftlichen Querelen und das Desaster anläßlich des Boykotts der Olympischen Spiele in Moskau, wo sich eine bodenlose Zerstrittenheit und politische Diffusion zeigte, könnten entmutigend wirken.

Aber gerade alles das macht deutlich, daß tiefer als bisher angesetzt werden muß. Dem Erblühen eines neuen Nationalismus mit allen seinen gegenseitigen Abgrenzungen oder der Flucht in eine abstrakte weltumarmende Menschenfreundlichkeit — mögliche und wahrscheinliche Folgen der im Gang befindlichen Desorganisation des Kontinents — kann nur mit einer ideellen Bewegung äußerster Anstrengung begegnet werden, die Europa als existentiellen und zugleich politischen Zusammenhang faszinierender Kontinuität darzustellen und in die Köpfe der einzelnen einzupflanzen versteht. Man könnte von einem Kernstück politischer Sozialisation sprechen, das fürs Überleben in jeder Beziehung unerläßlich ist und damit Fluchtbewegungen jedweder Art entbehrlich macht. Jede Wir-Gruppe muß an einem ihre Mitglieder verbindenden intensiven historischen Fundus interessiert sein; das gilt auch für unseren Fall.

Die polyphone Struktur der europäischen Geschichte

Auf der Suche nach realistischen Wirksamkeiten geistiger Prägung, die Europa zuletzt auch als eine politische Entität ausweisen, in die sich *alle* Nationen je nach ihrer Teilhabe am geschichtlichen Werden auf ihre Weise einbringen können, sehe ich folgende vier Stränge, die freilich in sehr unterschiedlichem Maße noch wirksam sind:

- das katholisch-christliche Europa (einschließlich der ergänzenden Kraft des Protestantismus),
- das reichsgeschichtliche Europa (im Sinne eines nicht-imperialen übernationalen Völkerzusammenhanges),
- das humanistisch-philosophisch-künstlerische Europa,
- das sozialistische Europa (kommunistische wie sozialdemokratische Visionen einschließend).

Unter philosophischen Gesichtspunkten könnte man diese vier Stränge auch als die „Entelechie" Europas bezeichnen; seine Energie und seine Seele manifestierten sich in der Wirkmächtigkeit dieser Elemente, die zugleich die Botschaft Europas an die Welt, den Beitrag Europas an der Weltgestaltung erkennen lassen. Sehr verschiedene Elemente mischen sich hier. Anstrengungen des Glaubens und des Denkens gehen Hand in Hand mit politischen Konzeptionen. Aber alle münden nicht allein in Theorien, wie umgekehrt auch nicht in reiner Praxis, sondern hier werden — rankend um den Menschen als Person — immer wieder Welt- und Menschenentwürfe gestalterisch in der Form von Institutionen und Artefakten realisiert. Die Vermählung von Idee und Institution tritt am eindrucksvollsten in der Geschichte des katholisch-christlichen Europa zutage. Papsttum und Ordenswesen — gerade weil sie weltweit angelegt sind — sind tragende Stützpfeiler Europas. Das reichsgeschichtliche Europa ist, wie wir wissen, das in vielfacher und vielfach tragischer Weise mit der Katholizität unseres Kontinents korrespondierende zugriffig-politische Element. Beides zusammen hat in unserer Sicht die Chance herausgebildet, jene regional übergreifenden Zusammenhänge entstehen zu lassen, die in ihrem Wurzelboden bis heute zur Überwindung eines biederen europazentrischen Provinzialismus wie simplen Nationalstaatsdenkens geeignet sind. Die geistige Morphologie Europas, wie sie noch immer wirksam ist, kann nicht ohne die Männer der Kirche, aber auch nicht ohne die Kaiser und ihre Pfalzen, den Fernhandel und das Städtewesen unter dem Schutz des Reiches gedacht werden. Burgund und Böhmen sind nicht nur Teile moderner Staaten, die einer nationalstaatlichen Konzeption anhängen, sondern Teile eines übergreifenden Geflechtes, das auch den Wirkungsbereich der Hanse und die niederländischen Provinzen, Sizilien und Krakau, die Wiener Hofburg und Paris, die preußische Idee und die Schlachtfelder, auf denen die Türken geschlagen wurden, strukturell mit einbezieht. Und natürlich ist das humanistisch-philosophische Europa in seiner die Nationen transzendierenden Gestalt nicht zu vergessen. Als nach der Stauferausstellung in Stuttgart die Parlerausstellung in Köln in besonderer Weise den europäischen Aspekt eines kulturgeschichtlich überregionalen Verbundes präsentierte, gelang es den Ausstellern mit einem Schlag, das hier Gemeinte zu verdeutlichen. Die Exponate stammten ebenso aus Italien und Frankreich wie aus Flandern und Brabant, aus den deutschen Landen wie aus Luxemburg und Lothringen, der Schweiz und Tirol, Ungarn und Kroatien. Die Baumeister- und Bildhauerfamilie der Parler widmete sich großen Bauvorhaben in allen Teilen Europas: in Köln und Basel, Wien und Agram, Nürnberg und Buda, Mailand und Augsburg und im Kronjuwel Prag, das vor allem im Sinn des Reichszusammenhangs und der europäischen Gesamtkunst zu nennen ist. Bleiben wir noch in jener Zeit der Parler, um an einem anderen Beispiel den Kontakt zwischen politischem Europäismus und Kunst sowie Gelehrtentum zu veranschaulichen. Es ist der Versuch des italienisch-europäischen Literaten Petrarca, den deutschen Kaiser Karl IV., Luxemburger, von Paris kulturell geprägt und in Prag residierend, für eine Erneuerung Roms und eine „Wiedergeburt" in seiner italienischen Heimat zu begeistern.[3] In solchen Zusammenhängen blickt einen die Ganzheit Europas an, zumal wenn man bedenkt, wie Francesco Petrarca nicht nur der größte lyrische Dichter Italiens ist, sondern ebensosehr in Südfrankreich zu Hause war und gleichermaßen als freier Geist wie als Diener der Kirche zu bezeichnen ist.

Wenn man Petrarca nennt, ist auch auf Erasmus von Rotterdam hinzuweisen, europäischer Horizont auch hier wie später nicht weniger bei Rousseau und Voltaire. Johan Huizinga gibt denn auch seinem Essay über den großen

Gelehrten des sechzehnten Jahrhunderts den eindeutigen Titel „Europäischer Humanismus: Erasmus". Die Internationalität wird nicht nur in seinen Schriften evident, in deren Zusammenhang er einmal schreibt, daß er aus aller Welt, das heißt aus ganz Europa, viele Briefe erhalte. Auch seine Aufenthalte sind über Europa verstreut. Huizinga bemerkt bei der Beschreibung seines letzten Jahres: „Im März 1536 denkt er noch an eine Abreise nach Burgund. Geldsachen beschäftigen ihn, und er spricht von der Notwendigkeit, neue Freunde zu gewinnen, wenn die alten dahingehen: der Bischof von Krakau, Zasius in Freiburg. Nach Beatus Rhenanus stand am Ende seines Lebens der brabantische Plan im Vordergrund. Die Regentin, Maria von Ungarn, ließ nicht ab, ihn zur Rückkehr in die Niederlande aufzufordern ..." [4] Von Shakespeare bis Picasso, von den Bauhüttenleuten bis Heidegger: überall der Stempel europäischen Geistes und die Aufforderung, dieses Erbe umzudenken, umzumünzen in die Aktualität der Nöte europäischer Einigung und der Notwendigkeit, jenen Geist der Geschichtsmächtigkeit eines transnationalen Europa auf der Basis der Fähigkeit aller Völker auf dem Marsch in die Zukunft zu revitalisieren.

Auf das sozialistische Europa, wie ich es nannte, soll mit einigen speziellen Äußerungen hingewiesen werden. Denn auch hier manifestiert sich über macht- und wirtschaftspolitische Perspektiven hinaus europäische Traditionsgeschichte, große Tradition geistiger Anstrengungen. Willy Brandts vor Jahren gemachter Ausspruch, in der Moderne sei der *einzige* Weg zu einem wirklich integrierten Europa der sozialistische, zeugt von einem ideellen Ansatz nicht weniger als die ständische, insbesondere die feudale Idee zurückliegender aristokratischer Zeiten. Und als die Sozialisten Europas in ihren guten Zeiten, Brandt und Kreisky, Palme und González oder Mitterand, zusammenkamen, um europäische und weltpolitische Fragen zu besprechen, da begannen sie nicht nur als Vertreter ihrer Völker ihre Sitzungen, sondern sie redeten miteinander wie Kirchenfürsten ein und derselben Konfession, die sich über die Grenzen erstreckt, oder wie Diplomaten der verschiedensten Dienste, die einstmals über Familienbande und Ausbildung wie Lebensstil und Sprachduktus geradezu auswechselbar waren.

Doch man kann auch noch weiter zurückblicken. Karl Marx in seiner intimen Vernetzung mit Frankreich und England wäre da zu nennen — Emigrationsschicksal und Konzeption miteinander vermengend —, oder ein Jean Jaurès, der radikale Linke, der über die Grenze der Erbfeindschaft hinaussah und sich als Vertreter einer deutsch-französischen Verständigung hervortat, bis er wenige Tage vor Ausbruch des Ersten Weltkrieges durch das Attentat des nationalistischen Fanatikers Villain ums Leben kam. Daß die meisten kommunistischen Parteien, als sie sich während oder im Gefolge des Ersten Weltkrieges etablierten, ihrer Natur nach internationalistisch-europäisch dachten, ist eine Selbstverständlichkeit. Auch die am 1. Januar 1919 gegründete KPD suchte sofort die Verbindung mit den „Bruderparteien" in Europa herzustellen. Vorher schon hatte Lenin auf dem VII. Parteitag der KPdSU am 7. März 1918 nach Schilderung der komplizierten Lage in Rußland festgestellt: „... Unsere Rettung aus all diesen Schwierigkeiten — das wiederhole ich nochmals — ist die Revolution in ganz Europa."

Nicht an die Revolutionsideen, sondern an die Schwierigkeiten der Sowjetunion wird man erinnern, wenn neuerdings Michail Gorbatschow in seinem Buche „Perestroika. Die zweite russische Revolution", das 1987 herauskam, ein ganzes Kapitel dem Thema „Europa ist unser gemeinsames Haus" widmet. Doch er versucht dieses Haus mit vielen „eigenen Wohnungen" tiefer zu begründen, um für die „Imperative einer gesamteuropäischen Politik" zu werben.

Vorteile einer „verspäteten Nation"

Zwei Nachbemerkungen sind angebracht.

Erstens: Das Elend Europas, das doch eine so große Aufgabe vor sich sieht angesichts der ausweglosen Entwicklungen in der übrigen Welt, muß gewendet werden, weil die Welt Europa braucht. Ist dies akzeptiert und begnügt man sich nicht mit der falschen Ansicht, daß die Zeit Europas — etwa nach den Untergangsvorstellungen eines Spengler oder anderer — vorbei sei, dann müssen solche Gedanken von dem zu erneuernden geistigen Tiefgang Europas auch erzieherisch in die Tat umgesetzt werden. Geschichtsbewußtsein und Geschichtsinteresse sind neu zu beleben, auch mit allen Mitteln moderner Didaktik.[5] Die großen Ausstellungen können hier beispielhaft genannt werden. Alles muß jedoch noch stärker auf die Grundfragen hinauslaufen und nicht nur als Bildungsgut unverbindlich angeboten werden.

Zum zweiten aber: Die Deutschen sind hier besonders gefordert, weil sie zwar die Hypothek Hitler mit sich herumzuschleppen haben, nicht aber die Hypothek einer „fertigen", ausgeformten und lange gereiften Nation. Helmut Plessners Kennzeichnung Deutschlands als einer „verspäteten Nation" kann also, so betrachtet, auch zum Guten gewendet werden. Und wir sind wahrhaftig nicht arm an Ansätzen, die auf Europa und seine transnationale Struktur hinweisen. Das geht von der Reichsidee bis hin zu Karl Marx, dessen europäischer Horizont genauso evident ist wie der der christlichen Söhne Roms. Unbefangen und mit historischer Bescheidenheit muß zur Sache gegangen werden, vor allem auch mit Fleiß und Phantasie, denn mit oberflächlichen Propagandaparolen ist da nichts zu machen. Damit liegt ein weites Feld vor uns.

Wenn ich die europäische Tradition der Deutschen hervorhebe, ihre gewissermaßen konstitutionelle Fähigkeit, sich ins Größere hinein zu entlassen, schließt das freilich keineswegs ein, ein eigenes nationales Bewußtsein aufzugeben oder sich gar eines solchen zu schämen. Das Umgekehrte ist der Fall. Wir müssen erkennen, daß nur auf dieser Grundlage unser Beitrag zur geistigen (und damit politischen) Konstituierung Europas als einer sinnvollen und handlungsfähigen Einheit glaubhaft und überzeugend ist. Vom *Vaterland der Deutschen* sollte wieder gesprochen werden, wie vom *Europa der Vaterländer* auszugehen ist. Die Richtung der notwendigen Gesinnung weist ein Angehöriger der jüngeren Generation, der gewiß nicht zu den Anpasserischen gehört: „... Ich werde die deutschen Schrecken gewiß nicht vergessen — aber ich will auch mein Deutschsein nicht länger vergessen, überspielen. Wo das deutsche Grauen liegt, da liegt auch ganz nah dabei die deutsche Faszination. Und ich möchte mich beiden nähern. Gefährlich ist das gewiß — wer das aber faschistoid nennt, der beeindruckt mich nicht mehr."[6] Das zitiert zustimmend der sozialdemokratische Politiker Peter Glotz. Wir spüren, daß es um die Glaubwürdigkeit geht. Kein Pole wird uns für glaubwürdig halten, wenn wir unsere eigene Nation verleugnen. Andererseits hat auch Martin Walser recht, wenn er vor längerer Zeit meinte, selbst in Moskau oder New York dürfe er nicht so rückhaltlos deutsch sein, wie die dort russisch oder amerikanisch seien. Man erwarte von ihm geradezu, meint er, daß er sein Deutschsein mit einer Art Fassung trage, wie man ein Leiden erträgt, für das man nichts kann, das man aber auch nicht mehr loswerden könne.

Walser, der doch so mit dem Heimatgedanken ringt, wie aus anderen Zusammenhängen deutlich wird, stellt schließlich sich und uns allen die schmerzliche Frage: „Warum akzeptieren wir eine Teilung wie ein Naturgesetz, obwohl wir einsehen können, daß sie aus ganz und gar zeitlichen Bedingungen entstand?" Seine Antwort ist noch schmerzlicher: „Ich gebe zu, wenn Politik in einer aktuellen Aktion ein Volk teilt, und diese Teilung glückt sozusagen für immer, dann war das, was geteilt wurde, kein Volk." Und er setzt fort: „Frankreich wäre nicht teilbar. Wenn wir BRD und DDR bleiben würden, wäre das Ergebnis nicht deutsch, sondern internationalistisch . . ." [7] Entscheidend ist, daß das alles nicht ein Traditionalist in den Fußstapfen Treitschkes schreibt und daß das Bekenntnis nicht irgendwo abgelegt wurde, sondern im Jubiläumsband der Edition Suhrkamp „Stichworte zur ‚Geistigen Situation der Zeit' " erschien, der unter der Herausgeberschaft von Jürgen Habermas ein Fazit der Situation zu ziehen versucht. Deshalb sind solche Stellungnahmen von so großer Bedeutung, und sie sind um so beachtenswerter, als viele ernsthafte Beobachter in den letzten Jahren glaubten feststellen zu müssen, daß die Erosion des nationalen Bewußtseins „weiter und immer schneller" voranschreitet, wie es der Münsteraner Historiker Erich Korsthorst in den Anhörungen des Bundestagsausschusses für innerdeutsche Beziehungen im Sommer 1978 formuliert hat. Korsthorst hat diese Entwicklung öffentlich bedauert, so wie es Walser getan hat, und die Reihe ließe sich fortsetzen.

Hier macht sich andeutungsweise eine interessante (und zum Nachdenken anregende) Unterscheidung bemerkbar. Das merkantile Deutschland konzentriert sich immer mehr auf die Bundesrepublik und den Unterfall der westeuropäischen Wirtschaftsintegration. Das intellektuelle Deutschland (im weitesten Sinn) kann sich von Gesamtdeutschland oder der ganzen Nation nicht trennen, wie es auch von Europa als übergreifender, abendländisch getönter kultureller, geistiger und geschichtlicher Einheit unter den weiter vorn skizzierten Gesichtspunkten nicht abzulassen imstande ist. Denn Gesamtdeutschland, das heißt ja vor allem auch: Nietzsche und Lessing, Kleist, Fontane und Ranke, Schlegel und Novalis, Wagner und

49

Bach, Fichte und Schleiermacher, Luther, die Thomaner, die Tradition Schulpfortas, nicht zuletzt der genius loci Weimars und Potsdams. Wer mit alledem einen fortdauernden inneren Dialog führt und sich an diesen östlich der bundesrepublikanischen Grenzen liegenden Quellen stärkt, für den kann Deutschland nicht an den Grenzen der Bundesrepublik enden. Kontinentale Gesinnung und die Hinwendung zur ganzen Nation schließen sich also nicht aus, sondern bedingen einander. Man erkennt das, läßt man sich nur tief genug auf die Wurzelkräfte unserer Existenz ein.

Anmerkungen

1) Die folgenden Zitate fußen auf dem im Wissenschaftlichen Dienst Südosteuropas zusammengestellten Quellenmaterial. Die dort angegebenen Fundstellen wurden übernommen.

2) Heinrich Schneider: Leitbilder der Europapolitik 1. Bonn 1977, S. 123. — Vgl. Auch INITIATIVE 25 (Europa — Weltmacht oder Kolonie?).

3) Vgl. Ferdinand Seibt: Karl IV. Ein Kaiser in Europa 1346 bis 1378. München 1978, S. 215 ff.

4) Johan Huizinga: Europäischer Humanismus: Erasmus. Hamburg 1962, S. 164 f.

5) Vgl. INITIATIVE 8 (Die Zukunft der Vergangenheit. Lebendige Geschichte — klagende Historiker).

6) Thomas Schmid, zit. nach Peter Glotz in: Rheinischer Merkur/Christ und Welt, Nr. 21, 23. Mai 1980.

7) Jürgen Habermas (Hrsg.): Stichworte zur ‚Geistigen Situation der Zeit'. 1. Bd.: Nation und Republik. Frankfurt a. M. 1979, S. 49.

Die Frage der deutschen Einheit kommt hinein in jede andere Frage, die Deutschland berührt. Diese Frage kommt nicht mehr von der Tagesordnung. Wir können niemanden als einen Freund des deutschen Volkes empfinden, dessen praktische Politik die deutsche Einheit auf der demokratischen Grundlage verweigert und behindert!

Kurt Schumacher, 21. 9. 1949

HELLMUT DIWALD

Deutschland
— aber was ist es?

Thesen zur nationalen Identität

Seit 1945, dem Ende des Zweiten Weltkriegs, ist Deutschland auseinandergeschlagen, zertrennt in einzelne Bruchstücke, aufgeteilt unter die siegreichen Alliierten. Drei der größten Gebiete sind staatlich neu organisiert. Die westlichen und mittleren Rumpfteile des alten Deutschen Reiches sind freilich hinter der politisch reputierlichen Maske begrenzter Souveränität nichts weiter als besetztes Land. Zur Zeit erfreuen sich beide Gebiete ihres höchsten Ranges als strategisches Gelände auf den Karten und in den Sandkästen der nuklearen Plan- und Kriegsspiele ausländischer Militärs, die sich mit dem mutmaßlichen Verlauf eines dritten Weltkrieges beschäftigen.

Deutschland ist heute als Staat zertrümmert. Vom deutschen Volk gilt ähnliches. Die Deutschen leben zwar als Einzelpersonen überwiegend in erträglichen Verhältnissen, sie bilden die statistische Größe „deutsche Bevölkerung" — das deutsche Volk aber als eine eigene historisch-politische Größe ist genauso zertrümmert wie Deutschland.

Deutschland schleppt sich seit mehr als einem Drittel-Jahrhundert in dem würdelosesten Zustand seiner Geschichte dahin. Würdelos ist die völkerrechtliche Situation. Würdelos ist die Lage unseres Volkes, dem man Grundrechte

51

vorenthält, die jedes andere Volk der Welt, auch das kleinste, mit umgehendem Erfolg vor der Weltbehörde der Vereinten Nationen einklagen kann und dem die ganze Welt Beifall spendet, wenn es sich entschließt, mit Waffengewalt darum zu kämpfen.

Seit Jahr und Tag leben wir in einer Atmosphäre beständiger Irreführungen und Entstellungen, verdeckter und als demokratische Votivbilder aufgeputzter Unwahrheiten. Dort, wo sie sich als besorgniserregende Halbwahrheiten anbieten, ist keine Besorgnis zu spüren, die irgend jemanden treibt, und noch weniger ein Gespür für die Heuchelei, mit der versucht wird, uns die halbe Wahrheit einzuflößen. Alles, was von fundamentaler Bedeutung, von existenzstiftendem Gewicht für ein Volk ist, hängt bei uns in der Luft.

Ein Präsident der Bundesrepublik beantwortete die Frage, ob er sein Vaterland oder Deutschland liebe, mit einem Bekenntnis, das ihn als Privatmann ehrt: *„Ich liebe meine Frau."* Die Frage hatte sich aber nicht an den Ehemann und Familienvater gerichtet. Sie richtete sich an den obersten Repräsentanten eines Staatsverbandes, der von seinen jungen Männern im Ernstfall das Höchste fordert, was ein Mensch geben kann: den Einsatz seines Lebens. Im Extremfall kämpft der einzelne Mensch nur für etwas, dessen Verlust für ihn gleichbedeutend ist mit der eigenen Zerstörung. Er riskiert sein Leben für den geliebten Menschen, für die Frau, für den Mann, für seine Kinder. Mit welcher Begründung verlangt der Staat vom Soldaten, für oder gegen etwas todesmutig zu kämpfen, wenn ein Präsident dieses Staates ihm aus der Verneinung heraus versichert, daß er sein Vaterland n i c h t liebe?

Weil zur Zeit eine staatliche Form für die Einheit des deutschen Volkes nicht existiert, gibt es bis zu dem Augenblick, da sie wiederhergestellt ist, nichts Wichtigeres, als das Bewußtsein unserer unaufhebbaren und unlösbaren inneren Einheit wachzuhalten. Wir müssen uns schonungslos die

Konsequenzen klarmachen, die dazugehören, vor allem, wenn sie den offiziellen Behauptungen und der Praxis, die dazugehört, widersprechen.

Die Geburtsstunde des ersten Reiches der Deutschen schlug im Jahre 919, als der 44-jährige Herzog Heinrich von den Sachsen und Franken zum deutschen König ausgerufen wurde. Wenig später gelang es ihm, die beiden süddeutschen Stämme, die Schwaben und Bayern, zur Anerkennung seiner Oberhoheit zu zwingen. Vier Jahre nach der denkwürdigen Wahl des Sachsenherzogs beugte sich auch Herzog Giselbert von Lothringen. Die Königsgewalt Heinrichs I. vereinigte seit dem Jahr 923 alle Untertanen der ostfränkischen Stammesgebiete in einem geschlossenen Herrschaftsbereich. Die Deutschen, wie die germanischen Stämme Mitteleuropas seit dem 8. Jahrhundert genannt wurden, waren zum erstenmal in einem Reichsverband geeint. Kurz vor seinem Tod im Jahre 936 gelang es dem König, die Thronfolge seines Sohnes Otto, der später den Beinamen „der Große" erhielt, festzulegen. Auf dieser Reichsversammlung waren alle deutschen Stämme vertreten. Damit wurde nicht nur die deutsche Königsherrschaft gesichert, sondern auch die Unteilbarkeit des Reiches bestätigt.

Schon in den ersten Jahrzehnten wird einer der charakteristischen Züge unserer tausendjährigen Geschichte sichtbar. Das gilt auch für die besondere Dramatik und innere Spannung, es gilt ebenso für die Unumgänglichkeit der historischen Bedingungen. Von 919 an bis heute ist das Reich der Deutschen durch seine Stammesherzogtümer gegliedert gewesen. Unsere Heimaträume zeigen auch in der Gegenwart, nach wie vor, ihre unvergleichliche Eigenart — in der Mundart, in der kulturellen Tradition, im Brauchtum und ebenso in der Starrsinnigkeit, mit der an den Sonderformen der einzelnen Gebiete festgehalten wird.

Die Gliederung in Stämme ist dem Reich der Deutschen in die Wiege gelegt worden. Sie ist eine unserer Besonderheiten. Ihre Vielfalt und Eigensinnigkeit spiegeln sich sogar noch in den rücksichtslosen Kämpfen der politischen Parteien bei uns. Dieses Merkmal ist bei den Deutschen so ausgeprägt wie bei keinem anderen Volk Europas. Die innere Zwietracht zeichnet unseren Weg durch die Geschichte; es ist unser charakteristischer Weg. Er ist allerdings nicht eigentümlicher als jeder andere auch, sei es der französische oder polnische, englische oder ungarische. Mit einem *„Sonderweg"* hat der deutsche Weg genausoviel und genausowenig zu tun, wie die individuellen Wege unserer Nachbarn damit zu tun haben, so stark die gegeneinander wirkenden Kräfte in unserer Geschichte auch gewesen sein mögen.

In welcher Epoche wäre jemals häufiger vom Volkswillen, von der Herrschaft des Volkes, der Demokratie gesprochen worden als im 20. Jahrhundert? Was ist das Volk? Allgemein und überall wird dieser Begriff umschrieben als eine Gesamtheit von Menschen, als Hauptmasse der Bevölkerung eines Landes, die geeint ist durch gemeinsame Herkunft, Geschichte, Sprache, Kultur. Spätestens seit dem 19. Jahrhundert wird der Begriff des Volkes historisch-politisch gleichbedeutend mit dem Begriff der Nation verwandt, er wird mit ihm fast beliebig ausgetauscht. Termini wie Volkssouveränität, Völkerrecht, Volkslied, Volksherrschaft, Volkshochschule, Volksabstimmung, Volksbegehren, Volkstanz, Volksentscheid, Volksmusik — alle diese unterschiedlichen Wörter besitzen denselben Untergrund.

Sind die Deutschen kein Volk? Verteilen sie sich auf zwei, drei, vier Völker? Haben sie keine gemeinsame Herkunft und Geschichte, keine gemeinsame Sprache und Kultur? Hat es nicht ein großes geschlossenes Gebiet als Substrat der deutschen Geschichte gegeben, den Raum Mitteleuropas, der seit einem Jahrtausend zum Volk der Deutschen gehört? Existiert dieses Land nicht mehr, das den Namen „Deutschland" getragen hat?

54

Natürlich gibt es dieses Land, unser Land. Seit 1945 gibt es nur die Einschränkung, daß Deutschland nicht mehr als souveräner Staat existiert. Dieser Zustand ist nicht endgültig. Er ist vorübergehend. Weil man Deutschland als staatliche Ordnung und politischen Ausdruck des Volkswillens zertrümmert hat, kommt es zur Zeit auf nichts so sehr an wie auf die Stärkung und Erhaltung aller Momente, die uns zu einem Volk, zum d e u t s c h e n Volk machen. Unsere Einheit als Volk ist die Garantie, daß es uns gelingt, über kurz oder lang auch unsere politische Einheit zu verwirklichen, Deutschland zu restituieren.

Deutschland und Österreich wurden nach dem Ersten Weltkrieg gezwungen, die ausschließliche Schuld an der Entfesselung des Krieges auf sich zu nehmen. Der Leiter der deutschen Delegation, Außenminister Graf Brockdorff-Rantzau, wies diese Zumutung empört zurück. Mit seinem Protest begann eine endlose Kette deutscher Einsprüche.

Die Sieger waren davon nicht beeindruckt. Für das „moralische" Fundament des Friedensdiktats war die Selbstbezichtigung der Deutschen, die durch ihre Unterschrift die Lüge von der Kriegsschuld in eine historische Wahrheit verwandelten, unerläßlich. Aus dem Schuldartikel Nr. 231 der Versailler Bestimmungen wurden sämtliche Forderungen des Vertrages gerechtfertigt: Gebietsabtretungen im Umfang eines Achtels des gesamten Reichsterritoriums; mehr als ein Viertel des deutschen Volkes mußte außerhalb der Reichsgrenzen leben, obgleich es sich um ein geschlossenes Siedlungsgebiet handelte; Zahlungen in Goldmilliarden auf achtzig Jahre hinaus; Verzicht auf die entscheidenden Hoheitsrechte eines Staates; moralische Ächtung des deutschen Volkes. Der Schuldartikel 231 verankerte die Siegerpolitik des fortschreitenden Abwürgens Deutschlands.

Was auch immer dem Nationalsozialismus, was auch immer Hitler und den Deutschen angelastet wird, am Anfang steht das biedere Wort von Theodor Heuss, dem ersten Präsidenten der westdeutschen Republik: *„Die Geburtsstätte der nationalsozialistischen Bewegung ist nicht München, sondern Versailles!"* Von 1919 an wurde zum obersten außenpolitischen Ziel aller deutschen Regierungen die Revision von Versailles. Das Friedensdiktat hatte unerschöpflichen Sprengstoff für die Kämpfe der Parteien in der Weimarer Republik geliefert, es war der Garant einer hoffnungslosen Zerrissenheit des gesamten Innenlebens des Staates. Die so oft gestellte Frage, woran die Weimarer Republik gescheitert ist, läßt sich am deutlichsten anhand der Belastungen und aus den Krisen, die unmittelbar mit dem Friedensdiktat zusammenhängen, beantworten.

Historische Rückgriffe dieser Art haben für uns heute ihren wesentlichen Sinn als Akte unserer Selbstfindung. Wir lernen durch sie die Voraussetzung unserer politischen Situation kennen, wir erfahren darin Bestätigung, sie vermitteln Erklärung, sie geben auch der Kritik eine zuverlässige Grundlage.

Die gängige Ineinssetzung von Deutschland mit dem Nationalsozialismus, die prinzipiell vielfach genauso richtig wie falsch war, macht jeden der nach wie vor unbedingt notwendigen Versuche einer klärenden Abgrenzung außerordentlich schwer. Aber auch in diesem Gewirr bleibt dem Versailler Diktat die tragende Rolle erhalten. Der französische Marschall Foch stellte noch zehn Jahre später, kurz vor seinem Tode, fest: *„Der polnische Korridor ist die Wurzel des nächsten Krieges"* — fast wörtlich wie Lloyd George noch während der Verhandlungen, lange vor der Unterzeichnung: *„Danzig und der Korridor — das ist die Ursache des kommenden Krieges!"* Und genau zwanzig Jahre später, am 3. September 1939, dem Tag der englisch-französischen Kriegserklärung an das in Polen eingefallene Deutschland, konstatierte der britische Außenminister Lord Halifax: *„Jetzt haben wir Hitler zum Krieg gezwun-*

gen, so daß er nicht mehr auf friedlichem Wege ein Stück des Versailler Vertrages nach dem anderen aufheben kann!" Die Frage, ob der Zweite Weltkrieg dann primär ein Krieg gegen den Nationalsozialismus oder gegen Deutschland war, blieb ein Problem der Kriegspropaganda und war für die Deutschen am Ende des Krieges vergleichsweise unerheblich geworden. Weit gravierender wurde für sie, wie sie von den Siegern eingeschätzt wurden. Daraus ergab sich der springende Punkt ihrer Neuorientierung.

Die einzige Chance für die Heilung der Deutschen nach 1945 sahen die Sieger in der Ausmerzung aller Ideen und Überzeugungen, die uns so lange verseucht hatten, verseucht haben sollten. Nur durch eine innnere Umpolung werde es möglich sein, den Deutschen ihre historische Rolle als ständige Unruhestifter der Welt auszutreiben. So kam es zu dem jahrzehntelangen Bemühen, tief in die Bewußtseinsstruktur der Besiegten einzugreifen — ein absolut neuartiges Phänomen in der Weltgeschichte. Offenherzig schrieb der führende US-Publizist Walter Lippmann: *"Erst wenn die Kriegspropaganda der Sieger Eingang in die Geschichtsbücher der Besiegten gefunden hat und von der nachfolgenden Generation auch geglaubt wird, kann die Umerziehung als wirklich gelungen angesehen werden."*

Im Bereich der Geschichtsschreibung wurde die Umerziehung durch einen völligen Kehraus praktiziert. In Mitteldeutschland genügte dafür der offizielle Sowjetmarxismus; von den westlichen Startblöcken meinte US-Präsident Harry S. Truman kurz vor seinem Tod: *"Geschichte wird immer von den Siegern geschrieben."* Deshalb wurde das Jahr 1945 nicht nur für Deutschland, sondern auch für die deutsche Geschichtsforschung zum tiefsten Grabenbruch der neueren Zeit.

Über unsere Geschichte wurde befunden, als wären Historiker die Vorsitzenden eines Schöffengerichts. Noch in den 60er Jahren stellte ein Abgeordneter im Verteidigungsausschuß des Bonner Bundestages betroffen und erbittert fest: *„Es ist mit Erfolg gelungen, aus der ganzen deutschen Geschichte ein Verbrecheralbum zu machen."* Dieser Abgeordnete hieß Helmut Schmidt, wurde 1974 Bundeskanzler und dürfte sich bei seiner Bemerkung schwerlich an die verheißungsvolle Zuversicht Walter Lippmanns erinnert haben.

Beide Feststellungen hängen in einer geradlinigen Fortsetzung desselben Gedankenganges zusammen, wenn auch in unterschiedlicher Perspektive. Die Geradlinigkeit beweist freilich nicht, daß er richtig ist. Heute hängt die Selbsteinschätzung der Deutschen in einem ungewöhnlich starken Maß davon ab, wie sie ihre Geschichte beurteilen und sich darüber informieren lassen. Volkspädagogische Zielsetzungen im Dienst eines politischen Bezugssystems laufen auf Täuschung hinaus, wenn das oberste Gebot der Geschichtsforschung ignoriert wird: Sachlichkeit und Wahrheit.

Die Jahrzehnte der moralpädagogischen Behandlungen der Geschichte sind vorbei. Weder unsere eigene Geschichte und das Verhältnis der Deutschen zu den Nachbarvölkern noch die Ereignisse und Kriege des 20. Jahrhunderts und die Botmäßigkeit der Deutschen gegenüber den Mächten, in deren Abhängigkeit sie sich befinden, sind heute noch ein Thema, das unter den Vorzeichen der sogenannten Umerziehung stehen muß. Ebensowenig hat es mit einem beflissenen Lauschen auf ausländische Presse-Echos zu tun. Geschichtswissenschaft ist keine Gefälligkeitsforschung.

Das läuft auf eine Neuentdeckung unserer Geschichte hinaus! Sie wird sich ausdrücken in der unverfälschten Sicherheit der Perspektiven, in der engagierten Darstellung und in der Energie des Zugriffs auf die Sachen. Das Ja zur Geschichte und ein geschultes, entwickeltes Geschichtsbewußtsein sind Garanten der Wurzeln unserer Existenz, unserer persönlichen Standfestigkeit und unserer politischen Einheit.

Wir beobachten seit Jahrzehnten einen Unterricht und eine Erziehung, die es darauf anlegen, das Wissen um unsere Geschichte verkümmern zu lassen. Auf diesen Klotz der pädagogischen Verwüstung gehört der Keil eines schroffen Bekenntnisses zur Selbstachtung: Unsere Geschichte, die bedeutenden und weniger bedeutenden Menschen und Ereignisse der vergangenen Zeiten gehören materiell ins Reich des Gewesenen. Aber wir sind in der Lage, unsere Gedanken und Empfindungen an sie zu attachieren und dadurch eine Identifikation zu ermöglichen, die für die Selbstfindung unerläßlich ist.

Der territoriale Zustand Deutschlands samt der Entwicklung nach 1945 mit den erzwungenen, apathisch hingenommenen oder freiwilligen Optionen nach Westen oder Osten für die Siegermächte ist kein Anlaß, um vor den Widersprüchen und Ungereimtheiten zu kapitulieren, die für unsere Lage typisch sind. Wir müssen vielmehr die Dinge beim Namen nennen: unbeirrbar, ruhig und fest. Wir dürfen vor allem nicht an geschichtlichen Tatsachen rütteln lassen, dürfen es nicht hinnehmen, wenn man diese Tatsachen verwässert, übertüncht, zudeckt. Der Umstand, daß die Deutschen noch immer mit der Hypothek der „Besiegten von 1945" belastet werden, ist kein zureichender Grund dafür, die Vokabel Entspannung so auszulegen, damit den anderen nach dem Mund geredet werden kann, gleichgültig, ob es sich um Franzosen oder Engländer handelt, um US-Amerikaner oder Russen.

Wir müssen die deutsche Situation auf den Hintergrund der großen allgemeinen Übereinkunft projizieren, die zu den Stützpfeilern des normativen Gerüstes der Vereinten Nationen gehört. In der Charta der UNO vom 26. Juni 1945 wird mit drastischer Eindeutigkeit das „*Selbstbestimmungsrecht der Völker*" als Leitprinzip formuliert, und zwar als „*Grundsatz der Gleichberechtigung und Selbstbestimmung der Völker*". Die Epoche der europäischen Nationalstaatsbildungen samt ihren Leiden und Hoffnungen, ihren Ungereimtheiten und Widersinnigkeiten ist zwar vorbei, geblieben aber ist das Essentielle: daß es nicht nur bestimmte, inhaltlich fixierbare Menschenrechte gibt, sondern auch unbedingt verbindliche Grundrechte für ganze Völker — Rechte, ohne deren Realisierung ihnen das Fundament der eigenen Existenz fehlt, des Selbstverständnisses, der Orientierung und des Halts. Ein Volk muß darauf beharren, denn es kann seiner Zusammengehörigkeit nur so den angemessenen politischen und gesellschaftlichen, kulturellen wie staatlichen Ausdruck geben.

Auf dieser Folie einer Welt, deren Völker sich heute fast ausnahmslos nationalstaatlich formieren, erhält Deutschlands Einheit gerade unter historischen Gesichtspunkten einen delikaten Beigeschmack. Nicht nur, weil auf dem ganzen Erdball die Nationalstaatlichkeit als selbstverständlichste aller Voraussetzungen respektiert wird, sondern weil ihre Integrität in elementarer Naturwüchsigkeit nicht mit sozio-ökonomischen oder parteitheoretischen Entscheidungen verflochten oder gar davon abhängig gemacht wird. Ob Chile oder Kuba, Libyen oder die Türkei sozialistisch regiert werden oder nicht — davon hängt nicht Sein oder Nichtsein dessen ab, was wir mit dem Wort „nationale Integrität" umschreiben.

Dieses heute immer öfter bei allen Völkern der Welt beschworene Wort „Identität" schließt ein höchst selbstverständliches Bemühen ein, so schwer es auch praktisch durchzuführen ist. Es steht dem einzelnen Menschen genauso zu wie jedem Volk des Erdballs; also auch uns Deutschen. Allerdings ist bei uns viel getan worden, um die Kraft, die zu einem solchen Bemühen gehört, zu schwächen.

Wer mit sich selbst zerfallen, wer in sich gespalten ist, besitzt keine Identität. Als Volk sind wir Deutschen heute vielfach gespalten. Das können wir vorerst noch nicht ändern. Aber wir beschleunigen diesen krankhaften Prozeß, wenn wir ihn als unabänderlich ansehen, ihn womöglich deshalb für normal halten, weil er schon Jahrzehnte dauert und für Millionen Jüngere ein Teil ihrer gelebten Wirklichkeit ist.

Wenn wir die äußere Verwüstung unseres politischen Daseins nicht von heute auf morgen beheben können, so sind wir doch in der Lage, allen weiteren Spaltungen und Zerfallsprozessen einen Riegel vorzuschieben. Niemand kann uns daran hindern, unsere Einheit und Zusammengehörigkeit nicht als Symbol einer bloßen politischen Begehrlichkeit verkümmern zu lassen, das keine Erfüllung findet und nicht finden wird. Niemand kann uns daran hindern, sie im Innern zu bewahren.

Die Wiederherstellung der deutschen Einheit ist eine Existenzfrage der Deutschen und deshalb ein Unternehmen unserer Selbstachtung. Die Zertrümmerung und Aufspaltung Deutschlands ist zugleich eine Zertrümmerung und Aufspaltung Europas. Von der deutschen Einheit hängt die Souveränität Europas ab. Selbst wenn die Deutschen kein Interesse an der Veränderung ihrer Lage hätten, die europäischen Staaten müßten um der Unabhängigkeit Europas willen die Restitution Deutschlands verlangen.

Das Zweier-Blockdenken befindet sich seit mehr als fünfundzwanzig Jahren international auf dem Rückzug. Nur in Europa ist die Situation der unmittelbaren Gegnerschaft der USA und der Sowjetunion seit den 50er Jahren erstarrt und hat sich zum gefährlichsten Krisenherd der Welt verdichtet. Die Labilität des Aufschaukelns der nuklearen Rüstung hat nichts mit dem längst überholten Mythos des militärischen Gleichgewichts zu tun, das angeblich von den Systemen der NATO und des Warschauer Paktes garantiert wird und dadurch den Frieden erhält. Die Sache ist umgekehrt:

Den ersten Schritt auf ihre Einheit hin müssen die Deutschen freilich selbst unternehmen. Wir werden das Labyrinth der politischen Heillosigkeit, dessen Verwirrung seit Jahr und Tag zunimmt, nur unter gewaltigen Anstrengungen verlassen können. Wir müssen dazu unsere ganze Phantasie aufbieten, alle Fähigkeiten der nüchternen Berechnung wecken, den Mut zur Weitsicht stärken und vor der kühlen Kalkulation unseres wohlverstandenen Selbstinteresses nicht zurückschrecken. Wir werden uns dabei, auf Jahre hinaus, gegen die härtesten Zumutungen, gegen Verleumdungen von außen und Verdächtigungen von innen, gegen Drohungen und Nötigungen wappnen müssen.

Nach einer generationenlangen Lähmung unseres Selbstbehauptungswillens steht jetzt, am Ende des Jahrhunderts, ein Neuansatz des politischen Handelns an. Um diese Wende durchzuführen, ist ein langer Atem nötig. Wir Deutschen sind darin geschult. Mit einer Erneuerung unseres geduldigen Zuwartens, das uns so regelmäßig und trostreich empfohlen wurde, hat das nichts zu tun. Die Tugend geschlagener Völker ist nicht die Resignation, sondern die Geduld. Das Wort gilt allerdings bloß bis zu dem Augenblick, da es nur noch eine Tugend gibt: die Geduld zu verlieren. Das ist heute der erste Schritt fort von unserem Kummer über das unwiederbringliche Verlorene des Deutschen Reiches und der erste Schritt hin zu seiner Metamorphose in einer politisch-staatlichen Neufassung, die den Grundwillen der Deutschen — einfach sie selbst zu sein — genauso wiedergibt, wie er sich in unserer langen Geschichte so oft schon Gestalt und Ausdruck gegeben hat.

Das Volk des 17. Juni

Neuvereinigung — nicht Wiedervereinigung

> *„Der Nackenschlag,*
> *Der Fußtritt sei gesegnet —*
> *Der Peitschenhieb, der im*
> *Gesichte brennt.*
> *Wo immer Menschenschmerz*
> *Dem Menschenstolz begegnet,*
> *wird aus dem Sklaven Spartakus*
> *Der Insurgent."*
>
> **Kurt Barthel, genannt Kuba, 1948**

In der Pfingsterklärung 1980 des Zentralkomitees der deutschen Katholiken heißt es: *„Unser Volk braucht eine patriotische Perspektive, die sich in seiner Geschichte und in der Achtung vor Menschenwürde und Recht gründet und im Ringen um Freiheit entfaltet."* Ein Bekenntnis des 22jährigen Theologiestudenten Nico Hübner aus Ost-Berlin, verhaftet im März 1978, freigelassen im Oktober 1979, reflektiert diese patriotische Perspektive: „ ‚Der Schutz des Friedens und des sozialistischen Vaterlandes und seiner Errungenschaften ist Recht und Ehrenpflicht der Bürger der DDR', heißt es im Artikel 23 der Verfassung der DDR. Diese ‚Ehrenpflicht' trifft für mich aus mehreren Gründen nicht zu. Erstens bin ich kein DDR-Bürger, sondern Berliner, und zweitens existiert für mich kein ‚sozialistisches Vaterland', sondern nur ein deutsches Vaterland." [1]

Der Student Hübner, aufgewachsen in der Oligarchie einer spätmarxistischen Kastengesellschaft, soziologisch gesehen ein Produkt der High Society der Neuen Klasse, ausgetreten aus der FDJ 1972, bekennt sich zur *Einheit der Nation,* zum *deutschen Vaterland,* zu einem nichtmarxistischen Nationalbewußtsein. Aus seiner Erklärung spricht eine Gesinnung, die nicht in Doktrinen des Alt- oder Neomarxismus wurzelt. Hübner argumentiert nicht unter Berufung auf den „frühen" Marx, den „späten" Lenin oder scholastische Schriften spätmarxistischer Apologeten. Nicht mit dem historisch-dialektischen Materialismus identifiziert sich Hübner. Zu seinen großen Bildungserlebnissen zählt die offiziell als „reaktionär" verurteilte Philosophie Schopenhauers. Sein Menschen- und Freiheitsbild deckt sich nicht mit irgendeinem Klassenstandpunkt, es ist jeglichem Klassenprinzip entgegengesetzt. Am Beispiel des Nico Hübner wird man mit dem Phänomen eines neuartigen Antikommunismus konfrontiert, entstanden im System des „real existierenden Kommunismus". Der moderne Antikommunismus aus dem Osten zeigt sich vital, elementar, voluntaristisch. Vor allem: er ist *Antikommunismus mit nationalbewußtem Antlitz und religiöser Seele.*

Der Antikommunist als Systemüberwinder

Auf das Phänomen des Antikommunismus östlichen Ursprungs hat als erste die Slawistin Helen von Ssachno hingewiesen — im Zusammenhang mit den Prosawerken eines Wladimir Maximow. Als entschiedene Antikommunistin bezeichnete sich 1977 die russische Philologin Tatjana Chodorowitsch, vor ihrer Emigration eine enge Vertraute des Friedensnobelpreisträgers Andrej Sacharow.

In Athen erklärte 1978 der Dramatiker Eugène Ionesco — Rumäne, in Frankreich lebend —, für ihn seien die Dissidenten „Heilige, Märtyrer, Helden"; auch er bekannte sich leidenschaftlich als Antikommunist.

Unter „Antikommunismus" darf hier nicht eine bloße, rein emotionale Anti- oder Angsthaltung verstanden werden. Antikommunismus neuen Typs will nicht Defensive, gesellschaftliche Restauration, Nachahmung des westlichen Spätliberalismus, Wiedereinsetzung kapitalistischer Wertsysteme, sondern zielt auf Offensive und Neuordnung, stellt nicht Reaktion, sondern Aktion dar, meint — im Fall Deutschlands — *nicht Wieder-, sondern Neuvereinigung,* ist daher ein revolutionärer Bewußtseinsakt.

Antikommunismus dieser Art bedeutet das radikale Infragestellen des ganzen und unteilbaren Kommunismus, seiner äußeren Erscheinungsformen — industrielle und agrarische Leibeigenschaft, militaristischer Imperialismus, ökonomischer Kolonialismus, Russifizierung, Xenophobie und Xenokratie, Diktatur einer Neuen Klasse und Partei, Despotismus mit Polizeiterror —, seiner geistigen Wurzeln im Marxismus und Moskowitertum, seiner materialistischen Eschatologie und Vergötzung der Produktivkräfte. Selbstvergöttlichung und Manipulation („Machbarkeit") des Menschen impliziert der Kommunismus; institutionalisierte Menschenverachtung und organisierte Menschenversklavung resultieren daraus. Dagegen steht der moderne Antikommunist auf — nachzulesen bei Leszek Kolakowski, Semjon Glusman, Bagrat Schachwerdjan, Alexander Solschenizyn, Valentin Moros, Andrej Amalrik, Jewgen Sverstjuk, Levko Lukjanenko, Wasyl Stus, Igor Schafarewitsch, Dmitrij Dudko, Wladimir Maximow, Michailo Ossadschyj, Swjatoslaw Karawanskyj, Iwan Hel, Wladimir Ossipow, Igor Ogurzow, Wladimir Schelkow, Gleb Jakunin, Viktoras Petkus, Wladimir Bukowskij, Andrej Sinjawskij.

Der „neue" Antikommunist begreift sich als Systemüberwinder, als — um einen Solschenizynschen Terminus zu gebrauchen — „Moralischer Revolutionär". Die Osteuropäische Revolution — nach Günter Bartsch begann sie bereits 1948 — wird letztlich doch aus *nicht*kommunistischen Ideenquellen gespeist, orientiert sich nach *anti*kommunistischen Wertordnungen. So verwundert es nicht, daß die geschichtsträchtigen Oppositionsströmungen in Osteuropa gegenwärtig jene sind, die *religiösen* (oder metaphysischen) und *nationalen* Charakter aufweisen, sowohl in der Sowjetunion als auch außerhalb des Imperiums. Gemeint sind die Traditionalisten, Bodenständigen und Neoslawophilen, die christlichen und moslemischen Fundamentalisten, die „Völkischen", die nationalen Selbständigkeitskämpfer — die Nationalrevolutionäre in jedem Fall.

Bund Demokratischer Kommunisten Deutschlands

Nico Hübner verkörpert jene „Fraktion" innerhalb der DDR-Opposition, welche die nationale Frage zur Schicksalsfrage der Deutschen erhoben hat, allen anderen Problemen übergeordnet. In der nationalen Frage konzentriert sich und kulminiert die deutsche Frage. Das hat eine lange Tradition. Sie datiert seit dem 8. Mai 1945. „Patriotische Perspektive": In den deutschland-politischen Vorstellungen oppositioneller Gruppen in SBZ und DDR findet sie überzeugenden Ausdruck.

Vor fünf Jahren beschrieb der Zeithistoriker Günter Bartsch die Lage im Herzen Europas: „Jedes geteilte Land geht mit einem Bürgerkrieg schwanger. Die SED hat, als sie sich vom Begriff ,deutsch' säuberte (als wäre er ein Kartoffelkäfer), bereits ungewollt ihr Todesurteil unterschrieben ... Jede auseinandergeschnittene Nation will wieder zusammenwachsen ... Historische Konstruktionen fallen leicht wie Kartenhäuser zusammen, aber organisch gewachsene Gebilde wie Völker und Nationen sind selbst in Jahrhunderten nicht zu zerstören. Der Imperialismus fällt, aber der Nationalismus bleibt." [2]

Als Bartsch diese Prognose verfaßte, existierte der Bund Demokratischer Kommunisten Deutschlands vermutlich noch nicht. Das dreißig Seiten lange Manifest des BDKD, von dem die „International Herald Tribune" und der der Sozialistischen Partei Frankreichs nahestehende „Le Matin" am 8. und 9. Februar 1978 behaupteten, es zirkuliere in Abschriften und auf Tonbändern „unter der Hand" in Mitteldeutschland, untermauert die Bartsch-These. Sensationell an diesem Papier aus dem Untergrund, aus der parteiinternen Dissidenz, sind nicht die Anprangerung der „Bürokratenkaste" und ihrer „Diktatur über das Proletariat", die Verdammung von Parasitentum, Vetternwirtschaft, moralischer Dekadenz, Verbonzung, Terrorjustiz. Aufhorchen läßt in diesem Manifest sogenannter demokratischer Kommunisten etwas ganz anderes, im Grunde Un-marxistisches: die unverhüllt patriotischen, ja „nationalistischen" Töne in der Wiedervereinigungsfrage. Erstmals in der Geschichte der innerparteilichen Opposition steht die Sowjetunion unter Anklage. Sie wird als „imperialistisch" gebrandmarkt. Die Politbüro-Oberen seien „Statthalter der roten Päpste im Kreml, die ihr Dasein vorwiegend zur persönlichen Bereicherung auf Kosten der DDR-Werktätigen benutzen".[3]

Das Hauptkapitel des Manifests ist der *Deutschlandpolitik* gewidmet. Unter Hinweis darauf, daß sich alle bisherigen Machtkämpfe im Politbüro an der nationalen Frage entzündet hätten, fordern die Manifestanten eine *„offensive nationale Politik"* sowie ein Konzept, das auf die Wiedervereinigung Deutschlands zielt. Als Voraussetzung werden der Abzug aller fremden Truppen und der Austritt aus den Hegemonialblöcken genannt. Die Autoren plädieren für die *Konstituierung einer Nationalversammlung* und die *Ausarbeitung einer gesamtdeutschen Verfassung.* „Noch haben die Sowjets ihr Ziel der Verewigung der deutschen Spaltung nicht erreicht", schreiben sie. Auch „Abgrenzungspolitik" und „Zwei-Nationen-Theorie" der SED seien gescheitert.

Am 17. Juni 1953 forderten Mitteldeutschlands Arbeitermanifestanten ein freies, geeintes, demokratisches Deutschland ohne Okkupanten, ohne eine Kollaborationsregierung der Besatzungsmacht („Spitzbart, Bauch und Brille sind nicht des Volkes Wille", skandierten Berliner Arbeiter, gemünzt auf Ulbricht, Nuschke und Grotewohl), ohne Parteidiktatur über das arbeitende Volk. Genau das verlangen die intellektuellen Manifestanten von 1978. „Die Deutschlandpolitik der SED-Spitze ist gescheitert. Keine pseudotheoretischen Haarspaltereien um die Nation schaffen das praktisch ungelöste nationale Problem aus der Welt." Ein Kernsatz aus dem Manifest! Dieses Dokument ist die bisher radikalste Kampferklärung der innerparteilichen Opposition an den Status quo, den gesellschaftlichen und territorialen Zustand, wie er von Ost-Berlin, Bonn und Moskau in Verträgen festgeschrieben wurde.

Aus dem Dokument von 1978 tönt nicht der höhnische Ruf von Marx: „Der Arbeiter kennt kein Vaterland." Anders als beim Kommunistischen Manifest Marxens von 1848 spricht aus dem 78er Manifest ein leidenschaftlicher deutscher Patriotismus mit antiimperialistischer Stoßrichtung, ein nationales Credo: *„Das Ende des Kolonialsystems muß auch gegenüber dem roten Imperialismus durchgesetzt werden."* Im 78er Manifest wird a) der Primat des nationalen Problems postuliert, b) die Entkolonisierung des letzten Kolonialreiches verlangt — nicht im Namen des Proletariats, sondern der *Nation.* Überall in Osteuropa ist diese Forderung zu hören: in Polen, Böhmen, Litauen,

Ungarn, Georgien, Armenien, Kroatien, im Baltikum, in der Slowakei und der Ukraine, auch in Rußland selbst.

Die deutsche Frage offenhalten

Das Neuaufbrechen der nationalen Frage in Mitteldeutschland und die Neuformulierung deutschlandpolitischer Forderungen aus dem Untergrund, besonders nach Veröffentlichung des Manifestes, inspirierten politische Kreise Westdeutschlands zu ähnlichen Bekenntnissen, und der Primat der nationalen Idee — identisch mit dem Vereinigungspostulat — floß in Reden und Programme etablierter Kräfte ein. Opportun und modern scheint es wieder zu werden, den „Willen zur deutschen Einheit" zu betonen, den Vorrang der deutschen Einigung vor der europäischen Einigung zu propagieren. Ermutigt von gesamtdeutschen Erklärungen in der DDR-Opposition, verabschiedeten dreihundert Delegierte des Deutschen Forums der Ostdeutschen Landsmannschaften Ende Februar 1978 in Berlin eine Resolution, in der es hieß: „Die deutsche Frage ist offen und muß offengehalten werden." Deutschlands Wiedervereinigung sei auch Auftrag an die nächste Generation.

Am 20. Januar 1978 hatte Prof. Robert Havemann, ein oppositioneller Marxist, in der Pariser Tageszeitung „Le Monde" geschrieben: „SED und DDR-Regierung haben bei 95 Prozent der Bevölkerung keinerlei Ansehen mehr. Sie genießen sogar kein Vertrauen bei denen, die sie mit der Ausführung ihrer Befehle beauftragt haben." Den Delegierten des Berliner CDU-Landesparteitages rief im April 1978 Peter Lorenz zu, es käme für die Deutschen niemals in Frage, „unsere nationale Identität preiszugeben, auch nicht auf dem Altar der europäischen Gemeinschaft . . . der Friede in Europa kann auf die Dauer nicht gesichert werden, wenn er mit der zwangsweise aufrechterhaltenen Spaltung Deutschland belastet bleibt". Gewachsen sei in Mitteldeutschland das nationale Zusammengehörigkeitsgefühl. „Es hat sich bei der älteren Generation immer erhalten, aber jetzt scheint auch die junge Generation ihr eigentliches Vaterland wieder zu entdecken. *Und dieses Vaterland heißt nicht DDR, es heißt Deutschland.*"[4]

Nationen überleben Systeme

Reportagen und Kommentare in der westdeutschen Presse greifen in letzter Zeit immer häufiger das „nationale Problem" auf. Begriffe, Stichworte, Chiffren wie „die deutsche Neurose", „Abschied von Jalta", „das Trauma des 17. Juni", „die Dauerbesiegten", „Volk ohne Vaterland", „Identitätsdefizit", „Sehnsucht nach dem größeren Vaterland" signalisieren ein wachsendes Interesse an psychologischen und moralischen Aspekten der ungelösten deutschen Frage. Werner Weidenfeld: „Wir suchen das Gespräch. Die Menschen in der DDR, die Verkäuferin wie der Pfarrer, der Arbeiter wie der FDJler, gehen viel selbstverständlicher und ohne die bei uns üblichen Verkürzungen mit dem Begriff ‚Deutschland' um. Für sie verbindet sich mit der Hoffnung auf eine Lösung der Deutschen Frage die diffuse Aspiration, daß sich alles ändert. Es gibt wohl keinen eindringlicheren Beleg für alle Erkenntnis: die Deutsche Frage bleibt offen."[5]

Die Eindrücke von Werner Weidenfeld, Professor für Politische Wissenschaften in Mainz, bestätigt ein DDR-Experte aus der „Zeit"-Redaktion, Joachim Nawrocki: „Die im letzten Ulbricht-Jahr erfundene Abgrenzungspolitik ist erfolglos geblieben. Das Denken, Fühlen und Wünschen . . . der DDR-Deutschen wird noch immer weit stärker vom Westen als vom Osten beeinflußt. Auch eine Generation nach der DDR-Gründung sind die ‚Brüder und Schwestern' in der Bundesrepublik den DDR-Bewohnern

70

ungleich weniger fremd als die ‚Freunde' in den sozialistischen Nachbarländern." [6] Daß Nationen die ihnen fremden Systeme, Ideologien, Imperien überleben, daß die Parteimär von der „sozialistischen Nation" die Identitätskrise des Separatstaates DDR nicht beseitigt, sondern vertieft hat — mit dem Resultat, daß die Wiedervereinigungssehnsucht der Mitteldeutschen niemals stärker war als gegenwärtig —, behauptet Dr. Hans Heigert, Chefredakteur der „Süddeutschen Zeitung", in einem Leitartikel aus Anlaß der Bonner Regierungserklärung zur „Lage der Nation im geteilten Deutschland" im Mai 1979:

„Der Begriff Nation ist weder staatsrechtlich noch politologisch exakt zu definieren. Nation ist eine begriffliche Umschreibung für politische Empfindungen. Sie benennt ein Zugehörigkeitsgefühl, emotionale Identität, auch Selbstbewußtsein, Stolz, Leiden, Empörung oder die Erfahrung von Schmach. ‚Nation' motiviert zum politischen Handeln. Ohne ‚Nationalgefühl' verkümmert ein Staatswesen zur bloßen Apparatur, ist auch keine Loyalität abzuverlangen ... die DDR hört nicht auf, sich eine nationale Identität zuzuschreiben, auch sie will einem Mangel abhelfen. Schon zwanzig Jahre versucht sie, den Bürgern dort einzureden, sie schüfen eine ‚sozialistische Nation' ... Der Versuch mißlang, und es sieht nicht danach aus, daß er je gelingen würde. Die DDR hat, juristisch gesprochen, ‚Staatsqualität', hingegen ist sie keine Nation ... In der DDR ist die Loyalität zum sozialistischen Gemeinwesen nicht gewachsen, sie hat vielmehr abgenommen. Es ist durchaus zulässig, von einer inneren Krise der DDR zu sprechen. Diese ist nicht ökonomischer Art, wiewohl auch das permanent reduzierte Leben auf die Dauer müde macht ... den Arbeitseifer tötet. Es handelt sich vielmehr um eine sich fortfressende Identitätskrise des sozialistischen Staates DDR ... Was heißt das für die Deutschen im geteilten Land? Für die im Westen bringt dies in Erinnerung, daß die anderen tatsächlich noch immer sich dem einen deutschen Volk angehörig fühlen, zu einer getrennten Nation gehörend. Diesseits der immer noch schändlichsten und unmenschlichsten Grenze der Welt vergißt man das allzu leicht ... Wer immer gefürchtet oder gehofft haben sollte, die Menschen in der DDR würden sich abfinden, sich ‚daran' gewöhnen, sieht sich korrigiert. Niemand arrangiert sich auf Dauer mit der Unmenschlichkeit. Daraus folgt lapidar, daß die ‚deutsche Frage' zwar entschärft, aber nicht gelöst ist. Die DDR bleibt ein in sich schwaches Gebilde, nicht nur wegen ihres abstrusen Gesellschaftssystems, sondern weil sie die ‚nationale Frage' nicht lösen kann. In Polen, in Ungarn, selbst in der CSSR mag es mehr oder weniger große Experimente mit der ‚Freiheit im Sozialismus' geben. Die Unterdrückung mag zunehmen oder abgebaut werden: die Loyalität zur jeweiligen Nation bliebe immer intakt, würde vielleicht noch gestärkt. In der DDR sind Experimente grundsätzlicher Art kaum möglich, weil die Existenz des Staates selbst sehr schnell zur Disposition stehen könnte. Jedermann weiß zudem, daß der innere Bestand jenes Staates letztlich von den Ketten fremder Panzer garantiert wird ... Solche Staaten überleben nicht, mag auch ihre Umwandlung vielleicht noch in Jahrzehnten nicht möglich sein." [7]

Aussteigen aus der Geschichte

Offenhalten der deutschen Frage, Bereitsein für die Stunde der Umwandlung und Symbiose, kein Arrangieren mit Trennung und Unmenschlichkeit ... Es gibt einflußreiche Schichten in Parteien, im Kulturbetrieb, in der Medienbranche Westdeutschlands, die ein Arrangement befürworten und das Offenhalten negieren; die sich mit territorialer Spaltung, dem Totschweigen der deutschen Frage und der Identitätskrankheit abgefunden haben. Ein natio-

nales Problem, eine „Angelegenheit auf Leben und Tod"
(Venohr), existiert für sie nicht. Sie haben der Nation den
Rücken gekehrt, führende Jungsozialisten und Jungde-
mokraten zum Beispiel.

In der Mittagsstunde des 17. Juni 1953 zu Berlin in der
Leipziger Straße versuchten Arbeiter, im Maschinengewehr-
feuer Geschütztürme der Sowjetpanzer mit Balken und
Steinen zu blockieren. In Wien erklärt zur gleichen Stunde
Ernst Reuter auf dem Internationalen Städtetag: „Diese
Aufstandsbewegung ist eine volle Revolution." Eine Woche
später spricht der sozialdemokratische Oberbürgermeister
an den Särgen der nach West-Berlin gebrachten Toten.
„Der 17. Juni ist das größte Ereignis unserer Geschichte,
das wir seit langem erlebt haben", bekennt Ernst Reuter.
„Dieser elementare, wuchtige Aufstand unseres Volkes,
dieser Marsch der deutschen Jugend unter einem totalitären
System, sie haben die Welt aufgerüttelt. Keine Macht der
Welt, niemand wird auf die Dauer uns Deutsche voneinander trennen können. Die Fahne der Knechtschaft auf dem
Brandenburger Tor, sie ist von unserer Jugend heruntergezogen, und diese Jugend wird eines Tages die Fahne der Freiheit auf dem Brandenburger Tor aufziehen." [8] Brandenburger Tor, Brandenburgs Staub und die Fahne der Knechtschaft — Preußens Geist stirbt nicht.

27 Jahre nach der Geburt eines neuen Abschnitts der
Weltgeschichte, 27 Jahre nach dem Patriotengelöbnis des
Sozialdemokraten Reuter annullieren junge Sozialdemokraten die Erinnerung an das „größte Ereignis unserer
Geschichte". Sie votieren für den Verzicht auf die Neuvereinigung Deutschlands. Bei nur wenigen Gegenstimmen
verabschiedete am 2. Februar 1980 die Landesdelegierten-
konferenz der baden-württembergischen Jungsozialisten
einen Antrag, in dem die Abschaffung des „Tages der deutschen Einheit" am 17. Juni verlangt wird.[9] Zum National-

feiertag soll der 8. Mai proklamiert werden als „Tag der Befreiung vom Hitler-Faschismus".

Warum diese Freude über die Zerreißung, Erniedrigung und Verurteilung der eigenen Nation? Wie konnte es in der einst so patriotischen, ja geradezu „nationalistischen" SPD zur Verleugnung dieser Befreiungsbewegung deutscher Arbeiter kommen? Woher die Verdrängung nationaler Vergangenheit, warum die Zerstörung eines Positivbildes, des Symbols nationalen Stolzes? Äußert sich darin politische Degeneration? Oder einfach Blindheit und Menschenverachtung? Ein neuer Versuch, aus der Geschichte auszusteigen? Bedeutet ein Verzicht auf den Tag, da „die Fahne der Knechtschaft von unserer Jugend heruntergezogen" wurde, nicht auch Verzicht auf ein Kapitel eigener Parteigeschichte, verknüpft mit dem Namen des großen demokratischen Sozialisten Ernst Reuter? Warum dieser Drang zum Attentat auf den Rest moralischer Substanz einer gespaltenen Nation?

Geteilt durch Imperialismus

Die Haltung westdeutscher Jungsozialisten erscheint um so unverständlicher und beschämender, als die Zerreißung der deutschen Nation keine Tat der Deutschen ist, auch niemals von ihnen gewollt war und moralischer sowie rechtlicher Legitimation entbehrt. „Es ist Imperialismus, der Deutschland gespalten hat. Die Russen haben ihren Sieg über die europäische Vormacht bis zum Äußersten ausgenutzt, um ihr Imperium nach Westen vorwärtszuschieben. Die von ihnen besetzte Zone Deutschlands gehörte von vornherein zu diesem Imperium" (Golo Mann). Als Nico Hübner nach seiner Freilassung im Oktober 1979 den 70jährigen Historiker besucht, in Icking bei München, flüstert der 23jährige Student, dem die Grausamkeit, die Traurigkeit des Gefängnislebens noch im blassen Gesicht

geschrieben steht: „Die deutsche Nation, sie zerfällt..."
Laut und bestimmt antwortet Golo Mann: „Das werde ich
nicht erleben, Sie auch nicht." Ob er, der Geschichtskun-
dige und Weise, noch an die Wiedervereinigung glaube,
fragt der junge Berliner. Golo Mann: „Eine Neuvereinigung der beiden deutschen Staaten ist nicht möglich, solange nicht sehr tiefgreifende Veränderungen innerhalb
des russischen Imperiums stattfinden." [10]

Die Formel „*Neuvereinigung*" benutzte der Verfasser des
„Wallenstein" ganz bewußt. Was Golo Mann meint: Deutschlands Neuvereinigung ist ein integraler Bestandteil des Völ-
kerfrühlings in Osteuropa, eines Epochenereignisses mit
unabsehbaren Folgewirkungen. Ja, *die deutsche Frage ist
„ostorientiert".* Sie hängt zusammen mit der geistigen, ethischen und politischen Rehabilitierung des als „bürgerlich"
verpönten Nationalismus, seiner Neudefinition und Neu-
interpretation; mit der Antikolonialismusbewegung in allen nichtrussischen Ländern und Völkern, mit der Anerkennung des Primats und der Dominanz der nationalen
Idee, mit der legal wie illegal geführten Diskussion um
Nachfolgestaaten auf dem Territorium des multinationalen „russischen Imperiums". Mit all diesen Tendenzen und
Phänomenen ist die deutsche Frage aufs allerengste verbunden, untrennbar verknüpft.

... nur im Klassenkampf?

Das Trauma des 17. Juni spaltet das Lager der Befürwor-
ter der deutschen Neuvereinigung. Die Scheidelinie, die
Wendemarke: das Volk des 17. Juni. Wie stehst du zum 17.
Juni? Eine gesamtdeutsche Gretchenfrage. Während Rudi
Dutschke, im eigenen Selbstverständnis ein „kritisch-
materialistischer Marxist", den „Arbeiteraufstand Mitte
Juni 1953" uneingeschränkt bejahte, ihn als spontane Er-
hebung gegen die „allgemeine Staatssklaverei" klassifi-

zierte,[11] gibt der ebenso kritisch-marxistische Regimekritiker Wolf Biermann zu verstehen, daß er eigentlich auf der
Barrikadenseite der Aufstandsunterdrücker stand und
immer noch steht, weil der nach seiner Ansicht „gefährliche
Januskopf" der deutschen Junirevolution auch ein „faschi-
stisches Gesicht" gezeigt hätte! Wolf Biermann am 13.
November 1976 auf einer Kundgebung in Köln: „. . . wenn
die russischen Panzer am 17. Juni kommen und die faschistische Dimension, die auch in diesem 17. Juni war, nieder-
machen, würde ich verzweifelt und mit Tränen in den
Augen die Mütze 'runterreißen und diese Panzer begrüßen
(die Panzer von Budapest, Preßburg, Prag, Kabul — d. Vf.),
denn dieser 17. Juni hatte durchaus einen gefährlichen
Januskopf: Er hatte zwei Gesichter. Er war schon ein demokratischer Arbeiteraufstand und noch eine faschistische Erhebung . . ." [12]

Wolf Biermann verkörpert den „klassischen" Regimekritiker, der nicht etwa Systemüberwindung anstrebt (Aufstand, ethische und soziale Neuordnung) sondern lediglich eine „Korrektur" des bestehenden Übels wünscht. So
ist es kein Wunder, wenn er sich gegen den „Verdacht" zur
Wehr setzt, Mitautor des Manifests des Bundes Demokratischer Kommunisten Deutschlands zu sein, Mitverfasser
von Thesen also, in denen die Neuvereinigung Deutschlands auf nichtkommunistischer Basis gefordert wird. In
einem offenen Brief an die Manifestautoren bringt Biermann seine Ablehnung ihrer Argumente klar zum Ausdruck.[13]

Einfach ungehörig findet es der marxistische Regimekritiker Biermann, daß man Marxens Kardinalgebot vom
Klassenkampf als überholt, altmodisch, ja als „reaktionär"
einstuft. Was für die Manifestanten ein grausiger pseudore-
ligiöser Irrtum, ist für den Marxisten Biermann „diese fun-
damentale Wahrheit". Biermann vermutet ganz richtig:
die Manifestautoren zielen auf die Marx-Dogmen insge-

samt, wenn sie die Priorität des Klassenkampfes im Visier haben. Indem sie Marxens „Diktatur des Proletariats" verdammen, schlachten sie mehr als nur eine heilige Parteikuh; sie bringen das *ganze* Dogmengebäude der Marx-Kirche zum Einsturz. Sie sprechen es offen aus: „Wir sind für die Abschaffung der Staatsreligion des Marxismus-Leninismus. Wissenschaft, Kunst und Literatur, das geistige Leben überhaupt, dürfen nicht reglementiert werden." Und: „Wir halten Lenins Partei-, Demokratie- und Staatskonzept für untauglich." Ein marxistisches Konzept, wohlgemerkt! Die Manifestanten spotten über die Fetische und Tabus des Regimekritikers Biermann. „Wir glauben nicht an Gottvater Marx, Jesus Engels oder gar den heiligen Geist Lenins, an die fatalistische Gesetzmäßigkeit der Geschichte." Diese Voluntaristen im DDR-Untergrund halten es statt dessen mit dem zum Märtyrertod verurteilten britischen Lordkanzler Sir Thomas Morus (heiliggesprochen von der römisch-katholischen Kirche 1935!).

Deutschlandlied in Leuna

Für Robert Havemann, verwurzelt in der *gesamtdeutschen Tradition der alten deutschen Arbeiterbewegung,* einen Gegner jeglichen Separatismus', bedeutet der 17. Juni ein „Trauma des deutschen Volkes". Biermann dagegen findet für die Manifestanten des 17. Juni 1953 nur Worte des Zynismus und der historischen Verfälschung.

Biermanns Urteil über den 17. Juni deckt sich mit den Arbeiterbeschimpfungen der Kuba, Hermlin („Die Kommandeuse"), Seghers („Salz und Brot", „Die Entscheidung"), Heym („Fünf Tage im Juni"). Was Biermann als „faschistische Dimension" bezeichnet (Hermlin und Kuba phantasierten von einem „faschistischen Pogrom mit US-Freibier, Hitlergruß und Horst-Wessel-Lied"), war doch nichts anderes als die Moral der Arbeiter, Bauern und Bürger, der einfachen Leute ohne Intellektuelle an jenem Mittwoch im Juni. In der existentiell gegenkommunistischen Befreiungsmoral des 17. Juni spiegelte sich das politische Wollen der Männer, Frauen und Lehrlinge von Hennigsdorf, Halle, Magdeburg, Berlin, Rostock, Brandenburg, Görlitz, Zeiss Jena, Buna, Leuna, Agfa Wolfen, Cottbus, Dresden, Leipzig, Bautzen wider, nämlich: Einheit der Nation, Ekel vor dem realen und einzigen Kommunismus, Haß auf die Herrschenden im Marxismus-Leninismus, Sehnsucht nach dem größeren Vaterland, nach Freiheit. Nicht Biermanns Internationale sangen die Leuna-Proletarier auf ihrem zur Legende gewordenen Marsch nach Merseburg; die aus dem ehemals „roten Leuna" sangen am 17. Juni das Deutschlandlied — von der ersten bis zur letzten Strophe . . .

Das Deutschheitsgefühl nicht verlieren

Die erste politische Opposition in der Geschichte der SBZ/DDR war eine organisierte, verkörpert in offiziell zugelassenen, von der Besatzungsmacht genehmigten Parteien des sogenannten bürgerlichen Lagers. Sie wurden zum Sammelbecken der Patrioten und Regimegegner. Die deutschlandpolitischen Vorstellungen der Liberaldemokratischen Partei Deutschlands (LDPD) und der Ost-CDU bildeten aber nicht nur eine Widerspiegelung der Teilung Deutschlands. Verbunden mit dem gewaltlosen Ringen für die Einheit der Nation war noch ein anderes elementares Bestreben: Milderung, Zurückdrängung, Überwindung des von den Kommunisten mit Hilfe Stalinscher Panzer oktroyierten Sozialrückschritts — der sich fälschlicherweise als „Revolution" ausgab — durch das Aufzeigen einer gesellschaftlichen Neustrukturierung für einen Einheitsstaat der Deutschen. Das gilt gleichermaßen für Liberaldemokraten wie für Christdemokraten, für Anhänger eines Külz und eines Kaiser, die in der Geschichte des okkupierten Mitteldeutschland die allererste Volksopposition formierten. Wiedervereinigung der deutschen Kultur und Nation, Neuvereinigung des zerschlagenen Staates auf dem Fundament einer neuen Sozialordnung!

Wilhelm Külz, der für die LDPD das war, was Kurt Schumacher für die SPD und Konrad Adenauer für die West-CDU bedeutete — Sohn eines sächsischen Pfarrers, 1904 Oberbürgermeister von Bückeburg, später OB von Zittau, im Ersten Weltkrieg Kommandeur eines Infanteriebataillons, im 3. Kabinett Marx 1926/1927 Reichsinnenminister, 1931 Oberbürgermeister von Dresden, ein Bewunderer Hindenburgs und ein Freund Goerdelers, ein Nationalliberaler mit preußisch-protestantischem Ethos —, definierte 1946 die LDPD als „deutsche Volks- und Staatspartei", deren Gedankengut er in sieben „Grundgebote" zusammenfaßte: „Wir wollen einen deutschen Nationalstaat . . .; wir wollen einen Einheitsstaat mit Zentralgewalt, aber keinen zentralistischen Staat; wir wollen einen sozialen Staat, aber keinen sozialistischen Staat; wir wollen einen Volksstaat, aber keinen Klassenstaat; wir wollen einen Staat des Rechtes und der Gesittung; einen Staat wahrer Kultur und wahren Menschentums; einen Staat, der eine politische, wirtschaftliche, geistige und seelische Heimat des deutschen Volkes und ein Hort des Friedens, der Freiheit und des Fortschritts der Menschheit ist." [14]

Külz meinte den „Staat über den Parteien", lehnte den Staat als „Spitzenorganisation einer Partei oder der Gewerkschaften" ab, hielt den „totalen Staat" mit einer „Diktatur des Proletariats" für eine antiquierte, antinationale, im Grunde auch undeutsche Erscheinungsform, womit er unzweideutig gegen den Marxismus und die spezifisch russische Form des Marxismus, den Bolschewismus, zielte. Külz 1946: „Der deutsche Volksgedanke, der deutsche Staatsgedanke und der Menschheitsgedanke, das sind die drei Säulen, auf denen das demokratische Staatsgefüge eines neuen Deutschland ruhen wird." Neun Monate nach Kriegsende rief Wilhelm Külz zum „bedingungslosen radikalsten Widerstand gegen alles" auf, „was auf Zersplitterung, was auf Partikularismus, was auf Schwächung der deutschen Einheit abzielt". Külz im Februar 1946: „Der Jammer und die Not, die über uns gekommen sind, sind nicht über uns gekommen als Schwaben, sie sind über uns gekommen als Deutsche. Und aus dieser Not heraus kommen wir nur, wenn wir das zusammengehörige Deutschheitsgefühl nicht verlieren." [15]

Wir wollen Deutsche bleiben

Der Parteiführer von Berlin, Carl Hubert Schwennicke, LDPD-Landesvorsitzender der Reichshauptstadt, einer der schärfsten innerparteilichen Opponenten von Külz, umriß in seiner Rede vor der Funktionärsversammlung am 25. Januar 1948 den patriotischen Generalkurs seiner Partei mit dem Bekenntnis: „Wir wollen Deutschland aufbauen, wie es der Mentalität des deuschen Volkes, der Leistungsfähigkeit und unserer geschichtlichen Vergangenheit entspricht. Wir bekennen uns leidenschaftlich zu unserem deutschen Volkstum, wir sind Deutsche und wollen Deutsche bleiben." [16] Das sind Ideen und Ideale, die angesichts des erstarkenden „deutschen", das heißt nichtmarxistischen Widerstandes in der DDR-Bevölkerung von brennender Aktualität sind.

Im Programmentwurf von Waldemar Koch, Ende Juni 1945, heißen die Kardinalforderungen der Liberaldemokraten: „1. Erhaltung des Deutschen Reiches mit einer einheitlichen Volkswirtschaft und Verwaltung. 2. Schaffung eines Reichstages auf der Grundlage des allgemeinen und geheimen Wahlrechts. 3. Baldige Bildung einer Reichsregierung, die auf demokratischer Grundlage aus den Vertretern der verschiedenen Parteien zusammengesetzt ist . . . 4. Gestaltung eines Rechtsstaates, in dem jeder Deutsche gegen Gewalt und Unrecht geschützt ist. (...) 6. Wiederaufbau der freien Wirtschaft in Handel, Industrie, Handwerk und Landwirtschaft zur Aktivierung der Initiative aller werktätigen Unternehmer sowie der Hand- und Kopfarbeiter." [17] Das Verlangen nach Erneuerung des „Reiches", als Oberbegriff gesamtdeutscher Staatlichkeit, rangierte an erster Stelle.

Keine Restauration von Weimar!

Für diese Partei, die bei den Landtagswahlen am 20. Oktober 1946 zur zweitstärksten Partei in der sowjetischen Besatzungszone auftieg und im Sommer 1947 rund 200 000 Mitglieder in etwa 3400 Ortsgruppen zählte, waren die nationalen Belange aller Deutschen allen anderen Problemen übergeordnet. Die Hauptforderung lautete: Wiederherstellung der staatlichen Einheit Deutschlands und Rückgewinnung der verlorenen Ostgebiete, daher Ablehnung der Oder-Neiße-Linie. In diesen Fundamentalpunkten waren die Liberaldemokraten der ersten Nachkriegsjahre zu keinem Kompromiß bereit. Aber — und dies bildete einen integralen Bestandteil der deutschlandpolitischen Vorstellungen der LDPD — Gesicht und Inhalt des neuen deutschen Einheitsstaates sollten keine Kopie der Ersten Republik sein. Keine Restauration von Weimar, kein Zurück zu den vorhitlerischen Zuständen! Wenn Külz bereits 1945 eine „Erneuerung der deutschen Art" forderte, eine „deutsche Selbstverwaltung", eine „Volkspädagogik", den Kampf gegen „weltanschauliche Zerklüftung" und „Zerbröckelung unseres Volkstums", so war damit nicht die Wiederbelebung klassischer liberaler Vorstellungen gemeint, sondern deren Überwindung durch eine „Kampfpartei" für einen neuen Typ des Staatsbürgers ohne Klassenhaß und Klassenarroganz. Damit war die

Abkehr vom orthodoxen individualistischen Liberalismus vollzogen; die „Freiheit" des Manchester-Liberalismus galt als negativ, da sie die Leugnung von „Bindungen und Verpflichtungen politischer oder moralischer Art" bedeutete.

Die Neubestimmung spiegelte sich nicht nur in der sozialen Herkunft der Mitglieder. In der Industrieprovinz Sachsen, wo der stärkste Landesverband existierte, bildeten Facharbeiter, Kleinangestellte, Hausfrauen, Gymnasiasten, Studenten, Handwerker und Flüchtlinge das Hauptkontingent der Parteimitgliedschaft, etwa 90 Prozent. Das Schwergewicht lag bei der Arbeiterschaft und dem schaffenden Mittelstand. Eine „kapitalistische" Partei war die LDPD in keiner einzigen Entwicklungsphase. „Wir Arbeiter fanden den Weg zur Liberal-Demokratischen Partei Deutschlands, weil man uns von einer alleinseligmachenden Arbeiterpartei bis heute trotz aller propagandistischen Anstrengungen nicht zu überzeugen vermochte", hieß es in einem Aufruf von LDPD-Arbeiterzellen in Mecklenburg im Herbst 1947. „Weil wir erbitterte Gegner jeden Totalitätsanspruches sind ... Es ist eine der vielen abgeschmackten Agitationslügen, die LDPD eine Unternehmer- oder gar Kapitalisten-Partei zu nennen; alle Stände, alle Berufe sind in ihr gleichberechtigt vertreten, und alle kennen nur ein Ziel: ein lebensfähiges, einiges, wahrhaft demokratisches Deutschland!" [18]

Der Gedanke der innerbetrieblichen Mitbestimmung und Betriebsdemokratie mit paritätischer Zusammensetzung, die Idee eines Wirtschaftsparlaments, in dem Produktion, Arbeitnehmer, Handel und Verbraucher an Entscheidungen beteiligt sind, der Plan für eine Klein- oder Volksaktie, die Forderung nach finanzieller Reingewinnbeteiligung der Betriebsangehörigen — diese gesellschaftspolitischen Konzeptionen entstanden nach 1945 im Schoß einer angeblich bürgerlichen Partei. Mit ihren Vorstellungen eines sozial neuvereinigten Deutschland nahm die LDPD vieles vorweg, was heute ansatzweise in der Bundesrepublik verwirklicht ist. Das wahrhaft neue, „einige" Deutschland sollte eine Sozialethik und Sozialstruktur erhalten, die als Gegenentwurf zum klassischen Liberalkapitalismus wie zum Verstaatlichungskurs der Kommunisten verstanden wurden. Statt der falschen Alternative Kommunismus — Kapitalismus, statt Entfremdung und Aufsplitterung — die „Selbstverwaltungsdemokratie von unten nach oben", eine „Basisdemokratie", um ein Modewort von heute zu gebrauchen.

Wesentliche Aussagen zum sozialen Problem in den deutschlandpolitischen Vorstellungen der LDPD stammen vom Landesverband Berlin, wo die „Sozialpolitischen Briefe" herausgegeben wurden. Chefprogrammatiker war Franz Ediger, damals Referent für Gewerkschafts- und Sozialpolitik bei der Parteileitung. Er verkündete die Losung „Menschenrecht auf Arbeit". Nationales Einheitsstreben, Patriotismus, Volkstum, menschliche Sozialordnung und humane Arbeitswelt — nicht als Gegensätze, sondern als gegenseitige Bedingungen — waren die Kardinalthesen. 1947 schrieb Ediger: „Die Entwicklung der sozialen Frage zeigt für die Zukunft folgende Linie: soziale Selbstverwaltung, Betriebsdemokratie, wirtschaftliche Selbstverwaltung und Teilhaberschaft der Arbeitnehmer am Betriebseigentum." Und ein Jahr später: „Betriebsdemokratie bedeutet die Bildung von Komitees, aus Arbeitgebern und Arbeitnehmern paritätisch zusammengesetzt, nach dem Vorbild des Statuts der Zeiss-Werke in Jena." Aus einem Lohnarbeiter einen Mitbesitzer, aus einem Proletarier einen Staatsbürger zu machen: das sei sozialer als alle Sozialisierung, erklärte Franz Ediger.[19] Wilhelm Külz verlangte 1946 die Ersetzung der marxistischen Klassenkampfdogmen „Arbeiterklasse" und „bürgerliche Gesellschaft" durch den Begriff „Volksgemeinschaft".[20]

Christliche Wellenbrecher des Marxismus

In den deutschlandpolitischen Vorstellungen der Ost-CDU unter Jakob Kaiser war die soziale Frage der nationalen untergeordnet, man begriff den Kampf für die Einheit der Nation und die Wiederherstellung des gemeinsamen Staates auch als eine ideologische Auseinandersetzung. „Wir müssen und wir wollen Wellenbrecher des dogmatischen Marxismus und seiner totalitären Tendenzen sein", sprach Jakob Kaiser auf dem Zonenparteitag 1947. „*Über Marx hinaus*": hieß Jakob Kaisers Devise, mit der er für seinen „dritten Weg" warb — den „christlichen Sozialismus".[21] Im Kapitalismus, gleichbedeutend mit atheistischem und anationalem Liberalismus, sah Jakob Kaiser ein „Stück der Welt vergangener Jahrzehnte", zugehörig der „altbürgerlichen Welt". Emil Dovifat, Chefredakteur des CDU-Organs „Neue Zeit", sprach im Juli 1945 vom „absterbenden Liberalismus", und 1946 verkündete Jakob Kaiser, die eigentliche Auseinandersetzung im geteilten Deutschland vollziehe sich zwischen Christentum und Marxismus.[22]

Wem gehört Stauffenberg?

Als Sachwalter des Stauffenbergschen Ideenerbes sahen sich die Patrioten und Sozialreformatoren aus den Kreisen um Külz und Kaiser. Zu einer Zeit, da es in Westdeutschland wenig opportun erschien, sich auf den Attentäter zu berufen, bekannten sich in Mitteldeutschland nationalbewußte Oppositionelle zum revolutionären Grafen. Die geistige Nähe zu den Idealen, Emotionen, Zukunftsvisionen Stauffenbergs war unverkennbar.

„Wir wollen eine neue Ordnung, die alle Deutsche zu Trägern des Staates macht und ihnen Recht und Gerechtigkeit verbürgt, verachten aber die Gleichheitslüge und beugen uns vor den naturgegebenen Rängen. Wir wollen ein Volk, das in der Erde der Heimat verwurzelt, den natürlichen Mächten nahe bleibt, das im Wirken in den gegebenen Lebenskreisen sein Glück und sein Genüge findet und in freiem Stolze die niederen Triebe des Neides und der Mißgunst überwindet. Wir wollen Führende, die, aus allen Schichten des Volkes erwachsend, verbunden den göttlichen Mächten, durch großen Sinn, Zucht und Opfer den anderen vorangehen." Diesem Gelöbnis der Verschwörer des 20. Juli, verfaßt von den Brüdern Stauffenberg,[23] stimmten die nationalen „Verschwörer" der sowjetischen Besatzungszone Deutschlands aus ganzem Herzen zu. Das war Geist von ihrem Geist, war ihre Sprache, ihre Gefühlslage, ihre Perspektive, ihre Wertordnung. Denn Stauffenberg hieß: das „ganze Deutschland", das „heilige", „heimliche", „freie" Deutschland. Der Stauffenberg-Biograph Wolfgang Venohr berichtet:

„Die Betonung des Primats des Geistes vor den biologischen und materiellen Gegebenheiten des Lebens, die Stilisierung und Heroisierung von Zucht, Maß und Opfergang sowie, vor allem, das Bekenntnis zu einem aristokratischen Lebensgefühl: all das prägte die Existenz des jungen Stauffenberg nachhaltig, und er sollte im Grunde nichts davon aufgeben ... Der Stauffenberg von 1933 war Offizier und Patriot; ein leidenschaftlicher, ein glühender Patriot. Es ist gar keine Frage: Er begrüßte Deutschlands politischen und militärischen Wiederaufstieg von ganzem Herzen ... Der 36jährige Oberst, der so dynamisch zur Tat trieb, nahm sich das Recht, nach Sinn und Zweck der Aktion zu fragen ... Es genügte ihm nicht, einen Militärputsch zu machen; er wollte eine Revolution über Deutschland heraufführen. Nur so ist sein leidenschaftlicher Ausruf zu interpretieren: ‚Wir wollen keine Revolution der Greise!' Das Rad der Geschichte konnte und sollte nicht zurückgedreht werden. Es führte kein Weg zurück zum Drei-Klassen-

Wahlrecht, zur Monarchie und auch nicht zur Weimarer Republik. Hitler, der Volkstribun, hatte die überkommene gesellschaftspolitische Landschaft Deutschlands eingeebnet; der technische Fortschritt und die menschliche Gleichmachung des Krieges hatten alle Standes- und Klassenvorurteile vergangener Zeiten in Frage gestellt. Der Putsch und das Attentat waren ohne oder gar gegen das Volk zu verwirklichen; Staat und Gesellschaft aber, die danach kamen, mußten mit dem Volk und für das Volk geschaffen werden ...

Bereits um die Jahreswende 1942/43 hatte Stauffenberg gesagt: ‚Es kann so nicht weitergehen, es wird höchste Zeit. Es muß aber was Neues kommen, wir dürfen nicht restaurieren, man kann die Geschichte nicht zurückdrehen. Ich war nicht umsonst Soldat im Volke.'

Die Macht des Volkes: dieser Gedanke hatte für ihn nichts Erschreckendes; er war bereit, ihm zu dienen, gelang es, die Kraft der schöpferischen, der führenden Einzelpersönlichkeit vor der totalen Gleichmachung der Individuen zu retten ... Mit Feuereifer griff Stauffenberg die neuen Gedanken auf: ‚Das deutsche Volk besteht nicht nur aus adligen Offizieren und Krautjunkern!' War das bei ihm so verwunderlich? Hatte er nicht bereits als blutjunger Leutnant mit seiner Einstellung zum 30. Januar 1933 bekannt, daß soziale Ideen bei ihm ein Echo fanden ...? Das Wort ‚Volksgemeinschaft' war es doch gewesen, das ihn — wie andere — so lange über das wahre Wesen des Faschismus hinweggetäuscht hatte ... Der Weg zum Sozialismus über Demonstrationen, Streiks, Räte und Kommunen wäre Stauffenberg unvorstellbar gewesen. Seine aristokratische Haltung hätte gegen das, was er sicherlich ‚Vermassung' genannt hätte, immer Front gemacht. Dagegen: die Oktroyierung eines staatsbejahenden Sozialismus von oben, durch eine nationalbewußte Elite, die im Selbstinteresse des Volkes handelte, mußte ihm in der Situation von 1944 als wahrhaft ‚revolutionäre' Lösung erscheinen ... Die Erhaltung des Reiches, die Absicht, das Reich an den Grenzen defensiv zu verteidigen — das sind die Schlüsselsätze für Stauffenbergs außenpolitische Position. Die Versuche in der Bundesrepublik und in der DDR, Stauffenberg eine prowestliche oder proöstliche Einstellung zu unterschieben, bleiben Manipulationen der historischen Fakten, deren Zwecke zu durchsichtig sind, um über sie hinwegtäuschen zu können. Die Wahrheit ist: Stauffenberg war in der Frage der deutschen Existenz Patriot, Nationalist. Die ideologischen Fronten des Ost-West-Konflikts, die die Grundlagen der deutschen Spaltung seit 1945 sind, hatten sein Bewußtsein mitnichten entstellt. Ihm ging es um die Erhaltung der deutschen Einheit, um die Erhaltung des Reiches." [24]

Wem gehört Stauffenberg? Weder Ost noch West, sagt der Preuße Venohr. „Was er nicht ahnen konnte, war, daß man sein Andenken so zerreißen und halbieren werde, wie Deutschland, sein Deutschland, das seit 1945 zerrissen und halbiert ist. Ist also sein Leben, seine Tat umsonst gewesen? Unzweifelhaft: solange nicht sein Name, sein Andenken Vorbild für ganz Deutschland ist."

Sieht man von Einzelpersönlichkeiten ab, so ist es heute lediglich der Kreis der „Nationalrevolutionäre" in Westdeutschland, den man ideengeschichtlich als „stauffenbergianisch" einstufen kann, im Sinne jener Stauffenberg-Maxime, wonach ein nachfaschistisches Deutschland den eigenen, das heißt nationalen Weg „zwischen Bolschewismus und westlichem Liberalismus" wählen muß, will es einer neuen Entfremdung entgehen. Das Vorbild Stauffenberg wird von den Nationalrevolutionären angenommen und, in einer Schrift über den Deutschen Bauernkrieg, so interpretiert:

„Wesentliche Fragen, um die es im Bauernkrieg ging, sind heute noch offen. Es gibt heute bei uns keine Leibeigenschaft mehr; aber beide Systeme, die sich auf deutschem

Boden breitgemacht haben, kennen neue Formen sozialer Abhängigkeit und neue Formen der Ausbeutung und Unterdrückung. Beide Systeme führen zur Entfremdung und Entmündigung der Menschen ... Zur ungelösten sozialen Frage, die durch die Frage nach der Erhaltung unserer natürlichen Lebensgrundlagen noch weiter verschärft wird, kommt seit dem Ende des 2. Weltkriegs in verstärktem Ausmaß die nationale Frage ... Dadurch, daß die Trennungslinie zwischen den zur Zeit die Welt beherrschenden gesellschaftlichen Systemen mitten in Deutschland verläuft, hängen diese Fragen unmittelbar miteinander zusammen und können nur gemeinsam gelöst werden." [25]

Nation als Quelle und Fundament der Demokratie

Die Teilung unseres Landes aufzuheben und im neu vereinigten Deutschland eine menschengerechte Ordnung aufzubauen, dies wäre die geschichtliche Sendung deutscher Patrioten, behaupten die jungen Nationalrevolutionäre 1980. Vor einer Generation, 1945, fand die Nationalopposition in der sowjetischen Besatzungszone in Kurt Schumacher den verläßlichsten, wohl auch den einzigen Verbündeten im westlichen Parteiengefüge.

Dieser aus Westpreußen stammende Sozialdemokrat litt wie kein anderer an der „Germania irredenta", an der Zerreißung und Demütigung seines Volkes, und ähnlich wie der Weltkrieg-II-Offizier Claus Graf Stauffenberg träumte der schwerverwundete Offizier des Ersten Weltkrieges von einer patriotischen levée en masse im Volk der Geteilten. Für Kurt Schumacher sei die Nation „Quelle und Fundament der Demokratie" gewesen, Ausgangspunkt und Endpunkt realistischen Handelns im Rahmen eines Bündnisses der europäischen Nationen, schreibt Carlo Schmid in seinen Erinnerungen (Bern-München 1979). Ein „leidenschaftliches Besorgtsein um Deutschland" habe den vom Tod gezeichneten Patrioten und Sozialdemokraten getrieben, mit dem Wort „deutsch" meinte der Westpreuße Schumacher immer das „ganze Deutschland". „Europa verträgt keine Gliederung in Sieger und Besiegte": ein ständiges Wort Schumachers. „Er glaubte zu sehen, daß unter der Europaflagge alte Machtprivilegien in die Zukunft hinübergerettet werden sollten."

Ein überzeugendes Bild des deutschen Einheitspredigers Kurt Schumacher zeichnet sein Parteifreund Carlo Schmid: „Hart war er, wo es um den Bestand Deutschlands, um den Frieden, um Freiheit und Menschenwürde ging — und um jene, die wehrlos von den Zeitläuften zerdrückt zu werden drohten, diesseits und jenseits unserer Grenzen ... Darum wehrte er sich so leidenschaftlich dagegen, uns von den Alliierten einen westdeutschen Staat mit separater Souveränität aufdrängen zu lassen, und darum bestand er so konsequent darauf, die Deutschen dürften sich erst nach ihrer staatlichen Wiedervereinigung einem westeuropäisch-atlantischen Block integrieren ... Gegenüber den Besatzungsmächten hat er oft harte Worte gebraucht. Den Sowjets, die mit Zuckerbrot und Peitsche um ihn warben, erklärte er, er mache nicht russische, er mache deutsche Politik ... Dasselbe hat er jeweils auch Amerikanern, Franzosen und Briten gesagt. Als man ihn deshalb einen Nationalisten schalt, hat ihn das nicht gestört. Diesen ‚Schimpf' wolle er sich gerne gefallen lassen, sagte er einmal zu mir, wenn das deutsche Volk von ihm lerne, daß Demokratie keine Sache des Kapitulierens vor fremden Egoismen ... ist, sondern Ausdruck der Achtung des Volkes vor sich selbst." [26]

Schumacher wußte sich im Einklang mit jenen sozialdemokratischen Denkern der Bebel-Ära, die in der nationalen Frage eine antimarxistische Position bezogen hatten, vor der Vernichtung der autochthonen Kulturen und Lebensweisen von Völkern warnend, vor Auslöschung durch Assimilierung, Internationalisierung, Kommerzialisierung. „Daß alle Kultur im besonderen Volkstum wurzelt, daß alle Kultur nur eine nationale sein kann und daß sich auch alle höhere Menschlichkeit nicht anders entfalten kann als im Rahmen nationaler Gemeinschaften" (Werner Sombart), bildete ein unverzichtbares moralisches Axiom dieses SPD-Flügels, aus dem ein Kurt Schumacher hervorging und dem der Sudetendeutsche Wenzel Jaksch, der Wahlostpreuße August Winnig, der Schlesier Paul Löbe, der Königsberger Otto Braun, der Stauffenberg-Freund Julius Leber angehörten. „Die Völker sind trotz ihrer Wandlungen ewig", postulierte 1904 der österreichische Sozialdemokrat Engelbert Pernerstorfer in den „Sozialistischen Monatsheften". Von diesem leider vergessenen führenden Theoretiker und Geschichtsforscher der Arbeiterbewegung im wilhelminischen Deutschland stammen Erkenntnisse, deren Gehalt mit dem Geist Stauffenbergs und dem Ideengut der Neo-Stauffenbergianer identisch ist:

„Die Nationalität in ihrer höchsten Form ist ein ideales Gut. Sie bedeutet in höchster Instanz die Menschheitskultur in einer besonderen, höchst eigentümlichen und nur einmal vorkommenden individuellen Ausstrahlung. Sie bedeutet eine Bereicherung der Menschheit durch eine besondere Form ihrer Erscheinung ... Im Organismus der Menschheit sind aber nicht die einzelnen Individuen, sondern die Nationen die Zellen. Damit der Organismus gesund sei, müssen die Zellen gesund sein ... So bekennen wir uns freudig zu unserer Nation und sind stolz auf ihre großen Ideen!" [27] Auf diesem geistigen Fundament standen die nationalen Einheitsprotagonisten aus den nichtkommunistischen Parteien in der sowjetischen Besatzungszone, dieses deutsche Identitätsverständnis verteidigten sie leidenschaftlich.

Ein nationaler Volksaufstand

Fünf Jahre nach dem Verlöschen der Opposition der Parteien (erloschen durch Verhaftung, Flucht, Resignation, Anpassung) explodierte im Juni 1953 die Volksopposition. Der rebellierenden Arbeiterschaft ging es primär nicht um ökonomische Anliegen. In den Wünschen und Forderungen der Mitteldeutschen stand die *nationale* Komponente an erster Stelle, das Verlangen nach der Einheit Deutschlands. Auf dem Höhepunkt der ersten Identitätskrise im gespaltenen Deutschland — Verfestigung der beiden Separatsysteme, ihre staatliche Versteinerung — manifestierte sich im 17. Juni der Wille von Millionen, die deutsche Identität zu behaupten und ihr ein neues Gehäuse zu geben: den gemeinsamen Staat der Deutschen. Doch der 17. Juni verkörperte nicht nur die erste Identitätsrevolution im Osten, diese Eruption enthüllte auch die expansionistische Dynamik des Antikolonialismus im Stalinschen Kolonialimperium. Indem das Volk des 17. Juni eine Vorreiterrolle übernahm, wurde der deutsche Frühling von 1953 zu einem befeuernden Element für die nationalen Befreiungsbewegungen in Osteuropa. Das war in Wahrheit der erste Tag der „Osteuropäischen Revolution" (Günter Bartsch), ihre Geburtsstunde. „So wie die Tyranneien entstehen, wachsen und sich festigen, so wächst auch in ihrem Innern der Stoff mit, der ihnen Verwirrung und Untergang bringen muß", schreibt Jacob Burckhardt in seiner „Kultur der Renaissance in Italien".

Der Arbeiter Mitteldeutschlands begriff die nationale Frage, das Existenzproblem seiner Befreiung, als sein ureigenstes Anliegen. Bei den Parolen am 17. Juni tauchte auch das *Nein zur Oder-Neiße-Linie* auf, zu einem Zeitpunkt, da die Etablierten in Ost und West diese Grenze längst akzeptiert hatten. Anders die Arbeiter. In der Analyse des deutschen Juni gelangten sämtliche Historiker zur gleichen

Schlußfolgerung: Dies war ein nationaler Volksaufstand. Einheit Deutschlands, freie und geheime Wahlen, Volksherrschaft statt Parteidiktatur: das wollte das waffen- und führungslose Volk am 17. Juni. In seinem tiefsten Wesen handelte es sich um eine *demokratische Nationalrevolution*. Auf den Handzetteln, die am Morgen des 17. Juni bei strömendem Regen in den Straßen Ost-Berlins verteilt wurden, hießen die Hauptlosungen: „Freie Wahlen für ganz Deutschland, weg mit den Zonengrenzen, Abzug aller Besatzungstruppen." [28]

Der sich ausbreitende Generalstreik enthüllte sich als ein revolutionärer Akt nationaler Selbstbefreiung. Bereits zwischen dem 11. und 15. Juni waren an sechzig Industrieorten Aufstände aufgeflammt. Der marxistische Historiker Günther Hillmann charakterisiert den 17. Juni als eine „explosive Wucht revolutionärer Erhebung".[29] Im Kugelhagel stürmten Unbewaffnete Gefängnisse, befreiten Polithäftlinge, sprangen mit Brechstangen auf die Panzer. Nach Lenin ist die „Todesbereitschaft der Massen" ein entscheidendes Kriterium revolutionärer Stimmung. „Schwertstreich tötet die Flamme nicht": Das wußte bereits Plutarch.

Wie der 17. Juni waren auch alle nachfolgenden deutschlandpolitischen Konzeptionen von Oppositionsgruppen verankert in der Forderung nach Neuvereinigung, nationaler Einheit, Abzug aller Besatzungstruppen, Entmachtung der SED, ideologischem Pluralismus. So richtete der oppositionelle Marxist Wolfgang Harich sein Erneuerungsprogramm von 1956 auf ein Hauptziel aus: Einheit Deutschlands. Abschaffung der Geheimpolizei und der Kolchosen, Umwandlung der Volkskammer in ein Volksparlament, Zulassung von nichtkommunistischen Organisationen, Befreiung der Universitäten und Schulen von Dogmen der Parteidiktatur. Diesen Harichschen Zielen war ein Axiom übergeordnet — die Vereinigung Deutschlands auf einem neuen Sozialfundament jenseits von östlichem Kommu-

nismus und westlichem Liberalismus. In der „Harich-Platt-
form", erstmals abgedruckt im SBZ-Archiv Nr. 5-6/1957, ist
wiederholt von der „gesamtdeutschen Frage", vom „wiedervereinigten Deutschland" die Rede, von „gesamtdeutschen freien Wahlen". Den 17. Juni bezeichnete Harich als
ein Muster für den Kampf um Deutschlands Einheit.[30]

Es gibt keine „DDR-Nation"

Im 78er-Manifest des Bundes Demokratischer Kommunisten Deutschlands taucht eine Chiffre wie eine Fahne
auf: *der Anspruch auf den eigenen nationalen Weg.* Auf
dem eigenen Weg bestand Wolfgang Harich und besteht
Robert Havemann. Neu ist nur am 78er-Dokument, daß
dieser Weg ausdrücklich als *deutscher* und *nationaler* Weg
definiert wird. Das ist mehr als nur eine Akzentverschie-
bung, hier werden ideologische Schwerpunkte verlagert,
bewußt anders gesetzt. Die Betonung liegt auf „deutsch" und
„national". Das Adjektiv gewinnt eine substantielle Bedeutung. Das unterscheidet diese Dissidenten vom öffentlich
agierenden Regimekritiker Robert Havemann, der sein
Programm in einem Interview des Jahres 1975 aufdeckte.
Die Kernthesen Havemanns lauten: Die DDR ist ein Poli-
zeistaat, seit Ulbrichts Tod hat sich nichts grundsätzlich
geändert. Es gibt keine DDR-Nation. Deutschland existiert,
das deutsche Volk existiert. Die Opposition wird verfolgt
und eingekerkert, es gibt politische Gefangene, mehr denn
je zuvor. Die Opposition ist trotzdem nicht tot, sie lebt vor
allem in der Jugend. Nicht jedes eingeschriebene SED-
Mitglied ist ein Anhänger der SED-Politik; selbst in der
SED wird Widerstand geleistet. Der Westen ist für die inner-
parteiliche Opposition keine faszinierende Alternative;
Arbeitslosigkeit und ökologische Krise sind negative Zeichen eines Systems, das man bei gleichzeitiger Ablehnung
des SED-Systems nicht wünscht.[31]

Zwar drückt Havemann seine Hoffnung auf ein Erstarken der Oppositionskräfte in der Sowjetunion aus, doch enthält er sich eines Angriffes gegen die östliche Kolonialmacht. Dieses zu tun blieb den Manifestanten von 1978 vorbehalten, die in ihrer Analyse der Verhältnisse in der Sowjetunion die nationale Frage konsequent mit dem Kolonialproblem verbinden, oder anders ausgedrückt: die Existenz und Schärfe des Kolonialproblems aus der Existenz der ungelösten nationalen Frage ableiten. „Die historischen Erfahrungen in der UdSSR, in Vietnam und Korea beweisen die Richtigkeit der theoretischen Verallgemeinerung sowjetischer Wissenschaftler (gemeint sind offenkundig dissidente Wissenschaftler — d. Vf.), daß die nationale Komponente langlebiger ist als die soziale ... Jahrhundertealte Tradition und Blutsbande sind weder durch imperialistische Machtpolitik noch durch Politbüro-Quislinge zerstörbar ..." Angesprochen ist das Identitätsringen staatenloser, geteilter und versklavter Nationen.

„Die Sowjetunion muß ... zum Abzug ihrer Truppen aus Osteuropa vertraglich verpflichtet werden ... Rußland hat riesige Weiten, wozu muß es als Landräuber auftreten? ... Rußland hat weder eine Reformation noch eine Aufklärung noch eine liberale Zivilisation kennengelernt. Partei und Staat der heutigen Sowjetunion sind entsprechend geprägt. Eine theokratische Gesellschaft mit zum Teil vorchristlichen Mythen ... mit einer antisemitischen, antidemokratischen, antinationalen Denk-, Sprach- und Verhaltensweise kann in Westeuropa nur Widerwillen erwecken ... Der Zar zahlte seinen politischen Häftlingen die Lebenskosten und ließ sie — wie Lenin und Stalin in einem sibirischen Bauernhaus — in der Verbannung leben. Die Scheußlichkeiten der Arbeits- und Straflager und der Irrenanstalten für Kritiker blieben dem stalinistischen Politbüro vorbehalten. Die Barbarei des Systems hat in der Sowjetunion und in vielen annektierten osteuropäischen

94

Staaten nach 1945 mehr Opfer an Menschenleben ... gefordert als Hitlerfaschismus und Krieg ... Die Arbeiterklasse der Sowjetunion wird von einer parasitären Bürokratenkaste ausgebeutet ... Erst seit 1955 gibt es eine allgemeine Sozialversicherung für Arbeiter und Angestellte, erst seit 1966 bezieht der faktisch leibeigene, an die Scholle gebundene Kolchosbauer eine schmale Rente ... Das Lebensniveau ist erheblich niedriger als in den kapitalistischen Industrieländern. Wo sind die sozialen, vor allem die politischen Errungenschaften? ... Die Machthaber sind, völlig unkontrolliert in der russischen Feudalgesellschaft unserer Tage, mächtiger als die absolut regierenden Fürsten früherer Jahrtausende. Sie teilen die Macht nicht einmal mit der Kirche. Keine bahnbrechende wissenschaftlich-technische Erkenntnis ist seit der Oktoberrevolution zuerst aus der Sowjetunion gekommen. Das Land, zu Zarenzeiten Großexporteur landwirtschaftlicher Produkte, ist heute von amerikanischen Weizenimporten abhängig ..." [32]

Auffallend ist dabei, daß Ton, Tendenzen und teilweise sogar die Argumente identisch sind mit der Anklagethematik nationaler Selbständigkeitskämpfer aus der Dissidenz der Nichtrussen. Entlarvt wird der „antinationale" Charakter des Bolschewismus. Lange vor den mitteldeutschen Manifesten haben Litauer, Georgier, Ukrainer, Letten, Esten, Polen, Ungarn, Tschechen, Rumänen und Russen auf die despotisch-völkerverachtende Wurzel im „Marxismus-Leninismus" hingewiesen. Dem bolschewistischen „Schmelztiegel" stellt Solschenizyn die „Wiedergeburt der Völker Osteuropas" entgegen, der Ukrainer Valentin Moros spricht von „nationaler Renaissance". Dies war niemals die Sprache der marxistischen Regimekritiker, mögen sie Roy Medwedjew, Rudolf Bahro, Wolf Biermann heißen. Nationale Leidenschaft und die Priorität des nationalen Gedankens vermißt man in den deutschlandpolitischen Thesen der marxistischen Opposition. Einen „glühenden Antibolschewismus" konstatiert der DDR-Experte Manfred Rexin im 78er Manifest. In seiner Analyse des Manifestes gelangt er zu der Erkenntnis: *„Seit Jahrzehnten produzieren die Gesellschaftsordnungen Osteuropas einen Typ des Antikommunisten, so militant, daß es jeden aufgeklärten westlichen Liberalen schaudern läßt."* [33]

Überwindung der nationalen Spaltung

Seit der Propagierung des „besonderen deutschen Weges zum Sozialismus" durch Anton Ackermann im Februar 1946 haben nicht wenige prominente Parteifunktionäre ihre Sympathien für diesen Weg mit dem Verlust von Stellung und Arbeit, mit Einkerkerung und Tod bezahlen müssen, abgestempelt als „Trotzkisten", „Rechtsabweichler", „Tito-Agenten", „Zionisten", „Sozialfaschisten": KPD-Chefideologe Ackermann, Staatssicherheitsminister Wilhelm Zaisser, ZK-Mitglied Rudolf Herrnstadt, die Wirtschaftswissenschaftler Arne Benary und Fritz Behrens, Philosophieprofessor Wolfgang Harich und sein Freundeskreis mit Irene Giersch, Bernhard Steinberger, Manfred Hertwig, im osteuropäischen Sturmjahr 1956 Ulbrichts Stellvertreter Karl Schirdewan, Chefideologe Fred Oelßner, SSD-Organisator Ernst Wollweber (Zerschlagung der „fraktionellen Tätigkeit der Gruppe Schirdewan, Wollweber und anderer" auf dem 35. Plenum des ZK der SED durch Erich Honecker am 6. Februar 1958), die Parteitechnokraten Ziller, Apel und Selbmann, die FDJ-Fraktion um Dieter Schmotz, Redakteur der Zeitung „Neue Welt", im März 1958.

Liiert mit teils herrschenden, teils opponierenden Fraktionen im Politbüro des ZK der KPdSU (1953 Berija, Malenkow, Semjonow, 1956 Chruschtschow), bestand das allen gemeinsame Kriterium dieser Strömung einerseits in dem Bestreben, die Gefahr einer Revolution „von unten" durch eine Revolution „von oben" zu neutralisieren, anderseits im Festhalten an der „nationalkommunistischen" Formel, daß die Lösung der deutschen Frage nur durch „nationale Wiedervereinigung" zu erreichen sei, allerdings: „durch die Partei und nicht gegen die Partei".[34] Was auch immer diese „Reformkommunisten" anboten oder verlangten, der Kardinalnenner hieß Wiedervereinigung Deutschlands, Überwindung der nationalen Spaltung, Absage an den Separatismus.[35]

Das Erscheinen des Manifests des BDKD hat eine neue Ausgangsposition und einen neuen Zielpunkt geschaffen. Was die deutschlandpolitische Perspektive der 78er Manifestanten von den Vorstellungen marxistischer Oppositioneller früherer Jahre unterscheidet, ist die Betonung der „nationalen Komponente", des Vorrangs der nationalen Frage vor sozialen Problemen, die Forderung nach *Entkolonisierung der multinationalen und imperialistischen UdSSR*, nach Auflösung des östlichen Kolonialimperiums auf der Grundlage seiner ethnischen Bestandteile, das Anvisieren eines Gesamtdeutschland auf dem Fundament einer politisch pluralistischen Gemeinschaftsordnung, damit Verzicht auf die Monopolherrschaft einer wie immer reformierten KP.

Als „völlig unglaubwürdig" hat Wolfgang Harich das Manifest von 1978 bezeichnet. Harich, 1956 ein mutiger Widerständler, heute ein Verbitterter und Zyniker, ein philosophischer Apologet Stalinscher Härte und Autokratie, erklärte nach dem Erscheinen des Manifests: „Dies ist weder inhaltlich noch stilistisch die Sprache von Kommunisten." Doch können sich nicht auch Kommunisten wandeln? Die Metamorphose von Marxisten in Nationalisten, von Internationalisten in Patrioten, von Atheisten in Christen, von Totalitaristen in Demokraten ist in der osteuropäischen Dissidentenszene schon lange an der Tagesordnung — nicht erst seit Pal Maleter und Alexander Solschenizyn. Die nationale Frage rangiert für diesen Typus des Regimegegners — oder „Systemüberwinders" — an erster Stelle, sie wird als Überlebensfrage der Nation und, im Fall Deutschland, als Schicksalsfrage aller Deutschen verstanden und postuliert. Und dies ist — Professor Wolfgang Harich hat recht! — vom Standpunkt des Marxismus gewiß *keine* kommunistische Position.

Postskriptum

Zehn Jahre danach, Februar 1988: Null-Lösung der Deutschen Frage?

Die Wirklichkeit übertrifft jede Phantasie — ein Gemeinplatz, der bei diesem Thema dennoch wiederholt werden darf. Die Vorstellungskraft der Propheten und Prognostiker, sie wird vom Fluß der Wirklichkeit oft eingeholt, sogar überholt. Die Visionen von gestern sind die Realitäten von heute. Vor zehn Jahren existierte noch nicht die national-polnische Selbstbefreiungsbewegung *Solidarnosc*, heute zwar verboten, dennoch unvermindert lebendig im Tun und Neudenken von Millionen. Wer hätte vor einem Jahrzehnt ihr Erscheinen zu prophezeien gewagt? Die ungelöste nationale und soziale Frage — dieses Geschichte neuschaffende Wendepotential des 21. Jahrhunderts — gibt es ja nicht nur bei den Deutschen in einem zerrissenen, besetzten Mutterland. Es ist die Volksgewerkschaft eines Lech Walesa gewesen, 1981 auf dem Danziger Kongreß, die von zukünftigen Friedens- und Versöhnungsverhandlungen „mit einem *wiedervereinigten* deutschen Volk" gesprochen hat.

Undenkbares wurde denkbar. Auch im Negativen. Eine Ministerin der Kanzler-Partei erklärt die Nationalstaats-Idee für tot und also den Kampf für die staatliche Einheit Deutschlands für reaktionär. Frau Dorothee Wilms (CDU) vom Ministerium für innerdeutsche Beziehungen fällte das Urteil im Januar 1988. Eine Neuvereinigung außerhalb der Westintegration komme nicht in Frage, genausowenig ein Abzug ausländischer Truppen. Was würde dazu Jakob Kaiser gesagt haben, dessen Geburtstag sich heuer zum 100. Male jährt? Und wie würde Kurt Schumacher auf den Vorschlag eines Sozialdemokraten reagiert haben, Friedensverträge mit beiden deutschen Teilstaaten — im ehemaligen Bismarck-Deutschland — auf der Grundlage des Verzichts auf den Wiedervereinigungsanspruch abzuschließen? Egon Bahr heißt dieser Sozialdemokrat, den Schumacher, lebte er noch, gewiß nicht als Genossen betrachten würde.

Dekadenz hat viele Gesichter. Die westdeutsche Dekadenz erlebte eine Hochkonjunktur in der letzten Dekade. Ein aktuelles Indiz ist die Mütter-, Familien- und Kinderfeindlichkeit. Jedes dritte gesunde Kind wird im Mutterleib getötet, ohne daß ein Schrei durch die Kirchen, Parlamente, Medien geht. Seit Beginn der sogenannten geistig-moralischen Wende von 1983 sind rund eineinhalb Millionen ungeborene Leben getötet worden. Wenn man die fünf Jahre davor noch dazuzählt, erreicht diese Republik bald das Ausmaß der Opfer des Zweiten Weltkrieges.

Eine grauenvolle Wirklichkeit. Die Lösung der Deutschen Frage durch Selbstdezimierungsaktionen mit Krankenhausgeldern? Null-Lösung des Deutschen Problems im Vollzug der legitimen Abtreibungspraxis? Fürchtet nicht nur die Raketen, fürchtet vor allem die Kindsmörder! Tödlicher als jede Kurzstreckenrakete ist heute ein perverses hedonistisch-individualistisches Kurzstreckendenken.

Sind wir nur von Dekadenz umgeben? Keineswegs — gottlob nicht! Wer hätte den Mut gehabt, vor zehn Jahren den Geschichts-Anschluß der Sozialistischen Einheitspartei Deutschlands vorauszusagen, die „nationale Erbpflege" in Moskaus Panzerkolonie Deutsche Demokratische Republik? Auch auf diesem Felde, wo Geistiges in Politik, Emotionales in Vernunft, Theorie in Aktion umschlägt, wurde bislang Unvorstellbares vorstellbar. Gestern Armin der Cherusker, Thomas Müntzer und Martin Luther, Goethe und Schiller, Gneisenau, Körner, Clausewitz und Scharnhorst, heute Wagner, Kant, Bach, Händel, morgen Nietzsche und Schopenhauer — der „westlichen" Geschichtsvergessenheit stemmt sich mit Macht die „östliche" Geschichtserweckung, die nationale Traditionsaneignung entgegen. Rosa Luxemburg und Liebknecht sind schon seit langem nicht die einzigen, ja nicht einmal die herausragendsten „Heiligen" der sich auf nationale Überlieferung besinnenden DDR.

Die Kirche Luthers in Mitteldeutschland, also im Herzen Lutherdeutschlands, entwickelte sich in den letzten zehn Jahren zu einem geistigen, ethischen und politischen Machtfaktor ersten Ranges, herausgetreten aus der Finsternis der Lethargie, Anpassung, Resignation. Kirche, Volk, Jugend — und die Partei: das nennt man *Doppelherrschaft*, um ein Lenin-Wort zu gebrauchen. Diese ermutigte und sich selbst ermutigende Kirche begreift sich keineswegs als Agentur für Flucht und Ausbürgerung. Ausharren, dableiben, Widerstand leisten, in Treue zur Heimat und zur Gemeinde, allen Repressionen, Brutalitäten und Enttäuschungen zum Trotz: der Kurs dieser Kirche, auf der die Hoffnung der jungen Zornigen, Ungeduldigen ruht.

Ein Gespenst geht um in der 2. Welt, bei den Deutschen und anderen im Vielvölkergefängnis des Spätbolschewismus. Das Gespenst heißt *„Destabilisierung"*. Destabilisierung von unten. Mit der Stoßkraft der neuen Gedanken, der Sprengkraft des wiedergewonnenen Glaubens, mit der Durchbruchskraft des geläuterten Patriotismus. Die geistige „Perestrojka" hat die ökonomisch-technokratische Perestrojka eines Michail Gorbatschow längst überholt, sie an den Rand des geschichtsverändernden Geschehens gedrängt. Für das Volk des 17. Juni verkörpert „Destabilisierung" die Stabilisierung des tausendmal totgesagten Nationalgedankens, Nationalgefühls und Nationalstolzes. An Deutschlands Zukunft glauben, Zukunft aller Deutschen in Freiheit und Einheit und Selbstverwirklichung, für die Zukunft zu kämpfen und zu opfern, um letztlich zu siegen — Generalkurs, Inhalt und Zielpunkt der deutschen Perestrojka 1988. Umdenken, Umkehr, Umbau und Umsturz in einem — wer sonst, wenn nicht der Deutsche, könnte das vollenden? Neue Übersichtlichkeiten treten an die Stelle der alten Unübersichtlichkeiten.

Anmerkungen

1) Frankfurter Allgemeine Zeitung, 23. 3. 1978.
2) Günter Bartsch: Revolution von rechts? Freiburg i. Br. 1975, S. 179.
3) Der Spiegel, Nr. 1/78, S. 19 ff.
4) Die Welt, 10. 4. 1978.
5) Die Welt, 30. 1. 1980.
6) Die Zeit, 5. 10. 1979.
7) Süddeutsche Zeitung, 19./20. 5. 1979.
8) Wolfgang Paul: Kampf um Berlin. München — Wien 1962, S. 242.
9) Straubinger Tagblatt, 4. 2. 1980.
10) Bild am Sonntag, 28. 10. 1979.
11) Der Spiegel, 10. 4. 1978.
12) Private Mitteilung von Armin Broeker (Emden) an den Verfasser, 18. 2. 1978.
13) Die Zeit, 27. 1. 1978.
14) Der Tagesspiegel, 22. 8. 1946.
15) Der Morgen, Berlin, 7. 2. 1946.
16) Für Recht und Freiheit. Hrsg. von der LPD, Landesverband Berlin, Berlin 1948, S. 12.
17) Ekkehart Krippendorff: Die Liberal-Demokratische Partei Deutschlands in der Sowjetischen Besatzungszone 1945/48. Düsseldorf o. J., S. 159.
18) Norddeutsche Zeitung, Schwerin, 27. 9. 1947.
19) Sozialpolitischer Brief Nr. 5, Berlin, Mai 1947; Thüringer Landeszeitung, Erfurt, 3. 3. 1948.
20) Der Morgen, 7. 3. 1946; Thüringer Landeszeitung, 4. 2. 1946.
21) Krippendorff, S. 80.
22) Neue Zeit, Berlin, 11. 8. 1946.
23) Joachim Kramarz: Claus Graf Stauffenberg. Frankfurt a. M. 1965, S. 200 f.
24) Wolfgang Venohr (Hrsg.): Ungeliebte Deutsche. Hamburg 1971, S. 199 ff.
25) Jan Gerber: Der Deutsche Bauernkrieg. Junges Forum, Hamburg, Nr. 4/79, S. 17.

26) Die Welt, 25. 10. 1979.
27) Werner Sombart: Sozialismus und Soziale Bewegung. Jena 1905, S. 178 f.
28) Paul, S. 236.
29) Günther Hillmann: Selbstkritik des Kommunismus. Reinbek bei Hamburg, 1967, S. 169.
30) Ebd., S. 186 - 197.
31) Stern, 23. 10. 1975.
32) Der Spiegel, Nr. 1/78.
33) Der Spiegel, Nr. 3/78.
34) Der Spiegel, Nr. 40/70.
35) Frankfurter Allgemeine Zeitung, 21. 3. 1957.

Das Jahr ist wieder herum. Es hat Deutschland eine Revolution gebracht, ob mehr, soll sich erst zeigen. Alle Erbfehler unserer Nation stehen wieder in voller Blüte, hie Guelf, hie Ghibelline. Mich wundert nur, daß in dem Körper eines Deutschen Einigkeit herrscht, daß sich nicht das Herz gegen den Kopf, der Arm gegen das Bein empört. Zu einem imponierenden, wohlbegründeten Staatsbau werden wir es wohl nicht bringen, das ist unmöglich, wo jeder Stein Schlußstein werden will ...

Friedrich Hebbel, Tagebuch (1848)

HEINZ KARST

Wider die deutsche Erniedrigung

Am 17. Januar 1980 sprach Prof. Dr. Alfred Grosser an der Schweizerischen Hochschule St. Gallen zum Thema „Das Verhältnis Westeuropas zu den USA". Er äußerte dabei, daß die Bundesrepublik Deutschland wohl das einzige Land der Erde sei, das auf gewachsene Bindungen, wie Nation, Patriotismus, Pflege der Geschichte und der Überlieferungen, weitgehend verzichte und seine Bürger ausschließlich auf die abstrakten Grundrechte seiner Verfassung zu verpflichten bemüht sei. Ob dieses Experiment gelingen werde, bleibe dahingestellt. In der Tat dürfte der scharf beobachtende Franzose deutscher Herkunft das nationale Bewußtseinsdefizit der Deutschen in der Bundesrepublik treffend erkannt haben. Die schleichende Umwandlung der Grundrechte unseres Grundgesetzes in Anspruchsrechte, denen kaum noch Pflichten korrespondieren sollen, hatte Grosser damals noch nicht erkannt.

Im Unterschied zur DDR, die sich als Erbe deutscher Kulturentwicklung versteht und geschichtliche Anknüpfungen bewußt herausstellt (wenn auch durch die marxistische Brille des totalitären SED-Regimes und seiner Staatsideologie verzerrt), liegt in unserer Republik, jedenfalls an der sichtbaren Oberfläche, ein nationales Defizit vor, das Erklärungen für den nicht seltenen Ego-Trip eines beachtlichen Teils unserer Jugend, ja, für manche feindseli-

103

ge Auflehnung besonders in den Reihen der akademischen Jugend, liefert und für unseren einsamen Weltrekord an Wehrdienstverweigerern.

Es gehört zu den weltgeschichtlichen Paradoxien unserer Epoche, daß der französische Staatspräsident François Mitterand, ein überzeugter Sozialist, im ersten Interview, das er einer deutschen Tageszeitung gegeben hat, in der „Welt" vom 18. 1. 1988, den Deutschen zuruft: „Deutschland hat einen außerordentlichen Beitrag zur Weltkultur geleistet. Es ist eine unumstößliche Tatsache: Ihr seid ein großes Volk. Ein großes Volk für eine große Kultur. Bewahrt Eure Identität und vergeßt nicht Eure Geschichte! . . . Verwechseln wir doch nicht die nationale Identität mit Nationalismus. Je mehr man seine eigene Kultur vertieft, desto mehr öffnet man sich der Welt!" Das aber wollen etliche Deutsche nicht hören. Ein renommierter Historiker, Prof. Dr. Hans Mommsen, regt sogar an: „Nicht tausend Jahre heiler, sondern zwölf Jahre unheilvoller deutscher Geschichte vermögen uns vielleicht zu dem zu verhelfen, was man ein ‚gesundes' Nationalgefühl nennt!" (in „Der Monat" 2/79, S. 83). Von Martin Luther bis zu Nietzsche kann man Zeugnisse des deutschen Selbsthasses verfolgen, eines masochistischen deutschen „Leidens an sich selber". Wir erleben den „typisch deutschen Selbsthaß", je mehr wir uns zeitlich und geistig von Hitler und seinen Verbrechen entfernen, desto ungehemmter. Man hat Napoleon lange Zeit Sätze zugeschrieben, die in Wahrheit Joseph Görres (1776 - 1848) im „Rheinischen Merkur" (1814) über die Deutschen schrieb: „Ein Volk ohne Vaterland, Fürsten ohne Charakter und Gesinnung, Adel ohne Stolz und Kraft. Untereinander haben sie sich gewürgt und glaubten, dabei redlich ihre Pflicht zu tun. Großer Sünden haben sie sich mit Eifer selber angeklagt. Die stärkeren Sünden sind aber nicht die gewesen, deren sie sich angeklagt, sondern ihre erbärmliche Eigensucht und ihr Mangel an Zusammengehörigkeits-

104

gefühl, wofür ihnen die Strafe auch rechtlich zugewachsen."

Wenn etwas Friedrich Sieburgs „Lust am Untergang" (1961) bestätigt, dann ist es die meist hysterisch-naive, irrational-panische Angst unter Politikern und Journalisten, Publizisten und Mediengewaltigen vor jeder nationalen Regung bei uns und die Abwesenheit eines bei allen Völkern dieser Erde natürlichen Patriotismus, mindestens aber eines nationalen Gemeinschaftsbewußtseins. Bis jetzt hat noch kein Volk auf diesem Erdball auf seine Nationalität und sein Selbstbestimmungsrecht verzichtet. Es sieht so aus, als ob nur die Deutschen in der Bundesrepublik Deutschland sich in das Vakuum eines nervösen Konsumvereines zurückzögen und das „Netz der sozialen Sicherungen" wie den materiellen Wohlstand zum alleinigen Götzen erwählten. Bei der (falschen) Alternative „Butter oder Kanonen" entscheiden sie sich für „Butter", insgeheim aber immer deutlicher erkennend, daß „Butter" allein dem Leben weder Halt noch Sinn geben kann — ebenso wenig wie „Kanonen". Schon 1970 stellte Hellmut Diwald fest: „Der Bundesbürger besitzt heute nur noch Rudimente eines nationalen Empfindens, Gefühlsfetzen eines deutschen Einheitsbewußtseins. Hier liegt ein Traditionsschwund vor, eine innere Organverstümmelung, die durch keine anderen Richtmaße ausgeglichen worden ist." [1]

Abiturienten und Studenten sind oft nicht imstande, die dritte Strophe unserer Nationalhymne auswendig herzusagen, geschweige denn die anderen Strophen. „In einem Schallplattengeschäft das Deutschlandlied auch nur zu finden, ist eine schweißtreibende Angelegenheit, während die Internationale in allen möglichen Varianten überall en masse feilgeboten wird", so Jürgen Eick in „Das Regime der Ohnmächtigen".[2] Die nationalen Feiertage der Bundesrepublik — sieht man vom Volkstrauertag ab — sind eine Verlegenheit. Der 17. Juni als „Tag der deutschen Einheit" wird nur noch von den Gewerkschaften verteidigt, weniger seines symbolischen Gehaltes wegen als um den Arbeitnehmern einen arbeitsfreien Tag zu erhalten. Die meisten Deutschen fahren am 17. Juni ins Grüne. Sie wissen gar nicht mehr, was am 17. Juni 1953 im sowjetisch besetzten Teil unseres Landes geschah. Der 20. Juli, der „Tag der deutschen Freiheit", findet noch weniger Anklang. Auch er ein Tag des Gedenkens an eine tragische Niederlage! Die meisten Angehörigen der jungen Generation, aber auch mehr als 57 % der älteren haben keine Ahnung vom deutschen Widerstand. Die Geschichtskenntnisse der Jugend, auch der akademischen, sind dürftig und überdies oft ideologisch manipuliert. Die Bundesflagge ist ihrem Symbolgehalt nach wenig bekannt. Sie wird — anders als etwa in der Schweiz — so gut wie nie von den Bürgern gehißt, von Behörden nur auf Weisung.

Ist die deutsche Nation tot?

„Wie tot ist eigentlich dieses Deutschland?", fragt in der „Welt der Arbeit" vom 6. Februar 1976 Klaus Jelonnek und behauptet: „Die deutsche Nation ist tot. Die Politiker, die Historiker und die Verfassungsrechtler werden es nie zugeben. Aber die geteilten Deutschen, die da herüber- und hinüberfahren, spüren überdeutlich — wie sehr gegen ihren guten Willen — die Zweistaatlichkeit webt und wirkt. Wo noch wäre sie zu fassen, die Einheit der Nation?" Linke Publizisten und Wissenschaftler, mit wenigen rühmlichen Ausnahmen, eifern miteinander, die deutsche Nation totzusagen, was auch interpretiert werden kann und bei näherem Hinsehen interpretiert werden muß —, daß sie doch lebt. Der Literat Dieter Wellershoff behauptet kühn: „Deutschland gibt es nicht mehr. Und das heißt auch, daß die deutsche Nation dabei ist zu verschwinden." Und er fährt fort: „Das wiedervereinigte Deutschland ist längst ein

106

Traum geworden, den sich alle Einsichtigen verbieten." [3]
Kein Zweifel: dieser und andere Autoren bauen die Mauer,
an der sie sich klagend stoßen, mit ihren Irrtümern selber.
Friedrich Meinecke hatte in der „Deutschen Katastrophe"
von 1946 geäußert, Deutschland werde hinfort als „ausge-
brannter Krater am Rand der Weltgeschichte" liegenblei-
ben. Das war nur eine der zahlreichen falschen Prophe-
zeiungen von Professoren, die wir in der Nachkriegszeit im
Übermaß zu verkraften hatten.

Im ersten Band der „Stichworte" ist es nur der linkslibe-
rale Politologe Iring Fetscher, der Zweifel an den Unter-
gangsvisionen und Beschwörungen seiner gelehrten Genossen äußert: „Offenbar gibt es in der jüngeren Generation ein wachsendes Bedürfnis nach ‚nationaler Identität'. Nach vielen Jahrzehnten maximaler Distanz zu
Deutschland, die bei den einen in sozialistischem Internationalismus, bei den anderen in kosmopolitischem Konsumismus sich äußerte, ist das Bedürfnis, der Wunsch, ‚man
selbst', auch national etwas Eigentümliches zu sein, wieder
erwacht." [4] Und er zitiert eine erstaunliche Stimme unter
vielen: „Kurz und gut: ich denke, wir werden mit dem deutschen Schrecken nur umgehen können, wenn wir unser
Deutschsein nicht länger leugnen. Ich bin diesem Deutschland nicht nur verhaftet, ich liebe es auch. Und ich will hier
eine Linke, die nicht nur kosmopolitisch, sondern auch
deutsch ist." [5] Selbst ein Regimekritiker wie Robert Havemann äußerte 1976: „Den Begriff der sozialistischen
Nation halte ich sowieso für Blödsinn. Es kann höchstens
eine Nation unter Bedingungen des Sozialismus geben
oder unter den Bedingungen des Kapitalismus. Aber die
Nation ist entweder deutsch oder englisch oder so etwas ...
Und die Deutschen in der DDR fühlen sich natürlich in
ihrer großen Mehrheit immer noch sehr nahe verwandt
mit den Deutschen in der Bundesrepublik, und jeder weiß,

daß Deutschland nicht an den Grenzen zwischen den beiden Staaten endet." [6]

Insofern wird man Iring Fetscher zustimmen, wenn er argumentiert: „Mir scheint der Wille, die deutsche Identität zu akzeptieren, zunächst einmal begreiflich. Wir haben zu lange verdrängt, was wir sind und wo wir herkommen." [7] Ein Volk, das sich vom „lebensgesetzlichen Zusammenhang" der Geschichte (Scharnhorst) löst, wird zur gleichgültigen Provinz von Großmächten und könnte höchstens die „Germaniculi" Europas stellen. Gegen diese geschichtslose Verflachung wenden sich immer mehr junge Menschen unseres Volkes, das nicht nur Hitler und Himmler, Heydrich und Eichmann hervorgebracht hat, sondern auch Kant und Beethoven, Goethe und Kleist, Dürer und Matthias Grünewald, Albert Einstein und Max Planck, Friedrich List und Bismarck, Friedrich den Großen und Rommel, Schiller und Hölderlin, Moltke und Clausewitz, Karl Marx und Friedrich Engels, Werner Heisenberg und Wernher von Braun, Graf Stauffenberg und Beck. Die Revolte der linken Studenten von 1968 bis 1972 hatte in ihrer Kritik am sogenannten „Establishment" der Bundesrepublik Deutschland manche Wahrheit auf ihrer Seite. Aber die Rebellen wußten weder an die großen geistigen Überlieferungen Deutschlands, an seine Geschichte mitreißend anzuknüpfen, noch boten sie eine Alternative des Lebens, die überzeugte. Wie ihre zahlreichen Mentoren lebten sie „rechts" und dachten „links"; sie profitierten von den Ergebnissen der Leistungs- und Zivilisationsgesellschaft und protestierten zugleich gegen sie. Das machte sie unglaubwürdig, erniedrigte ihren Sprach- und Schreibstil und führte in die Frustration.

Die deutsche Nation ist durchaus nicht tot, wenn wir sie mit Bekenntnismut, langem Atem und geschichtlicher Erhellung wollen. Dieser Wille widerspricht der geschichtlichen Notwendigkeit einer europäischen Einigung keineswegs. Im Gegenteil: Wahrscheinlich wird eine deutsche Wiedervereinigung nur im Rahmen einer europäischen Einigung vorankommen. Aber ein Volk, das seine Identität verlöre und sein Wesen verleugnen würde, wäre eher ein Unruheherd in Europa als ein Baustein für eine Gemeinschaft von Völkern, zu deren Geist und Kultur Deutsche nicht selten beigetragen haben. Das bedeutet auch keine Flucht vor der Erkenntnis des deutschen Irrwegs 1933 - 1945; aber nur im Bekenntnis zur Nation kann die sterile und lähmende Erinnerung an Auschwitz und Buchenwald überwunden werden, wie sogar ein Martin Walser bekennt! „Was ich nicht mehr will, die Tradition der Selbstbezichtigung, die gerade bei der deutschen Linken so üblich ist, fortsetzen. Wenn ausländische Genossen kommen, gibt es ein schlechtes Ritual: man hat sich zusammen mit denen über das deutsche Elend zu entsetzen. Deutschland wird in den schwärzesten Farben gemalt; die ganze Welt ist besser — nur Deutschland ist der vollkommene Horror. Ich mag diese Unterwürfigkeit nicht mehr: von ausländischen Genossen nur akzeptiert zu werden, wenn ich mein eigenes Land verleugne." [8] Es ist widersprüchlich, darauf zu pochen, Mitglied der „Vereinten Nationen" zu sein, aber selber keine vereinte Nation sein zu wollen. Wir haben im Guten und im Bösen Deutschland als Ganzes in Vergangenheit und Zukunft zu verantworten. Jede Flucht aus dieser Verantwortung, sei es in ein fellachenhaftes Standardeuropäertum, sei es in blasierten Kosmopolitismus oder gedankenlosen Konsumismus, in Marxismus oder Kommunismus, entfremdet uns als Deutsche, nimmt uns Selbstachtung und Gelassenheit, Weltläufigkeit und Redlichkeit.

Deutsche Offiziere der Bundeswehr, die bei den Verhandlungen zur „Europäischen Verteidigungsgemeinschaft", später zum Nato-Beitritt in Paris oder Brüssel, ihr Deutschtum verleugneten und sich als über ihrer Nation stehende Europäer verstanden sehen wollten, verfielen der Geringschätzung ihrer Kameraden aus vierzehn Nationen. Ein Peter Schlemihl sein zu wollen, wie Chamisso ihn zwischen den Nationen darstellte — „Ich habe kein Vaterland mehr und noch kein Vaterland!" —, hieße in der Tat, dem Satan der Haltlosigkeit und inneren Untreue seinen Schatten zu verkaufen. Auch ein neutrales Deutschland stellt keine Lösung dar. Ein Franzose, Francoli-Henri Barbe, schreibt 1978 in „Le Monde": „32 Jahre nach dem Zusammenbruch des Reiches ist das einzige Überbleibsel des alten Deutschland auf einer politischen Landkarte Berlin. Seine unglaubliche Situation beweist durch ihre Absurdität, daß noch etwas von Deutschland existiert, das zumindest teilweise und trotz der Mauer den beiden deutschen Staaten entgeht." Und er meint: „Gewiß, es bestehen zwei deutsche Staaten: Der Gedanke der deutschen Nation überwiegt dennoch."

Das deutsche Volk in zwei Staaten

Das deutsche Volk besteht in seiner Gesamtheit fort; es gibt nur ein deutsches Volk. „Eine Politik, die bei dem Versuch einer Lösung der Deutschlandfrage diese Tatsache außer acht läßt, kann nicht den Anspruch erheben, als realistisch betrachtet zu werden", so hieß es in einer Antwort der Bundesregierung vom 17. Februar 1961 an die sowjetische Regierung.[9] Auch wenn dem deutschen Volk verwehrt wird, sich eine gemeinsame staatliche Ordnung zu geben, bleiben die Deutschen ein Volk. Rudolf Laun hat in seinem „Studienbehelf zur allgemeinen Staatslehre" von 1948 mit Recht erklärt: „Denken wir uns, die ganze Erdkugel wäre zu einem einzigen Weltstaat vereinigt und es gäbe daher keine Staaten, keine Staatsgrenzen und keine Menschen verschiedener Staatsangehörigkeit, so gäbe es dennoch Deutsche, Polen, Engländer usw." [10] Die trennende Mauer quer durch unser Land verkörpert die Zusammen-

110

gehörigkeit des deutschen Volkes mindestens ebenso, wie sie die Angst des dortigen Regimes vor der Freiheit kennzeichnet. Und wenn man „menschliche Erleichterungen" politisch auszuhandeln bemüht ist, um das gegenseitige Treffen von Deutschen aus Ost und West zu „erleichtern", so wäre es doch paradox, wenn man gleichzeitig ihre nationale Zusammengehörigkeit zu leugnen bestrebt wäre.

Der freiwillig dienende Soldat der Bundeswehr schwört einen Diensteid, der Wehrpflichtige legt ein feierliches Gelöbnis ab, das „Recht und die Freiheit des deutschen Volkes tapfer zu verteidigen". Mit diesem „Volk" sind nicht nur Deutsche im Geltungsbereich des Grundgesetzes gemeint, sondern auch jene Deutsche, die ohne das Recht zur freien Wahl unter einem Regime leben, das den Willen des Volkes immer deutlicher mißachtet. Die Bundesrepublik Deutschland kann und sollte sich als das „Piemont der Freiheit" für ganz Deutschland wissen, das in gewandeltem Patriotismus, fernab von Überheblichkeit, Rassenwahn und „Militarismus", als friedliche Demokratie seinen ihm gebührenden Platz in Europa einnehmen möchte. Das kann noch Generationen dauern. Selbstverständlich verteidigt die Bundeswehr im Rahmen des atlantischen Bündnisses Freiheit und Recht der Deutschen. Für Freiheit und Recht der Deutschen jenseits der Mauer mit der Waffe einzutreten, ist nicht ihr Auftrag, wohl aber im Gedächtnis zu bewahren, daß auch Soldaten dem Urteil des Bundesverfassungsgerichtes von 1973 verpflichtet sind: „Kein Verfassungsorgan darf die Wiederherstellung der staatlichen Einheit als politisches Ziel aufgeben, alle Verfassungsorgane sind verpflichtet, in ihrer Politik auf dieses Ziel hinzuwirken — das schließt die Forderung ein, den Wiedervereinigungsanspruch im Inneren wachzuhalten und nach Außen beharrlich zu vertreten — und alles zu unterlassen, was die Wiedervereinigung vereiteln würde."

Häufig wird auf das Beispiel der Polen hingewiesen. Sie haben trotz der Teilungen von 1772, 1793 und 1795 bis zur Erneuerung eines polnischen Staates 1919 mit bewundernswertem nationalem Stolz und Traditionsbewußtsein, mit religiöser Verwurzelung in ihrer Kirche jahrhundertelanger Unterdrückung standgehalten. Seltener wird in diesem Zusammenhang Italien erwähnt, das bis 1859 in teils selbständige, teils von Spanien, Österreich und Frankreich abhängige Staaten aufgeteilt war. Und doch war das italienische Volk existent, lange bevor es unter Cavour und Garibaldi sich zum modernen Italien einigte.

Dieses natürliche Bewußtsein der Zusammengehörigkeit eines Volkes ist bei uns vielleicht schwächer entwickelt als bei anderen Völkern. Man kann das am Verhalten deutscher Einwanderer in Aufnahmeländern wie den USA, Kanada oder Australien beobachten. Während andere Volksgruppen sich wohl als Staatsbürger loyal ins Gastland integrieren, als Volksangehörige aber Italiener, Finnen, Iren oder Griechen bleiben, ja selbst Chinesen und Malaien, gehen Deutsche allzu bald im Gastvolk auf. Ausnahmen sind die Südtiroler, keine Einwanderer, aber in fremder Staatlichkeit lebend, die „deutschesten Deutschen", und Deutsche im südlichen Afrika, bezeichnenderweise in deutschen Magazinen und Illustrierten deswegen beschimpft. Auch wenn die verfaulenden Reste eines übersteigerten, überheblichen Nationalismus in unserem Land keinen Ort mehr haben, verhalten wir uns oft wie vom Irrglauben Geheilte, die nicht mehr glauben wollen. Dadurch ist im Deutschland der Nachkriegszeit mehr tabuisiert als geheilt worden.

Das Bewußtsein, ein Volk zu sein, ist unter den Deutschen in Ost und West, entgegen allen Bemühungen mancher Medien, durchaus lebendig. Gesetzt den zur Zeit unwahrscheinlichen Fall, es gäbe morgen eine deutsche Wiedervereinigung in Frieden und Freiheit, ganz gleich, wie weit jeder der beiden deutschen Staaten seine Vorstellungen

und „Errungenschaften" in das Gesamtdeutschland einbringen könnte, des Jubels und der Begeisterung wäre kein
Ende. Es würden Schichten in unserem Volk angerührt, die
man im Geplätscher des Konsumalltags nur ahnt und die
man gelegentlich an den Freudentränen bemerken kann,
welche Menschen vergießen, die sich nach Jahren der
Trennung diesseits oder jenseits der Mauer wiedersehen
können.

„Deutsche Eigenschaften"

Wohin man im Ausland kommt und die Frage nach typisch deutschen Eigenschaften stellt, ob man sie nun als
Tugenden oder Untugenden wertet, erhält man meist über-
einstimmend die Antwort: Die Deutschen sind fleißig, ar-
beitsam bis zur Arbeitswut, diszipliniert und sauber; sie lieben die Ordnung und machen sich das Leben schwer. Jenes französische Aperçu, der Deutsche lebe, um zu arbeiten, der Franzose arbeite, um zu leben, wird gern erwähnt.
Die Deutschen seien Fachleute, erfinderisch und überaus
tüchtig, aber ihnen fehle Charme, Leichtigkeit, Anmut und
Liebenswürdigkeit. Sie grübelten gern, und wenn sie einmal
lustig wären, würden sie leicht laut und plump. Ihre
Ideologieanfälligkeit sei nicht gering, schließlich seien sie
das Volk Hegels, Marxens, Engels' und Hitlers. Sie liebten
es, aus einem Extrem ins andere zu gehen, und entbehrten
dessen, was die Briten „common sense" nennen.

Das sind Klischees, Oberflächenurteile, die sich aber beharrlich halten und eingegraben haben. Sie enthalten
einen Kern Wahrheit. Irgendwie steckt in uns Deutschen
etwas Heinrich-von-Kleistsches, etwas Unbedingtes, das
im Guten und im Bösen herausragt. Zur Zeit praktizieren
wir es wieder einmal in der Abwendung von immateriellen
Gütern und Hinwendung zum Götzen „Wohlstand und
soziale Sicherung", in der Abwendung von Nation und

Volk, im dialektischen Gegenschlag zum „Dritten Reich", auf das wir nicht selten wie gelähmt schauen. Anstatt uns auf unsere deutschen und europäischen Aufgaben der Zukunft zu konzentrieren, blicken wir oft wie Lots Weib zurück und erstarren mutlos. Nicht wenige Schreiber in Medien und Literaturbetrieb, die an dieser deutschen Attitüde Unsummen von Geld verdienen, sorgen dafür, daß die „unbewältigte Vergangenheit" ständig neu vermarktet wird und grell in publikumswirksamen Anklagen, Filmen und Darstellungen „am Ball" bleibt. Jede tiefer gehende Gewissensprüfung wird damit hintertrieben. Sie kann allein aus der Hinwendung zum Glauben, zur Geschichte und zur kritischen Erhellung auch der Geschichte anderer Völker in Europa wachsen.

Ob es einen nationalen deutschen „Charakter" gibt, wie Gerhard Masur auf der Schlußsitzung des „Verbandes der Historiker Deutschlands" in Braunschweig am 5. Oktober 1974 untersuchte, ist fraglich.[11] Nur kann man eine Affinität der Deutschen zu diesen „Tugenden" und Eigenschaften kaum leugnen — und sollte es auch nicht. Sie haben uns Respekt in der Welt eingebracht, aber auch Angst und Neid: Angst, weil diese Eigenschaften auch in den Schreckenslagern der braunen Diktatur wirksam waren; Respekt, weil sie sich im Wiederaufbau Deutschlands nach 1945 bewährten; Neid, weil sie im deutschen „Wirtschaftswunder" wirksam sind, das uns zu einer der stärksten Wirtschafts- und Handelsmächte gemacht hat. Ohne den positiven Bezugspunkt Nation und Europa aber suchte und sucht ein aktiver Teil unserer Jugend den Bezugspunkt der eigenen Identität in der Ferne — bei den Vietcong, den revolutionären Kubanern, den Guerilleros in Südamerika und den südafrikanischen Schwarzen. Es gibt nur wenige Völker, deren Angehörigen ein derartiger Zug in die Ferne eigen ist wie den Deutschen. Die mittelalterlichen Italienzüge, so komplex ihr Zustandekommen war, zeugen davon ebenso

114

wie die Millionen Auswanderer seit dem achtzehnten Jahrhundert, wie der Massentourismus der Deutschen unserer Epoche. Hoteliers und Restaurateure in der Provence wie auf Mallorca, am Kap Sunion wie auf Rhodos, in Israel wie in Rom, auf Sizilien wie an den Küsten Skandinaviens sind sich darin einig, daß sie wirtschaftlich niedergehen würden, wenn die deutschen Touristen einmal ausblieben. Im „Kursbuch 30" von 1972 hat ein ehemaliger APO-Adept, Günther Maschke, im Anhang als Bundeswehrdeserteur gelobt, seine bittere Enttäuschung nach zwei Jahren Aufenthalt auf Castros Kuba beschrieben. Über seinen Beitrag „Kubanischer Taschenkalender" setzte er den Vers des Novalis „In der Ferne wird alles Poesie".[12] Was den „Wandervogel" zu Beginn unseres Jahrhunderts durch Heimat und Lande trieb, treibt im Zeitalter der Jets und der „Käfer" deutsche Jugend in die Ferne. Politisch ist diese „Fernstenliebe" in Ermangelung einer deutschen Verantwortung ambivalent. Man erregt sich über ferne Zustände und läßt sich vom Zuchthaus Bautzen ebensowenig bewegen wie von der Todesmauer und den Tausenden politischer Gefangener in den Kerkern des Regimes von Ostberlin. Man demonstriert für die chilenischen Flüchtlinge, ist aber gleichgültig gegen die kubanischen, angolesischen, kambodschanischen und vietnamesischen Flüchtlinge. Man geht für den Vietcong auf die Straße, für die Freiheitskämpfer in Afghanistan und Angola rührt sich kein Finger. Man begeistert sich für die Sandinisten in Nicaragua, aber läßt die „boat-people" im Chinesischen Meer ungerührt in ihrer Not. My Lai wird zu Recht angeprangert, aber die Millionenmorde Pol Pots finden kaum Empörung. Die meist unverpflichtenden Einsätze für die Ferne verfahren selektiv. Sie sind im Grunde ein Ausweichen vor nationaler Verantwortung, geben aber das Gefühl, wertvolle Aktivität zu entfalten, wobei sich viele hüten, in eines der Länder zu gehen, Hand anzulegen und

Fernstenliebe in Nächstenliebe umzusetzen. Statt dessen betreibt man Anklage gegen die eigene Nation und Geschichte und ahnt kaum, wieweit man sich bereits einer anderen totalitären Ideologie verschreibt.

Der deutsche „Militarismus"?

Kaum ein Schlagwort hat sich tiefer in die Gemüter in Ost und West eingefressen als das vom angeblichen deutschen „Militarismus". Kenner der deutschen Geschichte und der deutschen Soldaten wissen zwar, daß dieses aus der Kriegspropaganda der Alliierten im Ersten Weltkrieg stammende Schlagwort auf deutsche Soldaten nur selten zutraf, wohl aber darauf, daß Deutschland meist vorzügliche Soldaten hatte. Ein französischer Oberst sagte mir: „Keine andere Nation hätte nach einer derartigen Niederlage in so kurzer Zeit wieder eine so achtunggebietende Armee auf die Beine gestellt, wie Ihr es mit der Bundeswehr fertiggebracht habt."

Unzählige Studien sind über den deutschen „Militarismus" verfaßt, zahlreiche Reden gegen ihn gehalten worden. Wir seien von Natur aus soldatisch orientiert, in Uniform und Kommandoton verliebt. Wir dächten in Machtkategorien und zögen Lösungen mit „Blut und Eisen" friedlichen demokratischen Kompromissen vor. Der hackenschlagende Leutnant mit Monokel im Auge, dümmlich redend und arrogant, galt als eine Stufe, der Unteroffizier Himmelstoß in Remarques „Im Westen nichts Neues" als die andere. Ludendorff, der im Krieg der Politik vorhielt, sie habe zu schweigen, damit die Militärs den Sieg erringen könnten, galt als Prototyp auf der höchsten Ebene. Kaiser und Könige hätten lieber Uniform statt Zivil getragen. Die Beamten hätten einen militärischen Ton am Leib gehabt. „Kadavergehorsam" habe geherrscht — und der Hauptmann

116

von Köpenick sei fataler Beweis für diesen Militarismus im Deutschen Reich gewesen.

Es war Marschall Foch, der Alliierte Oberbefehlshaber an der Westfront im Ersten Weltkrieg, der 1919 das deutsche Feldheer als die „beste Armee" bezeichnete, „welche die Welt je gesehen". Wäre die Führung dieses Feldheeres aus derartigen Karikaturen zusammengesetzt gewesen, wie „Simplicissimus" und „Vorwärts" sie zeichneten, das Heer hätte keine vier Wochen einer Welt von Feinden standgehalten.

Madame de Staël-Holstein, die Zeitgenossin Napoleons, hat mit ihrem berühmten Buch „De l'Allemagne" ein einseitiges Bild von Deutschland als einem verträumten Land von „Dichtern und Denkern" präsentiert, das in zahlreichen Duodezfürstentümern sich überwiegend der Kunst und Philosophie widme. Sie hat damit dazu beigetragen, daß nicht wenige Europäer ein Schock traf, als diese Deutschen unter Preußens Führung begannen, die Länder des „Deutschen Bundes" mit Waffengewalt zu einigen. Goethe und Schiller hatten ähnlich 1797 im „Musenalmanach" ein vielzitiertes Xenion „Deutscher Nationalcharakter" veröffentlicht:

„Zur Nation euch zu bilden, ihr hoffet es, Deutsche, vergebens;

Bildet, ihr könnt es, dafür freier zu Menschen euch aus."

Aber die Deutschen bildeten sich unter Führung Preußens zur Nation und haben in diesem Zusammenhang Dänemark, Österreich und Frankreich militärisch geschlagen. Das erschien in Europa als Verrat am „wahren Charakter und Auftrag" Deutschlands, das, nach Hölderlins wunderbarer Hymne von 1801 („Germanien"), „wehrlos Rat" geben sollte „rings den Königen und Völkern". Das Gegenteil geschah: Die „kleindeutsche Lösung" der Bismarckschen Reichsgründung vom 18. Januar 1871 wurde auf den

Schlachtfeldern Frankreichs herbeigeführt. Sie ließ Deutschland, das sich bereits unter dem Druck Napoleons und später in der Paulskirche um eine kleindeutsche oder großdeutsche Lösung der nationalen Einigung erregte, hinfort als ein machtvolles, daher wenig geliebtes, aber respektiertes Staatsgebilde, als „Deutsches Reich", im Herz Europas neu erstehen. Verspätet wollte es sich einen „Platz an der Sonne" erkämpfen. Neben den „Geist von Weimar" trat dominierend der „Geist von Potsdam", der aber im Wilhelminischen Zeitalter verflachte und veräußerlichte. „Zwei Seelen wohnen, ach, in meiner Brust!" war nicht nur Faustens Geständnis, sondern deutsches Schicksal bis auf den heutigen Tag, wo in der DDR ein Teil sich staatlich marxistisch artikulieren will — die geistigen Väter des Marxismus sind Deutsche, was oft übersehen wird! — und der andere in der Bundesrepublik Deutschland im Sinne der westlichen liberalen Demokratie.

Gerhard Ritter hat in „Machtstaat und Utopie" 1940 darauf hingewiesen, daß ein Inselreich wie Großbritannien sich in anderem Maße in die Welt öffnen und demokratische Formen kultivieren konnte als das Deutsche Reich, auf dessen Boden seit dem siebzehnten Jahrhundert fast alle Heere Europas Krieg geführt und unsagbare Greuel verübt hatten. Ein Land, das 1618 27 Millionen Einwohner zählte und bei Kriegsende 1648 nur noch 9 Millionen, muß auch in geistiger Hinsicht andere Wege gehen als England, das 1740 die letzte Landschlacht auf eigenem Boden erlebte. Man mag beklagen, daß der Dualismus Preußen-Österreich mit dem Sieg Preußens endete. Nur sollte anerkannt werden, daß der aus Österreich stammende Adolf Hitler trotz des „Tages von Potsdam" am 21. März 1933 keine preußischen Traditionen fortsetzte, sondern sie mißbrauchte und verriet und die wahren Fortsetzer dieser Überlieferungen, von York von Wartenburg über Stauffenberg und Schwerin-Schwanenfeld, vom Grafen Moltke bis zu Beck und Witzleben, hinrichten ließ. Sicher ist, daß mit dem Aufstieg Preußens und nach dem Sieg über die beiden Napoleone im neunzehnten Jahrhundert das Land der Mitte, Deutschland, sich genötigt sah, mehr für seine Armee zu tun als andere Nationen. Moltke wurde nicht müde, im Reichstag auf die Tatsache zu verweisen, daß sich das Reich, von allen Seiten von starken Militärmächten umgeben, zur Wahrung des Friedens auf nationale Geschlossenheit und abschreckende Rüstung stützen müsse: „Ich sehe für den Zweck nur eine Möglichkeit, und das ist, daß im Herzen von Europa sich eine Macht bilde, die, ohne selbst eine erobernde zu sein, so stark ist, daß sie ihren Nachbarn den Krieg verbieten kann" (Sitzung vom 15. Juni 1868). „Was dann unsere geographische Lage angeht — ja, meine Herren, alle unsere Nachbarn haben mehr oder weniger, ich möchte sagen, Rückenfreiheit; sie haben Pyrenäen und Alpen hinter sich. Wir stehen unter den großen Mächten mitteninne. Unsere Nachbarn im Westen und Osten haben nur nach einer Seite Front zu machen, wir nach allen".[12]

Im Mittelalter hieß es: Die Franzosen verwalten das Magisterium und Studium, die Italiener das Sacerdotium und die Deutschen das Imperium. Es ist nicht von ungefähr, daß selbst im geteilten Deutschland die Bundesrepublik Deutschland, die nur nach „einer Seite Front zu machen hat", über die stärkste konventionelle Streitmacht Europas, die Bundeswehr, verfügt. Unsere offene Grenze nach Osten, zur DDR, beträgt 1381, zur CSSR 356, zum Ostblock also 1737 Kilometer, und zu Österreich 800 Kilometer. „Die geographische Lage der Bundesrepublik zwingt ihr die entscheidende strategische Schlüsselstellung in Europa auf", so beginnt 1978 ein Kapitel in der Studie „Die Verteidigung Mitteleuropas" des Max-Planck-Instituts.[13] Selbst ein Liberaler wie Friedrich Naumann erklärte: „Der Kampf ums Dasein hat die Völker gelehrt, Panzertiere zu sein. Ohne Rüstung sind sie wie Schalentiere ohne Schalen." [14] Das ist eine deutsche Erkenntnis. Aber wie, nach Aristoteles, jede Tugend der Menschen zwischen zwei Untugenden steht, können auch starke Rüstung und patriotische Einigkeit sich emanzipieren vom höheren Zweck der Friedenssicherung und der Behauptung der nationalen Unabhängigkeit und zum „Säbelrasseln", zum martialischen Pathos entarten. Nach Bismarcks Sturz ist diese Entwicklung in manchen Bereichen und Phasen deutscher Politik deutlich geworden. „Militarismus" riß ein, wo soldatische Formen auch ins Zivilleben übernommen wurden, das Denken in militärischen Kategorien Politiker zu bestimmen begann und der Primat der Politik, von Clausewitz stets hervorgehoben, sei es durch Schwäche der Politiker oder Stärke der Militärs, an Geltung verlor. General Ludendorff, seinem Wesen nach eher zu rein militärischem Denken neigend, wollte ursprünglich keineswegs jene politische Rolle spielen, die er im Ersten Weltkrieg als I. Generalquartiermeister dann spielte. Aber die Schwäche der politischen Führung des Reiches nötigte ihm diese Rolle Zug um Zug auf. Im Gesamt waren deutsche Generäle und Admiräle eher der Politik zu gehorsam, als daß sie Neigung zum Putschen gezeigt hätten, wie etwa bei unserem Nachbarn Frankreich. Wer etwa den Dreyfus-Prozeß studiert, der diese große Nation zwischen 1894 und 1906 am Rand eines Bürgerkrieges hielt, wird das Phänomen „Militarismus" dort in Reinkultur bemerken.

Der deutsche „Obrigkeitsstaat"?

Deutscher „Militarismus" — wenn es ihn je gab, sind wir heute beim „Zivilismus" angelangt! — sei nur die soldatische Variante des angeblichen „Obrigkeitsstaates" der Deutschen gewesen. Einer der geläufigsten Einwände gegen Pflege nationaler Traditionen besteht in dem Vorwurf, unsere staatliche Entwicklung sei, besonders seit 1871, von „obrigkeitstaatlichen Verhaltensweisen" geprägt. Sie sei daher, verglichen mit der Entwicklung anderer europäischer Staaten, untauglich für jegliche Pflege von Überlieferungen im freiheitlich-demokratischen Rechtsstaat. Dieser Vorwurf „obrigkeitsstaatlicher" Unterwürfigkeit der Deutschen wird in vielen Traktaten ins Feld geführt. Er hat in Heinrich Manns Roman „Der Untertan" von 1918 seinen bittersten Ausdruck gefunden. Er sieht sich im Hinweis auf die verbrecherischen Geschehnisse unter Hitler bestätigt, indem man den Nationalsozialismus als Frucht dieses Untertanengeistes hinstellt. Luther und Kant seien die unheilvollen Gründer dieser Mentalität gewesen, der eine, weil er den Gehorsam gegen die Obrigkeit, der andere, weil er den kategorischen Imperativ gelehrt habe. Es würde zu weit führen, diesen Irrtum umfassend zu widerlegen. Nur der Hinweis sei gestattet, daß der „Faschismus" nicht nur ein deutsches, sondern ein Weltphänomen war und seinen Ausgang in Italien nahm. Italien aber ist, nach dem Ausspruch Montanellis, eher durch einen „anarchischen Grundzug" seiner Bürger gekennzeichnet; es hatte keine „obrigkeitsstaatlichen Traditionen"; Auflehnung gegen Staat und Obrigkeit galt und gilt dort vielfach als Zeichen einer freien Persönlichkeit. Die Kraft eines Irrtums liegt nicht selten im Anteil an Wahrheit, der meist auch in ihm steckt. Deutschland, nicht nur von seinen preußischen Wurzeln her, war nicht mehr „obrigkeitsstaatlich" als andere Staaten. Aber in der deutschen Neigung zum Extrem und Unbedingten wurden, über die Notwendigkeit vermehrter Straffung der Staatsgewalt hinaus, Unterordnung und Gesetzesgehorsam in gewissen Zeiten weit übertrieben.

Sicher ist, daß im Deutschland der Hohenzollern Nietzsches Schriften ungehindert erscheinen konnten, welche nicht nur die „Umwertung aller Werte" proklamierten und scharfsinnig begründeten, das Christentum als den „einzigen Schandfleck der Menschheit" verurteilten, sondern auch die wilhelminische Gesellschaft unerbittlich kritisierten, während im liberalen Frankreich noch zwanzig Jahre vorher Flaubert sich wegen der angeblichen „Unzüchtigkeit" seiner „Madame Bovary" vor Gericht verantworten mußte, eines Romans, den wir heute, was seine „Unzüchtigkeit" angeht, als Gartenlaubenroman beurteilen. Witzblätter wie der „Simplicissimus", der „Kladderadatsch", Zeitungen wie die „Vossische Zeitung" und der „Vorwärts" führten eine scharfe kritische Klinge gegen die Obrigkeit, die auch von Literaten wie Maximilian Harden, Frank Wedekind und selbst Thomas Mann kritisiert wurde. Bismarck sagte am 9. Oktober 1878 im Deutschen Reichstag: „Ein Land mit so milden Gesetzen, mit so gutmütigen Richtern, ein Land mit so hervorragender Freude an der Kritik, namentlich wenn sie die Regierung betrifft, ein Land, in dem der Angriff auf einen Minister noch heute für eine Tat gilt, ein Land, wo die Anerkennung für irgend etwas, was die Regierung tut, gleich in den Verdacht des Servilismus bringt, ein Land, in dem die Operationsbasen für den Sozialismus durch die großen Städte, durch die fortschrittliche Bearbeitung sehr sorgfältig vorbereitet waren, das hatte sein Anziehendes!"

In der Broschüre „Der Bürgerkrieg findet nicht statt" (PZ. Nr. 13/1977) der „Bundeszentrale für politische Bildung" heißt es: „Das haben wir uns hart antrainiert: die Begeisterung, dagegen zu sein. Zu lange haben Deutsche in der Schlange der Autoritätsgläubigen gestanden. Die Lust ist verständlich, die Macht der Mächtigen zu zerbröseln. Mehrheiten gegen die Staatsgewalt zu organisieren. Sich durch Proteste Gehör zu verschaffen. Forderungen durchzudrücken. Denn alle Gewalt geht vom Volke aus. Das haben wir erst lernen müssen. Nun beherrschen wir dieses machtvolle Instrument kritischer Demokraten: Bürgerinitiativen, Protestmärsche, Kundgebungen, organisierter

Druck auf die Regierenden" (S. 17). Die Autoren der Massenbroschüre kennen die Weimarer Republik nicht. Protestmärsche, die „Lust, die Macht der Mächtigen zu zerbröseln, die Begeisterung, dagegen zu sein", die „Schwatzbude" des Reichstags „auszuräuchern", die Behörden lächerlich zu machen und unter organisierten Druck zu setzen, „dagegen zu sein", bis hin zu Straßenschlachten, bis zum politischen Mord, waren an der Tagesordnung, bis Nationalsozialisten *und* Kommunisten die Republik zu Fall brachten. Streiks und Proteste haben das Alltagsbild von Weimar geprägt. Wenn die Broschüre meint, im kaiserlichen Deutschland habe es keinen „organisierten Druck der Straße" gegeben, sondern nur die „Schlange der Autoritätsgläubigen", so ist das ebenfalls ein Irrtum. Von 1872 bis 1886 stand die katholische Kirche Deutschlands unter Bischof Ketteler im Kampf gegen die Reichsregierung. In Opposition immerhin gegen einen Bismarck setzte sich am Ende der katholische Bevölkerungsteil gegen das Reich durch. Der Zentrumsabgeordnete Bornkamm nannte den „Kulturkampf", wie Bismarck ihn führte, einen „innenpolitischen Präventivkrieg". Die „Deutschen Arbeitervereine", von Lasalle 1863 gegründet, später die deutsche Sozialdemokratie, standen im Kampf gegen die Reichsregierung und die Monarchie, bis Bismarck vergeblich mit den Sozialistengesetzen von 1878 ihr Wirken zu unterbinden suchte. Zahlreiche Beispiele könnten belegen, daß das deutsche Volk vor 1918 nicht nur aus „autoritätsgläubigen Untertanen" bestand!

Die Broschüre fährt fort: „Wir Deutschen haben ein geteiltes Verhältnis zu Deutschland. Das Vaterland ist amputiert. Die Bundesrepublik ist nur unser Wohn- und Arbeitsland. Unser Geldverdienland. Für viele zwar Heimat, aber ohne Du-Verhältnis ... Wir haben kein Verhältnis zu diesem Kürzeldeutschland BRD. Wir haben nur bei Fußballmeisterschaften ein Verhältnis zur Bundesrepublik Deutschland. Und das vor allem, wenn wir Weltmeister werden. Kritische Demokratie — das haben wir gelebt in den letzten Jahren. Kritische Sympathie, das ist es, was uns fehlt ... Kritische Sympathie und Augenblicke, wo es sich lohnt, mit Begeisterung dafür zu sein." Wenige Dokumente der letzten Jahre geben so genau den Archimedischen Punkt wieder, an dem sich die Notwendigkeit für die Deutschen, eine Nation zu sein und sein zu wollen, zeigt, auch dann, wenn diese deutsche Nation noch lange Zeit „amputiert" sein sollte.

Selbst ein auf dem äußersten linken Flügel im politischen Spektrum unseres Volkes angesiedelter Literat wie Martin Walser erklärt in seinem erstaunlichen Essay „Händedruck mit Gespenstern": „Wir haben immer alles besser gekonnt, als wir selbst zu sein. Wer sind wir? Was ist er für ein Mensch! fragt der neue Diener des Phileas Fogg seinen Vorgänger in Jules Vernes ‚Reise um die Welt'. Er erfährt, daß sein zukünftiger Herr hauptsächlich ein Engländer ist. Wer sind wir? Sobald man im Ausland ist, ist man ein Deutscher. Aber wer bin ich hier?" Walser bricht Tabus, wenn er schreibt: „Wenn wir Auschwitz bewältigen könnten, könnten wir uns wieder nationalen Aufgaben zuwenden. Aber ich muß zugeben, eine rein weltliche, eine liberale, eine vom Religiösen, eine überhaupt von allem Ich-Überschreitenden fliehende Gesellschaft kann Auschwitz nur verdrängen. Wo das Ich das Höchste ist, kann man Schuld nur verdrängen. Aufnehmen, behalten und tragen kann man nur miteinander. Aber jede Tendenz zum Miteinander reizt bei uns zum Verdacht auf Obsoletes. Wo Miteinander, Solidarität und Nation aufscheinen, da sieht das bundesrepublikanische-liberale Weltkind Kirche oder Kommunismus oder Faschismus ... Ich glaube, es sei auch das historische Defizit, das uns unfähig macht zur Kritik an Prozessen, denen wir uns ausgesetzt sehen. Wir erleben uns jetzt seit Jahr und Tag als Eingeschüchterte,

Mutlose. Wer noch soziale Regungen zeigt, kriegt eines drauf. Sobald sich einer ich-süchtig austobt, wird er gestreichelt. Also tobt sich, wer Streicheln braucht, in erwünschter Weise aus." [15]

Auch Walser kritisiert die Überzeugung, daß wir stets das Beste tun, wenn wir das Gegenteil dessen tun, was Deutsche unter der Hitlerdiktatur getan haben. Hieß es damals: „Du bist nichts! Dein Volk ist alles!", so heißt es heute: „Du bist alles! Dein Volk ist nichts!" Sprach man damals von der „Volksgemeinschaft", so wird dieses Wort durch „Gesellschaft" ersetzt. Die Soldaten der Bundeswehr müßten danach logischerweise schwören bzw. feierlich geloben, „das Recht und die Freiheit der deutschen Gesellschaft tapfer zu verteidigen". Galt früher der Soldat „als der schönste Mann im Staate" (Paul Lincke), so ist er heute beharrlich am untersten Ende der Skala des sozialen Prestiges der Führungsberufe angesiedelt. Im Vorwort zu seinem utopischen Roman „Schöne neue Welt" hat Aldous Huxley bemerkt: „Chronische Zerknirschung, darin sind alle Moralisten einig, ist kein empfehlenswerter Gemütszustand. Wenn man sich schlecht betragen hat, soll man es bereuen, es wiedergutmachen, soweit man kann, und darauf bedacht sein, sich nächstes Mal besser zu betragen. Keinesfalls brüte man über seine Missetat. Sich im Schmutz zu wälzen ist nicht die beste Methode, rein zu werden." [16]

Just diese Methode aber verfolgen wir mit Zähigkeit und immer neuem Zerknirschungsgestus. Und wenn irgendwo irgendwer wagt, ein ermutigendes Wort zu den Deutschen zu sagen, so kann er sicher sein, daß zahlreiche Medien über ihn herfallen und ihn zurückzustoßen suchen in die Hölle kleinlauter Mutlosigkeit und büßender Hoffnungslosigkeit. So kommt es, daß unsere Jugend sich auflehnt, sie, die Vorbilder sucht und sich an ethischen Imperativen, die glaubwürdig sind, orientieren will angesichts der tiefgestaffelten Problemfronten, die in geschichtlicher Beschleunigung auf uns zukommen. In der „Spiegel"-Demokratie soll man sich ohne moralische Verbindlichkeiten wertfrei ausleben: das ist Signum „moderner Freiheit". Man „verwirkliche sich selbst" und sei „sein eigener Herr" ohne übergreifende Bindungen und Verpflichtungen. Mit Recht lehnt sich Jugend gegen diese „Selbstverwirklichung" ohne Perspektive, diese egoistische Individualisierung in vielerlei Formen auf. Es gibt kaum eine andere Jugend in der Welt, die so von der älteren Generation verlassen ihren Weg suchen soll als die deutsche.

In Wahrheit erstreben viele der jungen Generation die Identifikation mit dem eigenen Land, seiner Geschichte und seiner nationalen Mission in Europa und in der Welt. Ob dieses Deutschland von rund 62 Millionen Einwohnern im Namen „Bundesrepublik Deutschland", in zwei Staaten mit unterschiedlicher Gesellschaftsordnung aufgeteilt, aber mit einer gemeinsamen Geschichte im Hintergrund, noch Jahrzehnte unter Teilung und Todesmauer wird leiden müssen, ist eine deutsche Frage, aber auch eine europäische Herausforderung. „Solange die zentralen Streitfragen, zuerst und vor allem die deutsche Frage, ungelöst bleiben, kann die Möglichkeit einer Krise nicht ausgeschlossen werden", so Willy Brandt noch 1968. Völker mit Patriotismus und nationaler Selbstachtung können es nicht verstehen, wenn ein so großes Volk wie die Deutschen, die außer den Greueln der Naziherrschaft viele der bewegenden Ideen des Jahrhunderts hervorgebracht haben, nicht das Selbstverständlichste von der Welt wollen, nämlich beharrlich und in innerer Treue zu sich selbst die nationale Einheit anzustreben. Es war Willy Brandt, der in New York am 17. März 1961 erklärte, was er heute nicht mehr wahrhaben will: *„Die Wiederherstellung der staatlichen Einheit durch Zusammenführung der willkürlich voneinander getrennten Volksteile hat mit übersteigertem Nationalismus nichts zu tun. Es steht auch*

126

nicht im geringsten Widerspruch zur Politik der europä-
ischen Einigung."

Wille zu nationaler Einheit muß langen Atem haben,
das Verfassungsgebot lebendig erhalten, die Geschichte er-
hellen und der jungen Generation Ziele setzen.

Es wäre ein absurder Gedanke, unserer deutschen Jugend Generation für Generation kein erstrebenswertes
Bild deutscher Zukunft in einem freien Europa zu entwer-
fen, sondern sie nur in permanenter „Trauerarbeit" —
welch makaberes Wort! — über die Schrecken der braunen
Diktatur ihre Vision der Zukunft gewinnen zu lassen. Dieser Irrweg würde auf Dauer in Frustration, Selbsthaß und
Verzweiflung führen oder aber, was sich vehement abzu-
zeichnen beginnt, in die zunehmende Flucht in das Private. Schon klagt die Gräfin Dönhoff: „Über öffentliche
Dinge denken nur wenige nach. Alles dreht sich um das
Ich, die Selbstverwirklichung, Karriere, Lebensstandard!"
(„nimm" 23/87 vom 16. 6. 1987)

Im übrigen scheint diese Rechnung in der politischen
Praxis unserer Republik auch nicht aufzugehen. Die hoff-
nungsvolle pädagogische Theorie, die davon ausging, je
mehr man unsere Nachkriegsjugend mit dem Gewaltre-
gime Hitlers und seinen Verbrechen konfrontieren würde,
desto eher würde „Vergangenheitsbewältigung" dieser Art
dafür sorgen, daß nie wieder Gewalt auf unseren Straßen
die Demokratie gefährden könne, dürfte trügen. 24 % unserer jungen Bürger halten, nach Umfrageergebnissen verschiedener Institute von 1984, die Anwendung von Gewalt
gegen Sachen und Menschen zur Durchsetzung politischer Ziele und Interessen für erlaubt. Am 18. 1. 1988 erklärte ein Beamter des BKA, die mehr als 700 Sabotageanschläge, über die 1987 berichtet wurde, seien eine „Herausforderung an die öffentliche Sicherheit!" Am 21. 1. 1988
sagte Generalbundesanwalt Kurt Rebmann in München,
mehr noch als die Terroranschläge der RAF verursachten

ihm die beinahe schon als „normal" hingenommenen Terror- und Sabotageanschläge — im Durchschnitt jeden Tag zwei — Kopfschmerzen. 818 Polizeibeamten wurden 1987 verletzt, davon 127 schwer. Hamburg, Frankfurt, Hannover, Freiburg, Bremen, Hanau, Wackersdorf sind nur einige Brennpunkte. Insofern dürfte es, bei aller Notwendigkeit geschichtlicher Erhellung (auch der Zeit des Nationalsozialismus!) eher tragfähig sein, in die Zukunft zu schauen. Es war Bundespräsident Richard von Weizsäcker, der in Moskau 1987 dem Generalsekretär klar sagte, daß die Deutschen in Ost und West *nie* darauf verzichten würden, sich als eine Nation zu fühlen. Diese Vision, eingebettet in die Jahrhundertaufgabe zur Schaffung eines einigen, freien Europa, dürfte mehr moralische Energien und demokratische Mitverantwortung freisetzen als eine zum Selbstzweck gewordene Rückschau.

Anmerkungen

1) Hellmut Diwald: Die Anerkennung. Bericht zur Klage der Nation. München 1970, S. 99.
2) Jürgen Eick: Das Regime der Ohnmächtigen. Frankfurt a. M. 1976, S. 14.
3) Stichworte zur Geistigen Situation der Zeit. Frankfurt a. M. 1979 (edition suhrkamp 1000), S. 77, 88.
4) A. a. O., S. 123.
5) Thomas Schmid u. a.: Über den Mangel an politischer Kultur in Deutschland. Berlin 1978, S. 113.
6) Die Welt, Nr. 35, 11. Februar 1980, S. 3.
7) Stichworte . . ., S. 121.
8) Thomas Schmid u. a.: Über den Mangel . . ., S. 112.
9) Information für die Truppe, H. 8 (1961), Beilage, S. 3.
10) Rudolf Laun: Studienbehelf zur allgemeinen Staatslehre. Hamburg[6] 1948, S. 31.
11) In: Historische Zeitschrift 221 (Dezember 1975).
12) Moltke: Leben und Werk in Selbstzeugnissen. Leipzig o. J., S. 429, 436.
13) Starnberg 1978, S. 220 (Autor ist Generalmajor a. D. Fritz Birnstiel).
14) Zitiert nach Ludwig Reiners: Bismarck gründet das Reich. München 1965, S. 516.
15) Stichworte . . ., S. 48.
16) Aldous Huxley: Schöne neue Welt. Hamburg 1953 (Taschenbuchausgabe der Fischer Bücherei), S. 7.

DIETRICH MURSWIEK

Deutschland als Rechtsproblem

Rechtslage und nationale Identität*

Die „deutsche Frage" kann man nicht beantworten — man kann sie nur stellen. Die Frage zu stellen ist freilich selbst schon immer ein Stückchen Antwort: Indem wir sie fragen, echot sie uns zurück — ein Stückchen Identität. Wir sind, wonach wir fragen. Die „deutsche Frage" ist *erledigt*, wenn niemand mehr sie stellt — weil die Probleme, die sie umfaßt, politisch gelöst sind oder weil niemand mehr diese Probleme als „deutsch" versteht.

Was aber ist „deutsch"? Muß man hierauf nicht eine Antwort suchen, versuchen, um die „deutsche Frage" überhaupt stellen zu können? Hier sind viele — immer vorläufige — Antworten möglich, doch diese ergeben sich zum Teil erst daraus, *wie* die „deutsche Frage" gestellt wird. Unter den vielen möglichen Antworten gibt es auch juristische. Wie lauten diese? Und wie wird die „deutsche Frage" in der Rechtswissenschaft gestellt?

Deutschland und deutsches Volk nach dem Grundgesetz

Staats- und völkerrechtliche Normen und Begriffe sind in der Regel staatsbezogen; deutsche Einheit ist, juristisch betrachtet, nicht ethnische oder kulturelle, sondern staatliche Einheit; Volk ist Staatsvolk. Die Nation als unabhängig vom Staat gedachte politische Willensgemeinschaft des Volkes besitzt erst seit kurzer Zeit den — mangels klarer rechtlicher Kriterien verhältnismäßig ungesicherten und bestrittenen — Status eines partiellen Völkerrechtssubjekts: Sie ist Träger des Selbstbestimmungsrechts, des Rechts, über Art und Form der staatlichen Organisation selbst zu entscheiden.[1] Dreh- und Angelpunkt juristischen Nachdenkens über Deutschland ist also der Staat; die „deutsche Frage" ist in der juristischen Literatur meist die Frage nach der Rechtslage Deutschlands, des Staates der Deutschen.

Was also ist Deutschland? Nach dem Grundgesetz eindeutig nicht die Bundesrepublik, sondern „Gesamtdeutschland", genauer das deutsche Reich in den Grenzen vom 31. 12. 1937.[2] Die geographische Erstreckung auf Gesamtdeutschland ergibt sich aus dem Schlußsatz der Präambel und aus Art. 23 GG, die Gleichsetzung des Deutschland-Begriffs mit dem des Deutschen Reiches aus Satz 2 der Präambel, wo der Grundgesetzgeber sich zum Fortbestand des deutschen Staates bekennt. Das „deutsche Volk" im Sinne des Grundgesetzes ist das Staatsvolk Gesamtdeutschlands.[3] Es gibt keine bundesdeutsche, sondern nur eine gesamtdeutsche Staatsangehörigkeit.[4] Auf die Grundrechte, die „allen Deutschen" gewährt werden, können sich nicht nur Bundesbürger berufen, sondern alle deutschen Staatsangehörigen sowie Flüchtlinge und Vertriebene deutscher Volkszugehörigkeit [5] und deren Ehegatten und Abkömmlinge, die im Gebiet des Deutschen Reiches nach dem Stand vom 31. 12. 1937 Aufnahme gefunden haben (Art. 116 Abs. 1 GG).

Das Bundesverfassungsgericht hat dies im Grundvertragsurteil vom 31. 7. 1973 [6] bekräftigt und die Rechtslage Deutschlands wie folgt umrissen:

Das Deutsche Reich existiert fort, ist aber als Gesamtstaat mangels Organisation, insbesondere institutionalisierter Organe, selbst nicht handlungsfähig. Die Bundesrepublik Deutschland ist identisch mit dem Deutschen Reich, in bezug auf seine räumliche Ausdehnung allerdings nur „teilidentisch". Die Bundesrepublik umfaßt also nicht das ganze Deutschland, „unbeschadet dessen, daß sie ein einheitliches Staatsvolk des Völkerrechtssubjekts ‚Deutschland' (Deutsches Reich), zu dem die eigene Bevölkerung als untrennbarer Bestandteil gehört, und ein einheitliches Staatsgebiet ‚Deutschland' (Deutsches Reich) . . . anerkennt. Sie beschränkt ihre staatliche Hoheitsgewalt auf den Geltungsbereich des Grundgesetzes". Berlin ist ein Land der Bundesrepublik, dessen Status „nur gemindert und belastet (ist) durch den sog. Vorbehalt der Gouverneure der Westmächte". Die DDR gehört zu Deutschland und kann im Verhältnis zur Bundesrepublik nicht als Ausland angesehen werden.

Dieses Urteil hat vielfältige Kritik gefunden.[7] So wurde gegen die Identitätslehre in der vom Bundesverfassungsgericht vertretenen Variante eingewandt, der Begriff der Teilidentität sei an sich unlogisch. Natürlich kann die Bundesrepublik mit dem Deutschen Reich nicht zugleich identisch und nicht identisch sein. Identität im Sinne völliger Übereinstimmung meint das Bundesverfassungsgericht aber gar nicht. Der Begriff der Identität bezieht sich nur auf die Rechtssubjektivität und soll verdeutlichen, daß die Bundesrepublik nicht Rechtsnachfolger des Deutschen Reiches, sondern in bezug auf Rechte und Pflichten *dasselbe* Rechtssubjekt ist. Mit der Identitätsthese will das Bundesverfassungsgericht dagegen nicht das Verhältnis der Bundesrepublik zum Deutschen Reich in bezug auf Staatsgebiet und Staatsvolk charakterisieren und auch nicht behaupten, die Bundesrepublik könne rechtswirksam für Gesamtdeutschland handeln.[8] In dieser Hinsicht besteht keine Identität, sondern Gebiet und Volk der Bundesrepublik sind Teile des auch die DDR umfassenden Deutschlands, also nur zum Teil deckungsgleich.

Schelte und Spott hat das Bundesverfassungsgericht sich vor allem mit dem Satz zugezogen, die Grenze zwischen beiden deutschen Staaten sei eine staatsrechtliche Grenze „ähnlich denen, die zwischen den Ländern der Bundesrepublik Deutschland verlaufen". Die Formulierung ist ungeschickt, aber die Kritiker verkennen die *Funktion des Vergleichs:* Niemand braucht dem Bundesverfassungsgericht erst klarzumachen, daß Stacheldraht, Minen und Betonmauern eine viel handfestere „Grenze" bilden als diejenige, die etwa die Bundesrepublik von Frankreich trennt. Der Vergleich bezog sich nur darauf, daß BRD und DDR Staaten innerhalb des Gesamtstaates „Deutschland" und deshalb füreinander nicht Ausland sind.[9]

Deutschland als Völkerrechtssubjekt

Aber existiert dieser Gesamtstaat überhaupt noch? Das Bundesverfassungsgericht hat seine Thesen zur Rechtslage Deutschlands aus dem Grundgesetz abgeleitet, ohne zu prüfen, ob dem verfassungsrechtlichen Postulat eine völkerrechtliche Realität noch korrespondiert. Daß der Parlamentarische Rat 1949 mit dem Grundgesetz nicht die Verfassung eines neu zu errichtenden Separatstaates schaffen, sondern einen Teil des fortbestehenden Deutschen Reiches neu organisieren wollte und diese Auffassung im Grundgesetz klar zum Ausdruck gebracht hat, steht außer Zweifel. Doch ob Deutschland als Staat tatsächlich noch existiert, ist anhand *völkerrechtlicher Kriterien* zu beurteilen.[10]

Dazu werden heute in der Bundesrepublik im wesentlichen zwei Auffassungen vertreten:

Verhältnismäßig unproblematisch läßt sich der Fortbestand des Deutschen Reiches begründen, wenn man die „Schrumpfstaats"-Variante der Identitätstheorie vertritt.[11] Für die Vertreter dieser Auffassung ist die Bundesrepublik auch territorial mit dem Deutschen Reich identisch; die übrigen Gebiete sind durch Sezession aus dem Staatsverband „Deutschland" ausgeschieden. Die Staatsgewalt der BRD kann somit zwanglos als Staatsgewalt des auf ihr Territorium zusammengeschrumpften Reiches verstanden werden. Der „Fortbestand" reduziert sich hier auf das Identitätsverhalten [12] der Bundesrepublik, also auf die Nichtanwendung der Regeln der Staatensukzession im Verhältnis zum Deutschen Reich, weist somit keine gesamtdeutschen Bezüge mehr auf.[13] Demgegenüber geht die völkerrechtliche Staatspraxis der Bundesrepublik [14] in Übereinstimmung mit der Auffassung des Bundesverfassungsgerichts vom Fortbestand eines gesamtdeutschen, also jedenfalls die DDR einschließenden Völkerrechtssubjekts aus. Ein handlungsunfähiger, nicht organisierter „Staat" — eine Chimäre? Was ist denn noch geblieben vom Deutschen Reich — außer seiner Geschichte? Von den drei klassischen Staatselementen — Staatsvolk, Staatsgebiet, Staatsgewalt — läßt sich zumindest eine gesamtdeutsche Staatsgewalt nicht mehr ausfindig machen.[15] In der völkerrechtlichen Literatur wird der Fortbestand Deutschlands heute vor allem mit den Vier-Mächte-Verantwortlichkeiten für Deutschland als Ganzes [16] begründet:[17] Die Vier-Mächte-Verantwortlichkeiten verhinderten Änderungen am territorialen Status Deutschlands und eine endgültige Sezession der DDR ohne Mitwirkung der Vier Mächte. Die deutschen Teilstaaten könnten — auch einvernehmlich — nicht über deutsches Gebiet verfügen, und das Deutsche Reich könne nur unter Mitwirkung der Alliierten seine völkerrechtliche Existenz verlieren, „untergehen". Diese Mitwirkung könne auch in der Billigung des Grundvertrages durch die Vier

Mächte nicht erblickt werden. Die Sezession der DDR vom Deutschen Reich sei deshalb rechtlich noch nicht abgeschlossen.[18]

Mit derselben Begründung wird auch die Auffassung vertreten, daß selbst nach Abschluß der Ostverträge die Ostgebiete jenseits von Oder und Neiße noch Gebiete des Deutschen Reiches sind, deren Rechtsstatus noch nicht endgültig festgelegt sei.[19] Das Bundesverfassungsgericht hat im Ostvertragsbeschluß vom 7. 7. 1975 festgestellt, daß die Ostverträge den Territorialstatus Deutschlands nicht verändert haben.[20] Die Bundesrepublik ist aber durch den Warschauer Vertrag verpflichtet, die Oder-Neiße-Linie als westliche Staatsgrenze Polens anzuerkennen, darf also die Rechtmäßigkeit der Ausübung polnischer Hoheitsgewalt nicht mehr bestreiten. Andererseits konnte und wollte sie nicht für Gesamtdeutschland handeln und auch insofern nur eine rechtlich provisorische, unter dem Friedensvertragsvorbehalt stehende Vereinbarung treffen.[21]

Formelkram?

Dieser Staat, der sich der Anschauung des Zeitungslesers und des Politologen entzieht und nicht einmal aus eigener Kraft unterzugehen in der Lage ist — kann der mehr sein als das Hirngespinst einer entgleisten Fachdisziplin? Hat es Sinn, mit dem Bundesverfassungsgericht an Rechtspositionen festzuhalten, die keine Entsprechung in der „Realität" mehr finden?

1. Viele Mißverständnisse in bezug auf die deutschlandrechtliche Argumentation beruhen darauf, daß die *Funktion des Rechts* (und rechtlicher Begriffe) verkannt wird. Die Rechtsordnung ist *Sollensordnung*, sagt also nicht, wie die „Realität" beschaffen ist, sondern wie sie beschaffen sein soll. Das schließt nicht aus, daß sich die „politische" Lage auf die Rechtslage auswirken kann. Es gibt aber keine

„normative Kraft des Faktischen" in dem Sinne, daß die Rechtslage sich unmittelbar der Realität anpaßt.

2. Langdauernde entgegenstehende Realität kann zum Untergang einer Rechtsposition führen (Effektivitätsprinzip), wenn diese nicht mehr geltend gemacht wird. Das Festhalten an Rechtspositionen (Rechtsverwahrung) ist nötig, weil die Rechts*behauptung* auf die „objektive" Rechtslage einwirkt.[22]

3. Ob ein Staat im Sinne des Völkerrechts existiert, ist zwar eine Rechtsfrage; die Beurteilungskriterien verweisen jedoch auf die Realität, hier vor allem auf die Effektivität der Staatsgewalt. Wer den Fortbestand Gesamtdeutschlands ablehnt, weil eine gesamtdeutsche Staatsgewalt fehlt,[23] der — so die Vertreter der Gegenposition — vernachlässigt aber die atypische Lage Mitteleuropas nach dem Zweiten Weltkrieg, insbesondere die fortdauernde Fremdbestimmung; diese Lage sei eine Realität, auf welche die für den „Normalfall" des souveränen Staates geschaffenen völkerrechtlichen Begriffe nicht passen.[24] Wer heute die staatliche Existenz Gesamtdeutschlands behauptet, bestreitet somit keinesfalls, daß dieser Staat nicht die „normalen" Kriterien des allgemeinen Völkerrechts, insbesondere der Drei-Elemente-Lehre, erfüllt. Diese Kriterien sind aber seit langem nicht in jedem Fall entscheidend dafür, ob ein „Staat" als Völkerrechtssubjekt eingestuft wird.[25] Der völkerrechtliche Staatsbegriff, der ohnehin nur unscharfe Konturen besitzt, hält es aus, wenn man ihn auf atypische Situationen anhand atypischer Kriterien ausdehnt. Der Mangel effektiver Staatsgewalt kann die Völkerrechtssubjektivität unberührt lassen, solange er im Rechtssinne als vorübergehend betrachtet werden kann.[26] Deshalb hat man auch nach Etablierung der BRD und der DDR und nach der formellen Beendigung des Kriegszustandes mit Deutschland am rechtlichen Fortbestand des Deutschen Reiches festgehalten.[27]

Diese Ausdehnung ist nicht „unrealistisch". Sie entspricht der völkerrechtlichen Praxis, auf die es bei völkerrechtlichen Begriffsbestimmungen mehr ankommt als auf abstrakte Deduktionen:

● Das handlungsunfähige Deutschland wird von der Bundesrepublik weiterhin als Völkerrechtssubjekt angesehen [28] und in der Völkerrechtspraxis immer noch als passives Völkerrechtssubjekt behandelt, z. B. als Schuldner von Staatsschulden,[29] Adressat völkerrechtlicher Erklärungen,[30] Feindstaat im Sinne der Art. 107 und 53 der UN-Charta,[31] Objekt der Vier-Mächte-Verantwortlichkeiten, Gegenstand und — im Falle vorheriger Reaktivierung — Partner eines noch zu schließenden Friedensvertrages.

● Der Gebietsstatus Deutschlands, der nicht zur Verfügung der auf seinem Gebiet etablierten Staaten steht, hat auch durch die „neue Ostpolitik" keine Änderung erfahren.[32]

An der Vorläufigkeit des gegebenen *Rechts*zustandes hat sich auch nach der Verfestigung des Status quo, insbesondere durch die Ostverträge, nichts geändert und kann sich nichts ändern, solange die Vier-Mächte-Verantwortlichkeiten für Deutschland als Ganzes fortbestehen. In dieser Lage kann die Bundesrepublik durch Beharren auf dem rechtlichen Fortbestand des Deutschen Reiches dem Verlust dieser Rechtsposition entgegenwirken.[33]

4. Bringt aber diese Rechtsposition überhaupt noch einen politischen Vorteil, zumal da das Warten auf einen Friedensvertrag als illusorisch erscheint? Ist die juristische Konstruktion politisch belangloser, störender „Formelkram"? Für das Festhalten an der „Formel" sprechen gewichtige praktische Gründe:

● Ohne deutschen Staat ließe sich die deutsche Staatsangehörigkeit nicht aufrechterhalten. — Angesichts des Umstandes, daß die staatsbürgerlichen Rechte und Pflichten (z. B. Wahlrecht, Wehrpflicht) in der Bundesrepublik ohnehin nur für Bundesbürger gelten, wird der Sinn einer gesamtdeutschen Staatsangehörigkeit bezweifelt. Diese ist aber Voraussssetzung dafür, daß die BRD im Ausland DDR-Bürgern diplomatischen Schutz gewähren kann.[34]

● Ohne Bezug auf Gesamtdeutschland und auf einen noch ausstehenden Friedensvertrag könnten die Vier-Mächte-Rechte zu einem Bündel permanenter Interventionsrechte der Siegermächte werden. Sie ließen sich nicht mehr für das Ziel der deutschen Einheit einsetzen und drohten den bestehenden Zustand, also die Spaltung in zwei in ihrer Souveränität mit den Rechten der Sieger belastete Staaten, zu versteinern.[35]

● Wenn die Vier-Mächte-Verantwortlichkeiten sich nicht mehr auf Gesamtdeutschland beziehen könnten, würde der Vier-Mächte-Status ganz Berlins seine Basis verlieren, würden die Bindungen der Bundesrepublik zu Berlin prekär und verstärkte sich der von der Sowjetunion lancierte, für Berlin lebensgefährliche Trend, Berlin zur „Freien Stadt" werden zu lassen.[36]

● Das gesamtdeutsche Staatsvolk ist ein zusätzlicher und im Vergleich zur Nation juristisch präziserer Anknüpfungspunkt für das Selbstbestimmungsrecht.

● Der rechtliche Fortbestand des deutschen Staates kann eine auf die Wiederherstellung der Einheit Deutschlands gerichtete Politik erleichtern. Völkerrechtliche Rechtspositionen sind — seit Geltung des völkerrechtlichen Gewaltverbots mehr noch als früher — wichtige Mittel der internationalen Politik.[37] Auch wenn sie gerichtlich nicht einklagbar sind, können sie der Politik größere Durchschlagskraft verleihen. Zumindest wird dadurch die Argumentationslast demjenigen aufgebürdet, der die Rechtsverwirklichung verhindert. Ein achtloser und unwiderruflicher Verzicht auf Rechtspositionen ist deshalb ebensowenig angebracht wie die Überschätzung ihrer politischen Bedeutung. Eine *ausschließlich* auf Rechtspositionen gestützte Politik kann allerdings Schiffbruch erleiden, wenn es nicht mehr gelingt, die Rechtsposition überzeugend darzustellen.

● Ebenso zweischneidig ist die Integrationswirkung des Rechts: Dieses kann das Selbstbewußtsein bei der Verfolgung des politischen Ziels stärken und den Willen, das Ziel anzustreben, festigen. Entfallen die Voraussetzungen des völkerrechtlichen Rechtsbegriffs, könnte ein *nur* am Recht orientierter politischer Wille ebenfalls versanden.

Unter jedem Aspekt *ist eine völkerrechtliche Rechtsposition politisch nur dann nützlich, wenn die Politik auf die Rechtsverwirklichung ausgerichtet ist.* Das Grundgesetz macht unserer Regierung eine solche Politik in der Deutschlandfrage zur Pflicht. Daß diese Pflicht auf etwas „Unmögliches" abziele, weil der Status quo in Deutschland „endgültig" und die Teilung „irreversibel" sei,[38] ist eine sehr plausible, aber etwas kurzatmige Vermutung.

Wiedervereinigungsgebot, Identitätspflege und Selbstbestimmungsrecht

Nach der Präambel des Grundgesetzes ist es der Zweck der Bundesrepublik, einen Teil Deutschlands bis zur Wiedervereinigung staatlich zu organisieren. Das Grundgesetz ist gemäß Art. 146 auf seine eigene Abschaffung durch eine gesamtdeutsche Verfassung ausgerichtet.[39] Ein Ziel, dem die Verfassung als ganze sich aufopfert, ist kein Programm neben anderen, das man beliebig „tiefer hängen" oder gar abschaffen könnte.[40] *Das „Wiedervereinigungsgebot" ist oberste Staatszielbestimmung.* Daß diese Bestimmung nur in sehr engen Grenzen justiabel ist, mindert ihre Bedeutung nicht.[41]

„Kein Verfassungsorgan der Bundesrepublik Deutschland darf die Wiederherstellung der staatlichen Einheit als politisches Ziel aufgeben, alle Verfassungsorgane sind verpflichtet, in ihrer Politik auf die Erreichung dieses Zieles hinzuwirken — das schließt die Forderung ein, den Wiedervereinigungsanspruch im Innern wachzuhalten und nach außen beharrlich zu vertreten — und alles zu unterlassen, was die Wiedervereinigung vereiteln würde."

Mit diesen Worten hat das Bundesverfassungsgericht [42] das „Wiedervereinigungsgebot" (Präambel i. V. m. Art. 146 GG) treffend zusammengefaßt und zugleich die wichtigste Konsequenz bezeichnet: Solange die außenpolitische Lage die Realisierung der deutschen Einheit nicht zuläßt, kommt es darauf an, den *Willen zur Verwirklichung dieses Ziels* aufrechtzuerhalten, denn wenn der politische Wille fehlt, kann das Ziel auch in einer günstigeren weltpolitischen Konstellation nicht erreicht werden. Dieser Wille aber überlebt nicht als Verfassungsnorm, sondern — in einem demokratischen Staat — nur im Bewußtsein des Volkes. Das Wiedervereinigungsgebot des Grundgesetzes verpflichtet deshalb die Staatsorgane vor allem, die Integration des Volkes auf das Ziel der deutschen Einheit hin zu betreiben.

Dieses Ziel bliebe auch dann verpflichtend, wenn Deutschland als Staat rechtlich nicht mehr existierte.[43] „Deutschland" im Sinne des Grundgesetzes bliebe dann eine am Gebiet des ehemaligen Deutschen Reiches orientierte Länderbezeichnung, und Aufgabe der Politik wäre es, das deutsche Volk in diesem Gebiet staatlich zu vereinigen. Völkerrechtliche Grundlage dieses Ziels bliebe das Selbstbestimmungsrecht des deutschen Volkes.[44] Auf das Selbstbestimmungsrecht kann sich die gesamte Nation [45] (und die BRD in ihrem Namen) berufen, solange sie als politische Willenseinheit existiert, das heißt: den Willen zur nationalen Einheit besitzt.[46] Nationale Identität als Voraussetzung für die Verwirklichung des Selbstbestimmungsrechts ist keine Konstante und versteht sich nicht —

etwa aufgrund ethnischer Gegebenheiten — von selbst; sie bildet und verändert sich und vergeht in einem permanenten Prozeß der Integration und Desintegration. Dieser Prozeß, in dem ein Volk zum Bewußtsein kommt, Nation zu sein, oder dieses Bewußtsein verliert, wird von vielfältigen Faktoren bestimmt, von relativ konstanten — zum Beispiel der Sprache — und von schnell sich ändernden — etwa der politischen Lage, von Kollektiverlebnissen, der zeitgenössischen Literatur, von meinungsbildenden Medien. Einer dieser Faktoren ist auch das Staats- und Völkerrecht. Auch aus diesem Grunde sind Rechtsbegriffe wie „deutsches Staatsvolk" oder die Ablehnung der Auslandsbezeichnung für die DDR mehr als „Formeln". Rechtsnormen und -begriffe, hier vor allem das „Wiedervereinigungsgebot" und der Deutschlandbegriff, wirken aber nicht von selbst integrierend. Sie müssen zur Geltung gebracht, in den Integrationsprozeß eingeführt werden. Diese *Identitätspflege* [47] ist nicht nur Pflege der Voraussetzungen künftiger Deutschlandpolitik, sondern auch Mittel zur Selbsterhaltung der Nation.

Welche Maßnahmen der Staat zur Identitätspflege ergreift, ist rechtlich nicht vorgeschrieben. Aus dem vielfältigen Spektrum möglicher Mittel — von den Formen politischer Repräsentation über Feier- oder Gedenktage, die Verleihung von Kulturpreisen bis hin zum Geschichtsunterricht — können die zuständigen Organe die politisch geeignet erscheinenden auswählen. Dabei gibt es Ermessensgrenzen, die beispielsweise überschritten wären, wenn im Schulunterricht überhaupt keine Identitätspflege betrieben oder ihrem Ziel gar entgegengewirkt würde.[48] — Auch den öffentlich-rechtlichen Funkmedien kommt im Rahmen der Identitätspflege eine wichtige Aufgabe zu.[49]

Während das Verfassungsgebot inhaltlich als Optimierungsgebot verstanden werden muß, ist die gerichtliche

Überprüfbarkeit wegen des notwendigen weiten Exekutivermessens sehr beschränkt. Wenn etwa die Regierung nicht in ausreichendem Maß Identitätspflege betreibt, bleibt es den Bürgern, insbesondere der Opposition, überlassen, von sich aus das gesamtdeutsche Bewußtsein zu pflegen — auch indem sie die Regierung nachdrücklich an ihre Verpflichtung erinnern.

„Deutschland" oder „BRD"?

„Bundesrepublik Deutschland" ist ein schwerfälliger Name; die Umgangs- und Zeitungssprache wie auch die sozialwissenschaftliche Literatur brauchen Kurzformen. Früher konnte man unbefangen das Kürzel „BRD" verwenden. Am 31. 5. 1974 beschlossen die Regierungschefs von Bund und Ländern, die Abkürzung „BRD" im amtlichen Sprachgebrauch nicht mehr zu verwenden. Durch diese Abkürzung — so wird regelmäßig argumentiert — würden die Worte „Deutschland" und „deutsch" und damit die im Namen „Bundesrepublik Deutschland" hervorgehobene Einheit der Nation zunehmend aus dem politischen Bewußtsein des In- und Auslandes verdrängt. Die Formel lasse die „geschichtliche Identität der Deutschen" nicht mehr erkennbar werden.[50] Seither ist „BRD" ein Politikum.[51] Wer „BRD" sagt oder schreibt, setzt sich dem Verdacht aus, der sprachlichen Abgrenzungspolitik der DDR zuzuarbeiten.

Sprachpolitik wird hier zutreffend als wichtiges Instrument der Identitätspflege erkannt — nur werden die Wirkungen des Sprachgebrauchs falsch eingeschätzt und deshalb das Gegenteil des gewünschten Effekts erzielt. Kürzt man „Bundesrepublik Deutschland" — wie dies üblich ist — mit „Bundesrepublik" ab, so fehlt der in „BRD" noch als „D" vorhandene Deutschlandbegriff ganz. Verwendet man aber die Kurzbezeichnung „Deutschland" — wie das die Bezeichnungsrichtlinien des Bundesministers für gesamtdeutsche Fragen vom Juli 1965 vorsahen [52] —, so verengt sich der Deutschlandbegriff auf die Bundesrepublik. Der inkorrekten Verwendung von „Deutschland" für die BRD und von „deutsch" für „westdeutsch" konnte man noch gesamtdeutschen Sinn abgewinnen, solange die Bundesrepublik eine Politik des „Alleinvertretungsanspruchs" jedenfalls in dem Sinne betrieb, daß sie das ganze Deutschland wenn nicht rechtlich vertrat, so doch politisch repräsentierte. Seit Aufgabe dieses Anspruchs kann gerade die Bezeichnung der Bundesrepublik mit der Kurzform „Deutschland" dazu führen, daß die BRD auch für Deutschland *gehalten* wird und die deutsche Identität sich im Bewußtsein der westdeutschen Bürger auf die Bundesrepublik reduziert. Während also gegen die Kurzformen „Bundesrepublik", „Westdeutschland" oder „BRD" keine rechtlichen Bedenken bestehen, ist die Verwendung des Begriffs „Deutschland" zur Bezeichnung der Bundesrepublik wegen ihrer nachgewiesenermaßen das Einheitsbewußtsein schädigenden Wirkungen [53] mit dem Grundgesetz nicht zu vereinbaren.

Nation und Zusammenschlußverbot

Die Existenz der deutschen Nation läßt sich juristisch nicht garantieren. Die verfassungsrechtlich gebotene staatliche Identitätspflege ist weder conditio sine qua non noch hinreichende Bedingung für die Bewahrung der nationalen Identität. Die völkerrechtliche Lage Deutschlands aber — ob man sie im Sinne des fortbestehenden Gesamtstaats deutet oder nicht — ruft den Deutschen auch nach mehr als dreißig Jahren Spaltung ihre Zusammengehörigkeit in die zu verlöschen drohende Erinnerung: *In Berlin gibt die fortdauernde Praxis des Besatzungsregimes Anschauungsunterricht über die Anormalität und Vorläufigkeit der be-*

stehenden Lage. *Und Deutschland als Ganzes ist immer noch Objekt der Rechte und Verantwortlichkeiten der Vier Mächte. Diese Rechte lassen sich im Kern auf folgenden Satz reduzieren: Es gibt keine Wiedervereinigung ohne die Zustimmung der Sieger des Zweiten Weltkriegs. Es gibt aber auch keine rechtlich endgültige Spaltung ohne die Zustimmung des deutschen Volkes.* Solange das Zusammenschlußverbot mit Genehmigungsvorbehalt [54] besteht und die Deutschen über ihre staatliche Organisation nicht selbst entscheiden können, ist die „deutsche Frage" offen. Resümee: *Deutsch ist, was unter das Zusammenschlußverbot fällt.*[55]

Anmerkungen

* Unveränderter Text von 1980.

1) K. Doehring: Das Selbstbestimmungsrecht der Völker als Grundsatz des Völkerrechts. Karlsruhe 1974 (Berichte der Deutschen Gesellschaft für Völkerrecht H. 14), insbes. S. 21 ff. — Gegen den Rechtscharakter des Selbstbestimmungsrechts z. B. I. Seidl-Hohenveldern: Völkerrecht. Köln u. a. ⁴1980, S. 298.

2) E. Klein: Die territoriale Reichweite des Wiedervereinigungsgebotes. Bonn 1978, S. 5 f. mit Berufung auf Art. 116 I GG; zustimmend G. Ress: Das Wiedervereinigungsgebot des Grundgesetzes. In: Fünf Jahre Grundvertragsurteil des Bundesverfassungsgerichts. Köln u. a. 1979, S. 265 (275) m. w. N.

3) D. Murswiek: Die verfassunggebende Gewalt nach dem Grundgesetz für die Bundesrepublik Deutschland. Berlin 1978, S. 59 f., 106 ff., zur Entstehungsgeschichte S. 32 ff.

4) Art. 16 I, 116 I GG setzen dies voraus, Maunz in: Maunz/Dürig/Herzog/Scholz: Grundgesetz, Art. 116, Rdnr. 4; Kimminich in: Bonner Kommentar, Art. 16, Rdnr. 21 - 23.

5) An dieser Stelle ist das Volk also nicht Staatsvolk, sondern ein ethnischer Begriff, definiert in § 6 Bundesvertriebenengesetz. Danach ist deutscher Volkszugehöriger, „wer sich in seiner Heimat zum deutschen Volkstum bekannt hat, sofern dieses Bekenntnis durch bestimmte Merkmale, wie Abstammung, Sprache, Erziehung, Kultur, bestätigt wird". Dazu Maunz (o. Anm. 4), Rdnr. 13.

6) BVerfGE 36, 1 (15 ff.)

7) Einige Nachweise bei D. Blumenwitz in: Fünf Jahre Grundvertragsurteil (o. Anm. 2), S. 8, und bei Klein, ebd. S. 98.

8) Vgl. E. Klein: Zur Rechtslage Deutschlands und der Deutschen nach dem Beschluß des Bundesverfassungsgerichts zu den Ostverträgen. In: Jahrbuch der

Albertus-Universität zu Königsberg/Pr. Bd. XXV (1975), S. 23 (27 f.); H. Schiedermair in: Fünf Jahre Grundvertragsurteil (o. Anm. 2), S. 40 f. — Ress: Die Rechtslage Deutschlands nach dem Grundlagenvertrag vom 21. Dezember 1972. Berlin u. a. 1978, S. 222: Die Identität erstrecke sich auf das Staatsvolk des Deutschen Reiches.

9) Dennoch hinkt der Vergleich. Näheres zur innerdeutschen Grenze E. Klein: Die rechtliche Qualifizierung der innerdeutschen Grenze. In: Fünf Jahre Grundvertragsurt. (o. Anm. 2), S. 95 ff. — Die Beziehungen zwischen den beiden Staaten in Deutschland sind nach heute in der BRD wohl einhelliger Meinung wie die Beziehungen zwischen souveränen Staaten völkerrechtlicher Natur. Es gibt aber noch Besonderheiten, die man mit Wendungen wie „Inter-se-Beziehungen" oder „Gemengelage von Staatsrecht und Völkerrecht" bezeichnet. Vgl. BVerfGE 36, 1 (23 f., 26 f.); E. Klein (o. diese Anm.), S. 105 f.; G. Ress, VVDStRL 38 (1980); dagegen R. Bernhardt: Deutschland nach 30 Jahren Grundgesetz, VVDStRL 38 (1980).

10) Ress (o. Anm. 8), S. 219 f.

11) Zum Beispiel Tomuschat: Die rechtliche Bedeutung der Vier-Mächte-Verantwortung. In: Fünf Jahre Grundvertragsurteil (o. Anm. 2), S. 71 (139 f.); Bernhardt (o. Anm. 9).

12) E. Klein (o. Anm. 9), S. 106 f.

13) Mit der These vom Untergang des Deutschen Reiches, die heute von der DDR (dazu J. Hacker: Der Rechtsstatus Deutschlands aus der Sicht der DDR. Köln 1974), in der BRD aber nur vereinzelt vertreten wird, läßt sich die „Schrumpfstaats"-Variante der Fortbestandsthese nicht entkräften: Nachdem nämlich die Ansicht, das Deutsche Reich sei 1945 durch debellatio vernichtet worden (z. B. H. Kelsen: the Legal Status of Germany according to the Declaration of Berlin, American Journal of International Law 39 [1945], 518 [520]), sich zu Recht nicht hatte durchsetzen können (dazu eingehend K. Doehring: Das Staatsrecht der Bundesrepublik Deutschland. Frankfurt a. M. ²1980, S. 52 ff. m. w. N.), war es eine Frage des Selbstverständnisses der BRD, sich mit dem Deutschen Reich zu identifizieren oder nicht (Ress, o. Anm. 8, S. 202, 216 f. m. w. N.).

14) Vgl. E. Schmidt-Jortzig: Die rechtliche Fixiertheit der staatlichen Selbstdarstellung der Bundesrepublik Deutschland, DVBl. 1975, 65 ff.; Ress (o. Anm. 8), S. 217 f. m. w. N.

15) Einige Autoren vertreten allerdings die Ansicht, daß die gesamtdeutsche Staatsgewalt in den Rechten und Verantwortlichkeiten der Vier Mächte fortlebe und von diesen treuhänderisch wahrgenommen werde: vgl. K. Pfeiffer: Zur Rechtsnatur der alliierten Vorbehaltsrechte, DVBl. 1973, 57 (63); weitere Nachweise bei Ress (o. Anm. 8), S. 185 f.

16) Zur Fortgeltung und zum Umfang der Vier-Mächte-Verantwortlichkeiten H. Steinberger: Völkerrechtliche Aspekte des Deutsch-Sowjetischen Vertragswerks vom 12. August 1970, ZaöRV 31 (1971), 63 (122 ff.); Pfeiffer (o. Anm. 15); R. Schenk: Die Viermächteverantwortung für Deutschland als Gan-

zes... Frankfurt a. M., München 1976; D. Rauschning: Sinn und Tragweite der Vier-Mächte-Rechte nach 30 Jahren. In: Finis Germaniae? Frankfurt a. M. 1977, S. 77 ff.; Ress (o. Anm. 8), S. 27 ff.; Tomuschat (o. Anm. 11), jeweils m. w. N.

17) BVerfGE 36, 1 (16); Rauschning (o. Anm. 16), S. 84; Ress (o Anm. 8), S. 214 ff.; J. Hacker in: Fünf Jahre Grundvertragsurt. (o. Anm. 2), S. 56; E. Klein, ebd. S. 102 f.; Zieger, ebd. S. 207; weitere Nachw. bei Tomuschat, ebd. S. 74.

18) Ress (o. Anm. 8), S. 223 ff. — Gegen diese Interpretation der Vier-Mächte-Verantwortlichkeiten z. B. Tomuschat (o. Anm. 11) S. 78 f. m. w. N.

19) Steinberger (o. Anm. 16), S. 136 f.; E. Klein (o. Anm. 8), S. 28 ff.; ders. (o. Anm. 9), S. 107; B. Meissner, ebd. S. 126; D. Blumenwitz: Die Darstellung der Grenzen Deutschlands in kartographischen Werken. Bonn 1980, S. 27, 71 ff.; dagegen Tomuschat (o. Anm. 11), S. 79 ff. m. w. N.

20) BVerfGE 40, 141 (171 ff.).

21) Vgl. Kommuniqué der Bundesregierung zum Warschauer Vertrag, Bulletin 1970, 1818 (1819); M. Kriele: „Deutschland" als Rechtsbegriff. In: ders., Legitimitätsprobleme der Bundesrepublik. München 1977, S. 211 (226); E. Klein (o. Anm. 8), S. 30.

22) Vgl. Blumenwitz (o. Anm. 7), S. 11.

23) Tomuschat (o. Anm. 11), S. 78 f. m. w. N.; Bernhardt (o. Anm. 9).

24) Blumenwitz (o. Anm. 7), S. 46 f.; von Mangoldt, ebd. S. 126 f.; Zieger, ebd. S. 201; Quaritsch, VVDStRL 38 (1980).

25) Vgl. F. Berber: Lehrbuch des Völkerrechts. Bd. 1. München [2]1975, S. 148 ff., 247 ff.; Seidl-Hohenveldern (o. Anm. 1), S. 155 f.

26) Vgl. R. Stödter: Deutschlands Rechtslage, Hamburg 1948, S. 83 ff.; Doehring (o. Anm. 13), S. 53 f., 61, für den Zeitraum bis zur formellen Beendigung des Kriegszustandes; E. Wehser in: Menzel/Ipsen: Völkerrecht. München [2]1979, S. 187; Ress (o. Anm. 8), S. 218, 223 ff. — M. Kriele (o. Anm. 21), S. 223, meint, Deutschland sei mangels Staatsgewalt nicht mehr Staat, aber noch Völkerrechtssubjekt. Hier wird der „normale" Staatsbegriff beibehalten, aber der Begriff des Völkerrechtssubjekts auf eine atypische Kategorie erweitert. Das ist wohl nur eine terminologische Differenz.

27) Vgl. Doehring (o. Anm. 13), S. 61 ff.

28) Siehe oben Anm. 14.

29) Vgl. Londoner Schuldenabkommen v. 27. 2. 1953, Arg. Art. 5, so Schiedermair, VVDStRL 38 (1980) (im Druck); Österreichischer Staatsvertrag v. 15. 5. 1955, Art. 28 Abs. 1.

30) Schiedermair (o. Anm. 8), S. 116.

31) Steinberger (o. Anm. 16), S. 90 ff.; Schiedermair (o. Anm. 8), S. 116 f.

32) Siehe oben Anm. 19, 20.

33) Vgl. Blumenwitz (o. Anm. 7), S. 11; Ress (o. Anm. 8), S. 218.

34) Ress (o. Anm. 8), S. 203 ff. (206); zur Staatsangehörigkeitsfrage ausführlich G. Zieger: Das Problem der deutschen Staatsangehörigkeit. In: Fünf Jahre Grundvertragsurteil (o. Anm. 2), S. 189 ff.

35) H. Steinberger: Einflüsse der Ostverträge auf Deutschland als Ganzes? In: Finis Germaniae? Frankfurt a. M. 1977, S. 24 (26); H. Schiedermair: Der völkerrechtliche Status Berlins nach dem Viermächte-Abkommen vom 3. September 1971. Berlin u. a. 1975, S. 198 f.; E. Klein (o. Anm. 9), S. 103, 134; Blumenwitz (o. Anm. 19), S. 75; ders. (o. Anm. 7), S. 115; dagegen Tomuschat, ebd. S. 86 f.

36) Hacker (o. Anm. 17), S. 120; von Mangoldt, ebd. S. 127 f.; Blumenwitz (o. Anm. 19), S. 75; Schiedermair (o. Anm. 29). — Zur Rechtslage Berlins, Schiedermair (o. Anm. 35).

37) Rauschning in : Fünf Jahre Grundvertragsurteil (o. Anm. 2), S. 309; Blumenwitz, ebd. S. 11 f.

38) So z. B. H. Diwald: Die Anerkennung. München, Eßlingen 1970, S. 114, 120 f. — Wer den Status quo für das unwiderruflich letzte Wort der deutschen Geschichte hält, für den ist die „deutsche Frage" entschieden; die juristische Beschäftigung mit dieser Frage kann, so gesehen, nur noch Schattenboxen sein.

39) Dazu Murswiek (o. Anm. 3), S. 75 f., 102 ff. — Zum „Wiedervereinigungsgebot" G. Ress (o. Anm. 2) m. w. N.

40) A. A. G. Ress (o. Anm. 2), S. 292, der verkennt, daß Art. 146 GG der „Unabänderlichkeitsklausel" des Art. 79 III GG, die das „Wiedervereinigungsgebot" nicht enthält, rechtssystematisch übergeordnet ist. Vgl. Murswiek (o. Anm. 3) S. 136 f., 149 ff., 252.

41) Die Gegenansicht, z. B. Kewenig in: Fünf Jahre Grundvertragsurteil (o. Anm. 2), S. 312 f., übersieht, daß Verfassungsnormen sich nicht auf ihre gerichtliche Überprüfbarkeit reduzieren lassen.

42) BVerfGE 36, 1 (17 f.) — Grundvertragsurteil.

43) Ress (o. Anm. 2), S. 282 f.; Murswiek (o. Anm. 3) S. 112.

44) Ress (o. Anm. 8), S. 103 ff., insb. 112 ff.; ders. (o. Anm. 2), S. 283; Doehring (o. Anm. 1), S. 39 ff.

45) Daneben nach Doehring (o. Anm. 1), S. 41 f. die Staatsvölker der BRD und der DDR; insoweit zweifelnd Ress (o. Anm. 8), S. 105.

46) Vgl. Doehring (o. Anm. 1), S. 23, 27.

47) Diesen Begriff verwende ich in Anlehnung an den Begriff der „Staatspflege", vgl. H. Krüger: Allgemeine Staatslehre. Stuttgart u. a. [2]1966, S. 214 ff.; ders.: Von der Staatspflege überhaupt. In: Die Selbstdarstellung des Staates. Hrsg. von H. Quaritsch. Berlin 1977, S. 21 ff.

48) Dazu vgl. jetzt den Streit um die Darstellung der Grenzen Deutschlands in Schulatlanten, Blumenwitz (o. Anm. 19), mit Darstellung der Gegenposition. Dieser Streit zeigt auch, welche Probleme aus einem Widerspruch zwischen verfassungsrechtlicher und völkerrechtlicher Verpflichtung resultieren können: Die BRD hat im Warschauer Vertrag die Oder-Neiße-Linie als westliche Staatsgrenze Polens anerkannt, aber das „Wiedervereinigungsgebot" erstreckt sich auch auf die Ostgebiete. Vgl. E. Klein (o. Anm. 2); Ress (o. Anm. 2), S. 275 f.

49) Vgl. W. Wengler: Das Offenhalten der deutschen Frage. In: Fünf Jahre Grund-vertragsurteil (o. Anm. 2), S. 323 (330).

50) Vgl. Bayerischer Staatsanzeiger Nr. 36/1974, S. 1; Niedersächsisches Ministe-rialbl. 1978, S. 1857.

51) Über den „Kürzelstreit" informiert umfassend H. Berschin: Deutschland — ein Name im Wandel. München 1979.

52) GMBl. 1965, S. 227; aufgehoben 1971, GMBl. 272.

53) Berschin (o. Anm. 51), S. 87 ff.

54) Ress in: Doehring/Ress: Staats- und völkerrechtliche Aspekte der Berlin-Regelung. Frankfurt a. M. 1972, S. 52, und Schiedermair (o. Anm. 35), S. 167 f., sprechen bezüglich des Vier-Mächte-Status für Berlin von „Anschlußverbot". Hinsichtlich Deutschlands als Ganzem erschiene mir dieser Ausdruck als zu einseitig, weil es rechtlich nicht um einen Anschluß an die BRD gehen muß und praktisch nicht gehen kann.

55) Österreich fällt trotz Art. 4 des Staatsvertrages vom 15. 5. 1955 nicht unter diese Definition. Es ist offensichtlich, daß die Österreicher — auch bei Wegfall des Verbots — den Anschluß nicht wollten.

Wiegenlied

Deutschland, auf weichem Pfühle,
Mach' Dir den Kopf nicht schwer
Im irdischen Gewühle.
Schlafe, was willst Du mehr?

Laß jede Freiheit Dir rauben,
Setze Dich nicht zur Wehr.
Du behältst ja den christlichen Glauben!
Schlafe, was willst Du mehr?

Und wenn man Dir alles verböte,
Ach, gräme Dich nicht zu sehr.
Du hast ja Schiller und Goethe!
Schlafe, was willst Du mehr?

Georg Herwegh

HERBERT KREJCI

„Dieser Dualismus des Gefühls . . ."

Wie deutsch ist Österreich?

„Der wahre Österreicher
ist ein Athener von Geist, ein Phäake
auch mit kultiviertem Gaumen —
der einzige Erbe des orientalischen,
griechisch-römischen, christlich-
und deutsch-abendländischen Reichtums,
von slawischen Gaben genährt und diese Gaben
dem Spender zurückgebend."
Joseph Roth

Besser als wissenschaftlich fundierte Exkurse vermögen dieses Thema wohl einige persönliche Reminiszenzen aufzuhellen. Der Verfasser, Jahrgang 1922, gehört noch zu jenen, die die in diesem Band angerissene Problematik im Alltag, im politischen Auf und Ab der Ersten Republik in Österreich miterlebt haben. Da gab es in den Jahren des klerikal bestimmten „Ständestaates" (1934 - 1938) immer wieder als Thema für Klassenarbeiten oder Maturaaufsätze eines, das viele politische Fallstricke (im Sinne der damaligen Machthaber) bot. Es lautete unverfänglich „Österreichs deutsche Sendung". So mancher Prüfling handelte sich mit seinen Darlegungen nur Unannehmlichkeiten ein. Hin und wieder versuchte einer, seine Thesen auf den

unvergessenen Historiker Heinrich Ritter von Srbik aufzubauen, von dem noch mehrmals die Rede sein wird.
Aber auch das konnte schon „gefährlich" sein.

1938, im März, erfüllte sich für viele Österreicher ein
Traum, aber es dauerte selbst bei überzeugten österreichischen Nationalsozialisten oft nur ein paar Tage, bis sie ob
der Kolonialmethoden der aus dem „Reich" Entsandten
desillusioniert waren. Das Buch über die Tragik dieser
Gruppe *österreichischer* Nationalsozialisten, die sich „alles
ganz anders vorgestellt hatten", muß noch geschrieben werden. Vieles würde dann anders, sachlicher und fairer aussehen. Genannt sei hier einer: der große Dichter Josef
Weinheber, der unter der politischen Ernüchterung schwer
litt.

In den Wochen, da man Jahre später Urlaub von der
Front machte, strebte man immer wieder zu den Vorlesun-
gen Srbiks an der Wiener Universität und zu seinen vielbeachteten Vorträgen. Man saß in Uniform im Hörsaal auf
den Stufen, lauschte dem begnadeten Stilisten und Redner
und bewunderte seinen Mut, in seine Bekenntnisse zum
„Heiligen Reich" immer auch das unverlierbar Österreichische einfließen zu lassen. Srbik war es auch, der sich
von Berlin das Beiwort *Österreichische* an der Wiener
Akademie der Wissenschaften nicht nehmen ließ.

Wieder etwas später, in den Frühjahrstagen 1944, bei
den großen Rückzügen in die Grenzgebiete der früheren
Habsburgermonarchie, ging dem jungen Soldaten mit
einemmal die „deutsche Sendung" des alten Reiches auf:
in den einstigen Kavalleriegarnisonen Galiziens, wie sie
Joseph Roth bleibend geschildert hat. Er wurde als Wiener
von den Landesbewohnern der älteren Generation mit
stiller Freude begrüßt und beim neuerlichen Rückzug mit
Tränen in den Augen verabschiedet; er erfuhr auf einmal,
daß es dieses spezifisch Österreichische gibt, gerade an der

150

Grenzlinie zu jenem „Halbasien", wie es Karl Emil Franzos genannt hat.

1945, in den ersten Monaten der Kriegsgefangenschaft, als allmählich aufgrund der Wiedererstehung eines österreichischen Staates die Soldaten österreichischer Herkunft zusammengezogen wurden, fühlte er sich zuweilen verloren, ob des oft niederträchtigen Benehmens der „Landsleute". Diese Erfahrung scheint nicht singulär gewesen zu sein, schreibt doch Heimito von Doderer in seinen „Tangenten" als Tagebuchaufzeichnung vom 6. Oktober 1945: „Ich habe immer gewünscht, in ein rein österreichisches Lager zu kommen, wie dieses hier. Nun ist es so weit: aber unsere Landsleute bieten nur zu einem kleinen Teil ein sympathisches Bild."

Und dann die Heimkehr. Wieder Staunen und Enttäuschung ob soviel Würdelosigkeit und billiger Anbiederung. An den Schulen lehrte man nicht mehr die deutsche Sprache, sondern „Unterrichtssprache", das „Deutsche Volkstheater" in Wien hieß plötzlich nur mehr „Volkstheater", und selbst die österreichische Hymne mit der ehrwürdigen Haydn-Melodie war wegen der Belastung durch „Deutschland, Deutschland über alles" abgeschafft worden, an ihre Stelle trat ein sehr artifizieller Ersatz, wenngleich von Mozart. (Dem Vernehmen nach soll übrigens im Jahr 1945 einmal die Frage aufgetaucht sein, welche musikalische Umrahmung einer offiziellen Feier gegeben werden solle, da doch die alte österreichische Hymne tabuisiert war. Der mittlerweile verstorbene, nonkonformistische und vor allem profund gebildete Kommunist Ernst Fischer, als einer der damaligen geistigen Machthaber, soll lächelnd bemerkt haben, er wäre nicht dagegen, den entsprechenden Satz aus dem „Kaiserquartett" Joseph Haydns zu spielen ...)

Deutsch als Muttersprache,
Österreich als Vaterland

Das betont Österreichische war zu dieser Zeit eher die Fassade für ein dem Inferioritätskomplex entspringendes Gefühl politischer Schuld (wegen des März 1938). Man sprach im übrigen das Wort mit bewußter Dehnung des „Ö" aus.

Und heute, 35 Jahre später, 25 Jahre nach der Unterzeichnung des Österreichischen Staatsvertrages? Endlich präsentiert sich dieses Land mit Selbstbewußtsein und Würde. Das Unschöne aus all den Jahren zuvor ist gewichen. Julius Raab, der große österreichische Staatsmann, der das Getue um eine „österreichische Nation" verabscheute, faßte es in die einfachen, aber klugen und gültigen Worte: „Deutsch ist unsere Muttersprache, Österreich ist unser Vaterland."

Die Frage, ob Österreich zur deutschen Nation gehöre, oder krasser formuliert: „Wie deutsch ist Österreich?", beschäftigte seit dem Zeitalter des Josephinismus erlauchteste Geister diesseits und jenseits der österreichischen Staatsgrenzen. Während etwa der Historiker Heinrich Ritter von Srbik in seinem Werk „Geist und Geschichte vom deutschen Humanismus bis zur Gegenwart" darauf hinweist, daß Joseph II. dem deutschen Österreichertum einen bleibenden Wesenszug aufgeprägt habe, und daß das Nationalbewußtsein der Deutschen Österreichs zu einem realistischen, mit österreichischem Staatssinn verbundenen deutschen Kulturstolz erweckt worden, daß insbesondere die Mehrheit des Offizierkorps und der Beamtenschaft ein Hebel deutscher Kulturarbeit gewesen sei, ist Hermann Bahr wesentlich schärfer. Er behauptet, der josephinische Versuch, Österreich zu verjüngen, indem man einfach dem Österreicher der barocken Zeit „plötzlich den Kopf eines deutschen Nationalisten aufsetzte", sei mißlungen. Im

152

neunzehnten Jahrhundert schließlich, so Hermann Bahr, sei eine ganze Generation nicht zur Achtung vor Österreich erzogen worden, man habe sich vielmehr daran gewöhnt, nach Idealen über die Grenze zu schielen, bis erst der unglückliche Thronfolger Franz Ferdinand die Österreicher „an sich selbst erinnert habe".

Das Thema, hier nur anhand zweier Äußerungen kurz angerissen, war insbesondere seit der Mitte des vorigen Jahrhunderts bis weit hinein in die dreißiger Jahre dieses Jahrhunderts eines der am meisten, zuweilen auch sehr steril diskutierten, das gewiß auch im Zusammenhang mit dem österreichischen Nationalsozialismus eine Rolle spielt, aber nicht so grob-oberflächlich behandelt werden darf, wie das in der politischen Polemik der Ersten Republik und insbesondere in einer „schuldbeladenen" Publizistik der Zweiten häufig der Fall war und ist. Srbik, dem nach 1945 sehr übel mitgespielt wurde — ein großer österreichischer Patriot wie Alexander Freiherr von Spitzmüller hat das in seinen Erinnerungen aufs schärfste verurteilt —, hat sich immer wieder gegen die „oft empörende Geringwertung Österreichs in der deutschen Geschichte" gewandt und einen klaren Strich zwischen seiner gesamtdeutschen Geschichtsauffassung und jener nationalsozialistischer Observanz gezogen.

Auch wenn man sich nicht auf die eher fruchtlose Diskussion einläßt, wieweit es eine eigene „österreichische Nation" gibt, so steht doch eines fest, daß — siehe wieder Srbik! — das deutsche Volkstum in Österreich aus dem Ineinanderfließen der Altstämme durch die Jahrhunderte zu einem „Neustamm" geworden ist. Aber immer wieder strömte Volkstum aus dem, was man in Österreich „das Reich" nannte, in den österreichischen Raum zu (die Industrialisierung Österreichs im vorigen Jahrhundert beispielsweise empfing daraus bleibend nachwirkende Impulse). Durch Jahrzehnte lag, wie einleitend erwähnt, eine tiefe Tragik über vielen Österreichern deutschen Volkstums, die hin und her gerissen waren: zwischen österreichischem Patriotismus, gesamtdeutschem Nationalgefühl und Großösterreichertum im Sinne der alten Donaumonarchie als eines der beispielhaften Integrationsgebilde Europas. Aber wenn es zur Entscheidung kam, so genoß die Eigenstaatlichkeit Österreichs meist Priorität.

Die Gründe und Ursachen, die zum „Anschluß" im Jahr 1938 führten, sind ein Sonderproblem, das viel komplexer zusammengesetzt ist als nur aus nationalen oder nationalistischen Überlegungen. So spielten insbesondere auch handfeste wirtschaftliche Sorgen (angebliche und immer wieder behauptete „Lebensunfähigkeit" der Ersten Republik) eine Rolle. „Das Reich" im Sinne der fast mythischen Verklärung etwa durch Srbik war für viele Österreicher mehr in ihrer Heimat zu Hause, der Idee nach als Erbe römisch-deutschen Kaisertums, also nicht jenseits der Grenzen, insbesondere nach der „kleindeutschen" Lösung Bismarcks von 1866 und 1871. Noch beim Frankfurter Fürstentag im Jahr 1863 bekannte Kaiser Franz Joseph I.: „Ich bin ein deutscher Fürst." Drei Jahre später, unter dem Eindruck von Königgrätz, sagte der Kardinalstaatssekretär den dramatischen Satz, daß eine Welt eingestürzt sei.

Gibt es eine „österreichische Nation"?

Aber wir wollen der Frage, ob es eine österreichische Nation gibt, nicht ausweichen. Zwei Kronzeugen seien dafür herangezogen. Im Jahr 1916 schrieb Hugo von Hofmannsthal, seit Ausbruch des Ersten Weltkrieges einer der wortgewaltigsten Verkünder einer österreichischen Mission, in seinem Essay „Österreich im Spiegel seiner Dichtung": „Der Begriff der Nation darf nicht überanstrengt werden. Wer ihn gebraucht, muß wissen, daß er keine scharfe Grenze der Anwendung hat, ‚sein ins Unendliche sich verlierender Hintergrund muß mitgedacht werden'. Dieser Dualismus des Gefühls: unsere Zugehörigkeit zu Österreich, unsere kulturelle Zugehörigkeit zum deutschen Gesamtwesen, müssen wir uns zu erhalten wissen, in der furchtbaren und kritischen kulturellen und politischen Situation, in welcher wir uns befinden. Ich sehe hierin keine Gefahr, denn das deutsche geistige Wesen, an welchem wir teilhaben, ist in seinem großen Reichtum, in seiner eigentümlich schicksalsvollen Natur auf Dualismen angelegt."

Fast dreißig Jahre später, im Jahre 1945, trägt Heimito von Doderer in seine Tagebücher (veröffentlicht unter dem Titel „Tangenten") das Folgende ein: „Österreich hat auf den ersten Blick nur diese zwei Möglichkeiten: es kann sich gegen Deutschland entscheiden oder gegen Europa. Beides ist nicht österreichisch. Wir werden es daher vorziehen, entweder ein Umsteigebahnhof für alle zu werden oder eine Drehscheibe ... Dies zugleich der sicherste Weg, jeden quantifizierenden Begriff von Nation überhaupt soweit wie möglich hinter uns zu lassen. Österreich ist seinem Wesen nach ein antiker Staat, eine Polis, in Wien als Ganzes enthalten, ein Schnittpunkt, aber keine Ausdehnung. So war es immer, auch als diese Polis sich Kronen und Länder angefügt hatte. Das Wesen der österreichischen Nationalität ist zum allerwenigsten grob-materiell."

So konnte auch ein Hermann Bahr sagen, daß es eine österreichische Kunst gibt, und zwar nicht bloß als Anhang zur deutschen, sondern „eigenwüchsig, eigenmächtig, eigentümlich und eigenherrlich aus Urväterzeiten". So ist es auch unbestritten, daß es ein eigenes österreichisches Deutsch gibt, wie es Franz Werfel charakterisiert hat, der es auf den Amtsstil der barocken Hofkanzlei zurückführt, und das mit seinen liebenswerten Eigenheiten erst in diesen Tagen wieder entdeckt und geschätzt wird, aber kaum mehr richtig gesprochen oder geschrieben werden kann. Franz Werfel war es auch, der da meinte, der wahre Öster-

155

reicher habe immer nur ein „gelernter Österreicher" sein können. Der Beweise hierfür könnten viele erbracht werden, vom großen Eugenio von Savoy bis in unsere Tage.

Ein besonderes Wort sei hier auch jenem „typisch österreichischen" Dichter, dem „revolutionären Hofrat" Franz Grillparzer, gewidmet. Er verdiente es, als dritter großer deutscher Klassiker anerkannt zu werden. Das Problem Österreich-Deutschland hat ihn immer wieder in seinem Werk beschäftigt. Wer fühlte sich nicht aktuell angerührt, wenn Grillparzer in seinem „Reisesegen" (für Iduna Laube) bemerkt: „Deutschland ist weniger, als es meint. Österreich ist mehr, als es scheint"? Und wer fühlte sich nicht in die Gegenwart versetzt, wenn eben dieser Hofrat Grillparzer ein Epigramm „Den Deutschen" widmet: „Schreitet nicht so schnell fort, nur etwas gemach! Ihr kommt euch sonst selber nicht nach"?

Keine Versuchsstation für Weltuntergänge

Und heute? „Das Problem" ist, wie gesagt, kaum mehr eines. Österreich hat das gefunden, was man mit den Modeworten „Selbstverständnis" und „Identität" nennt. Die Jahre 1938 bis 1945 haben auch in vielen enragierten vormaligen Deutschnationalen und Nationalsozialisten österreichischer Observanz österreichisches Selbstbewußtsein gestärkt oder entstehen lassen. Man schaut in Österreich nicht mehr über die Grenze, bewundernd und neidvoll zu den „Brüdern im Reich". Eher ist das Gegenteil der Fall: Der Weg Österreichs findet in der Bundesrepublik nicht nur Beachtung, sondern auch — teilweise sogar neidvolle — Bewunderung. Gerade im Jahre 1980, anläßlich der Feiern zur 25. Wiederkehr der Unterzeichnung des Staatsvertrages, wurde dies manifest. Man spricht wieder „deutsch" in Österreich und nicht mehr „Unterrichtssprache". Aber auch hier ist man nicht frei von der allgemeinen Sprachverwilderung unter anglisierendem, insbesondere amerikanischem Einfluß. Österreich ist bescheiden geworden, es will keine „Mission" im großen, universalistischen Sinne wahrnehmen. Es hat eine Funktion, die es realistisch zu erfüllen trachtet — nicht als Brücke oder als Stützpunkt für eine Ost-West-Begegnung (dazu bedarf man dieses Landes nicht mehr), aber als neutraler Kleinstaat mit solidem wirtschaftlichem Fundament und sozialem Frieden, der nicht mehr „Versuchsstation für Weltuntergänge" (Karl Kraus) ist, sondern — ohne missionarische Präpotenz — das Modell eines überschaubaren Industriestaates mit Lebensqualität sein könnte.

Heimito von Doderer kann ruhig schlafen. *Österreich hat sich weder gegen Deutschland noch gegen Europa, sondern für sich selbst — ohne „Reichs"-Illusionen — entschieden!*

Postskriptum im Jahr des Erinnerns rund um den März 1938

Der Autor bekennt, daß er sich etwas unsicher fühlen würde, jetzt, in diesem Jahr 1988, seine Feststellung aus dem Jahr 1980 zu wiederholen, sein Land „präsentiere sich mit Selbstbewußtsein und Würde". Zuviel ist in diesen letzten Monaten, vor der Wahl des Bundespräsidenten im Frühjahr 1986 und bald wieder danach, über die Alpenrepublik gezogen, an Verdächtigungen, an Auswüchsen einer zum Teil massiv-manipulierten „Trauerarbeit" und „Vergangenheitsbewältigung", die es allerdings zustandegebracht haben, daß derlei Diskussionen immer weniger auf Interesse stoßen. Schon die alten Römer hatten gewarnt: „Ne quid nimis "

Tiefenpsychologen und Politikwissenschaftler könnten reichen Themenstoff für Dissertationen und Habilitatio-

157

nen finden, was die mit beachtlicher Raffinesse inszenierte Kampagne gegen Österreich und die Österreicher betrifft, die — der Wahrheit sei die Ehre gegeben — ihre Wurzeln in Österreich selbst, ihre Verstärker aber im westlichen Ausland hat. Das Reizwort „Kurt Waldheim" möge in diesem Zusammenhang genügen, wobei gar nicht geleugnet werden soll, daß es dieser seinen und Österreichs Gegnern oft leicht machte und macht.

Auch Österreich hat also seit geraumer Zeit eine Art von „Historikerstreit". Die Nachgeborenen als selbsternanntes Tribunal — das kennt man aus dem deutschen Nachbarland. Geschichtsklitterung statt objektiv-sachlicher Historie ist nun auch uns Österreichern wohlvertraut.

Die Antwort darauf? Nicht sterile Bewältigung einer Vergangenheit, die viele Wurzeln hat (siehe diesen Beitrag), sondern vorwärts gewandte Zielsetzung, eine Vision — Österreich als Mitglied der Europäischen Gemeinschaften, bei voller Wahrung seines neutralen Status, dies als Initialzündung für eine neue Offensive in Richtung Dynamik, Mobilität und einer Synthese aus ökonomischer Kraft und Wahrung eines großen geistig-kulturellen Erbes, auch und gerade zur Stärkung der Beziehungen zu „Mitteleuropa". Nicht aber Rückfall in ein österreichisches Krähwinkel, voll von Bürokratie, alten Zöpfen und Zurückziehen auf eine angebliche Neutralitätsmission, die im Zeichen eines weltpolitischen Realignments obsolet geworden ist.

REINHOLD OBERLERCHER

Österreich, die Weltrevolution und die Wiedervereinigung

Ö sterreich mit der Weltrevolution und der Wiedervereinigung in Verbindung zu bringen, mag absonderlich
oder willkürlich erscheinen. Denn was hat Neu-Kakanien,
die „Insel der Seligen", dies neutrale, von fremden Besatzungstruppen befreite Land mit einer so ungemütlichen
Angelegenheit wie der Weltrevolution zu tun? Und was
schließlich hat Österreich mit der Wiedervereinigung der
Deutschen zu schaffen? Ist die Wiedervereinigung nicht
eine reaktionäre Marotte des Bonner Rheinbundes, eine
Angelegenheit, die nur die Leute im Altreich etwas angeht?

Diese Fragen sollen zunächst mit zwei Thesen und anschließend durch untermauernde Argumente beantwortet
werden.

1. These: Die Wiedervereinigung des deutschen Volks-
und Kulturraumes kann nur von Österreich ausgehen.
Österreichs alter Rivale, der Staat Preußen, ist nicht nur
staatsrechtlich liquidiert, sondern auch historisch gescheitert. Folglich hat Österreich die Chance, die Scharte von
Königgrätz auszuwetzen, indem es das Deutsche Reich
auf seine Weise wiederherstellt. Der Bonner Staat ist zu
einer Wiedervereinigungspolitik nicht nur unwillig, son-

dern auch unfähig; und eine Wiedervereinigungspolitik, die von der DDR ausgeht, muß im Interesse der abendländischen Freiheit wie im Interesse der Weltrevolution verhindert werden; dem um Sachsen erweiterten Rest-Preußen ist keine Einigungsinitiative zu gestatten.

2. These: Das Verhältnis Österreichs zur Weltrevolution ist ein sehr günstiges: das des Spätankömmlings. Wer eine soziale oder technische Revolution relativ spät nachvollzieht, vermeidet die Entwicklungs- und Irrtumskosten und beginnt den Gesellschafts- und Produktzyklus mit weitgehend ausgereiften Modellen. Zwar gehört er nicht zur historischen Avantgarde, aber in einem Kulturkreis wie Europa, der strategisch in schwer bedrängter Defensive agiert, hat die Nachhut die wichtigsten Kämpfe auszufechten.

Wie allgemein bekannt, verbietet Artikel 4 des österreichischen Staatsvertrages von 1955 jedwede Vereinigung Österreichs mit dem restlichen Deutschland. Sein oder Nichtsein der Zweiten Republik in Österreich ist somit eine Funktion der gesamtdeutschen Frage, Österreich hat existentielle Gemeinsamkeiten mit den anderen deutschen Territorien: Daseinsgrundlage aller deutschen Territorien ist die bedingungslose Kapitulation der Wehrmacht im Jahre 1945, die den *Waffenstillstand* erzwungen hat, der die Rahmenbedingung für alle deutschen Staaten darstellt. Keiner der seither geschlossenen Staats- oder Bündnisverträge hat diese Rahmenbedingung gesprengt.

Weil die Kapitulation der Wehrmacht eine bedingungslose war, hat sich auch der seitdem herrschende Waffenstillstand als ein bedingungsloser gestaltet: er bot den Siegermächten Gelegenheit für jede Art von *Waffenstillstandsverbrechen,* und er bietet diese Gelegenheit auch künftig.

Das erste Waffenstillstandsverbrechen war die Verhaftung der Regierung Dönitz, durch die das Reich handlungsunfähig gemacht wurde und sich die Entschlossen-

160

heit der Siegermächte zeigte, den Zustand bedingungsloser Kapitulation zu verewigen und dem Deutschen Reich den Frieden vorzuenthalten. Ein Grundkonsens abendländischer Zivilisation war damit zerstört, Prinzipien des Kriegs- und Völkerrechts verraten. Nun folgte ein Waffenstillstandsverbrechen auf das andere: die Vertreibung von ca. fünfzehn Millionen Ostdeutschen und die Vertreibungsverbrechen, die ca. drei Millionen Menschen das Leben kosteten; es folgte die Gründung der BRD, der DDR und Österreichs, um das Deutsche Reich auf Ewigkeit zu zerstückeln. Seit zweiundvierzig Jahren herrscht nun Friedlosigkeit in Mitteleuropa, weil die Siegermächte dem Besiegten von 1945 den Friedensvertrag vorenthalten. Friedensbewegungen sind daher die ersten gesamtnationalen Regungen der Deutschen.

Der Friedensschluß mit dem Deutschen Reich muß selbstverständlich, soll er ein Verständigungsfrieden und kein Eroberungsfrieden sein, die territoriale Integrität aller Beteiligten wahren. Sollten die Sieger diesen völkerrechtlichen Grundsatz auf Kosten des Besiegten zu verletzen gedenken, würden sie Adolf Hitler nachträglich in den moralischen Sieger des Zweiten Weltkrieges verwandeln —, und sein einziger Fehler wäre dann, den Krieg verloren zu haben.

Das *Wesen des Waffenstillstandes* ist die Ansammlung von neuen Waffen und von immer mehr neuen Waffen für den *nächsten Waffengang,* den die Siegermächte zwar untereinander, aber auf Kosten ihres gemeinsamen Opfers auszufechten gedenken. Falls die Siegermächte aus der Waffenstillstandszone ihre Mittelstreckenraketen abziehen, ist dies nur die Einigung, ihr eigenes Territorium im kommenden Krieg zu verschonen und das künftige Schlachtfeld auf die Waffenstillstandszone, das Reichsgebiet von 1939, zu beschränken. Selbst nach völliger Entnuklearisierung des Reichsgebietes („atomwaffenfreie Zone

161

Mitteleuropas") wird die Waffenstillstandszone nicht sicherer, sondern ein neuer Waffengang nur wahrscheinlicher werden, denn die konventionelle Überlegenheit der russischen Streitkräfte kann sich uneingeschränkt entfalten, sobald der Westen seine eurostrategische Nuklearoption aus der Hand gegeben hat. Der Krieg ist dann in der Waffenstillstandszone führbar, weil ohne Risiko atomarer Schläge für die Siegermächte.

Es ist herrschende und völlig richtige Meinung der Völkerrechtler, daß das Deutsche Reich zwar handlungsunfähig ist, aber als Völkerrechtssubjekt fortbesteht. Zum Status und zur Legitimation *aller* in der Nachkriegszeit errichteten deutschen Territorialstaaten läßt sich sagen, daß sie Installationen der *occupatio bellica* sind (vergleichbar dem ehemaligen Generalgouvernement Polen) und in die alleinige Verantwortung der jeweiligen Besatzungsmächte fallen; sie dienen der Selbstverwaltung der deutschen Bevölkerung und damit der Entlastung der Siegermächte.

Alle drei deutschen Territorien sind gegenüber dem Deutschen Reich staatsrechtlich gleichermaßen inexistent, aber sehr verschieden legitimiert.

Die Politiker aller Territorien sind zur Kollaboration mit den Siegermächten gezwungen, aber ob sie größere oder kleinere Quislinge sein müssen, liegt an der Gesellschaftsordnung der Besatzungsmacht; die mit Abstand brutalsten sind natürlich die Russen, gefolgt von den Franzosen. Daß die westlichen Besatzungsmächte gewisse Demonstrationen deutschen Einheitswillens gestattet haben (siehe Präambel zum Bonner Grundgesetz), ist kein Verdienst der Westdeutschen. Die Mitteldeutschen und besonders die in der Heimat verbliebenen Ostdeutschen tragen bis heute die Hauptlast der bedingungslosen Kapitulation.

Hegel hat einmal über die Schweiz gesagt, sie sei kein Staat, weil sie die Feuerprobe des Krieges nicht zu bestehen habe. Dasselbe gilt für die drei Nachkriegsterritorien. Der einzige Staat, den die Deutschen haben, ist das Deutsche Reich, aus dessen Existenz allein die Rede von der einheitlichen deutschen Staatsangehörigkeit ihren Sinn bezieht: *Reichsdeutsche* zu sein, das ist das staatsrechtliche Band, das Ostdeutsche mit russischem, polnischem oder tschechischem Paß, Mitteldeutsche mit DDR-Paß, Westdeutsche mit BRD-Paß und Oberdeutsche mit österreichischem oder italienischem Paß zusammenhält.

Es hat den Anschein, als sei die BRD in der Wiedervereinigungspolitik gegenüber der österreichischen Bundesrepublik privilegiert, weil die sogenannten Väter des oktroyierten Bonner Grundgesetzes für ihr Territorium die Rechts*vertretung* des Deutschen Reiches als Aufgabe bestimmt und damit der BRD eine historische Legitimation verschafft haben. Da die BRD sich heute wie ein Selbstzweck aufführt, den bloß transitorischen Charakter ihrer Selbstlegitimation vergessen machen will und *keine* Wiedervereinigungspolitik treibt, zeigt sie deutliche Symptome der inneren *Selbstzersetzung*.

Staatsziel der BRD gemäß Grundgesetz ist deren Abschaffung und Ersetzung durch eine vom ganzen deutschen Volk beschlossene Verfassung. Das Grundgesetz ist also eine programmatische Nicht-Verfassung mit Selbstauflösungsgebot, und Verfassungsrang hat nur das Wiedervereinigungsgebot als ein über das Territorium der BRD hinausgreifendes Ziel für das *ganze deutsche Volk*. Staatsziel der österreichischen Bundesrepublik dagegen ist gemäß Staatsvertrag die immerwährende Neutralität und die ebenso ewige Abtrennung von Gesamtdeutschland. Die BRD hat ein revolutionäres Staatsprogramm, die BRÖ ein konservatives; beide stehen zueinander im Verhältnis der bestimmten Negation. Schon der Begriff des deutschen Volkes im Grundgesetz von 1949, verbunden mit dem revolutionären, heute global anerkannten Prinzip der *Volkssouveränität*, gebietet den umgehenden Anschluß Österreichs an die BRD. *Aber die Geschichte geht keine geraden Wege.*

Das BRD-BRÖ-Verhältnis erinnert an die habsburgisch-hohenzollernsche Relation zur Zeit der Schlesischen Kriege. Alle Legitimation zur Wahrung der Einheit des Reiches, nebst der dazu nötigen überlegenen Hausmacht, schien in Wien zu liegen, nicht im armen Berlin. Friedrich II. war nichts weiter als ein territorialstaatlicher Reichsrebell. Trotzdem wurden seine Siege als deutsche Siege über ein internationalisiertes Habsburg empfunden. Heute erscheint Österreich gegenüber dem Rheinbund so klein und schwach wie einst Preußen gegenüber den Habsburgern, das trotzdem, aufgrund seiner überlegenen Moral und seines Willens zur Macht, das neue Reich geschaffen hat.

Österreich heute ist das neue Preußen. Und das Wien von damals ist das heutige Bonn. Österreich ist der einzig *unbesetzte Teil des Deutschen Reiches.* Dieser militärische Spatz in der Hand ist mehr wert als die Wiedervereinigungstaube auf dem Präambeldach des Bonner Grundgesetzes. Österreichs Verfassung ist durch seine präsidialdemokratischen Züge für einen politischen Befreiungsschlag des Volkswillens geeignet. Als typische Bergdeutsche haben die Österreicher sich der Umerziehung der Siegermächte zu entziehen gewußt und die Weltkulturrevolution von 1968 hat hierzulande keine nennenswerten Flurschäden angerichtet. In Österreich hat sich der deutsche Volksgeist behauptet und dadurch die Möglichkeit gewonnen, die Resultate und Konsequenzen weltweiter sozialer und technischer Revolutionen den eigenen Traditionen *anzuverwandeln.* Die ruhmreichste Zeit seiner Geschichte hat Österreich noch vor sich: Es wird ein deutsches Piemont werden.

Wollen die Deutschen ihr Reich nicht nur als völkerrechtliche Fiktion, sondern als Realität wiederhaben, müs-

164

sen sie ihre diversen Friedensbewegungen zu einer reichsdeutschen Bekenntnisbewegung konkretisieren, denn nur die Restituierung des Deutschen Reiches ermöglicht den Friedensschluß in Europa; mit keinem der deutschen Nachkriegsterritorien haben die Siegermächte Krieg geführt. Diese reichsdeutsche Bekenntnisbewegung muß die Regierungen ihrer jeweiligen Territorien mit dem Grundsatz der reichsdeutschen Loyalität konfrontieren, der da lautet: *Reichsrecht bricht Bundesrecht.* Erfüllt Österreich seine geschichtliche Aufgabe als ein deutsches Piemont, wird sich die reichsdeutsche Bekenntnisbewegung zunehmend als Österreich-Bekenntnis aller Deutschen konkretisieren. Denn Österreich, als unbesetzter Reichsteil, ist das einzige reale Reich, das die Deutschen gegenwärtig haben.

Die Wiedervereinigung Deutschlands wird ein restaurativer Vorgang werden, der sich revolutionärer Mittel bedienen muß. Er kann daher nur von einem konservativen Territorium aus betrieben werden und muß sich die revolutionären Potenzen des Bonner Rheinbundes zunutze machen. Österreich muß die Wissenschaft der kapitalistischen Weltrevolution erlernen, um die BRD funktionalisieren zu können. Zwar ist Österreich Zufluchtsstätte des deutschen Volksgeistes, aber der Weltgeist — die Theorie und Praxis der kapitalistischen Weltrevolution — wohnt in Westdeutschland. Dort wird in deutsch-gründlicher Weise der Kapitalismus auf die Spitze und damit bis in seine Selbstaufhebung getrieben.

Österreichs Verhältnis zur Weltrevolution, so lautete meine zweite These, sei das günstige eines Spätankömmlings. Die Kulturrevolution von 68 scheint hier keine nennenswerten Wirkungen gezeitigt zu haben. Jetzt, aus dem sicheren Abstand von zwanzig Jahren Zeitgeschichte, sollten auch die Österreicher das höchst merkwürdige Phänomen der 68er Weltkulturrevolution einer näheren Betrachtung würdigen, um für ihre gesamtdeutsche Aufgabe daraus Lehren zu ziehen.

Mitte der siebziger Jahre veröffentlichte Klaus Mehnert ein Buch über die Studentenbewegungen, die Ende der sechziger Jahre rund um die Welt gingen. Mehnert kam zu dem Ergebnis, die Studentenbewegung der Endsechziger sei die erste Weltrevolution der Geschichte gewesen.

Mehnerts These, die 68er hätten die erste Weltrevolution gemacht, wird bei denen, die damals, durch die spektakulären Aktionen zwischen 1967 und 1969, mobilisiert und politisiert worden sind, auf wenig Verständnis stoßen; für sie stellt sich jene Zeit als ein großer Anstoß dar, dessen Wirkung sich leider (oder gottseidank) beständig abschwächte, anstatt millenarische Konsequenzen zu zeitigen. Dagegen ist 68 für seine Initiatoren der Musterfall einer erfolgreichen Kulturrevolution, die politische und ökonomische Konsequenzen nach sich zog. Damit man auch im glücklichen Österreich die Denkungsart derer, die 68 ausgelöst haben, verstehen lernt, sind hier vielleicht einige Bemerkungen über das Wesen von Revolutionen im Allgemeinen und den historischen Ort der 68er Kulturrevolution im Besonderen angebracht.

Revolutionen sind die Zeugungsakte der Geschichte. Immer sind Revolutionen auch großes, donnerndes Theater, — aber die Polemiken, das Pathos und die Barrikaden sind bloß die allfälligen Balzrituale. Die Lust historischer Zeugung bricht in den Erstürmungen der jeweiligen Bastille hervor. Nüchterner Zweck ist, die Gesellschaft mit einem neuen Programm zu befruchten, das in einer Gesellschaftstheorie niedergelegt ist. Deshalb werden auf dem Höhepunkt unzählige Theorien ausgestoßen, die Revolution hat so viele theoretische Führer wie Teilnehmer. Aber nur eine Theorie kommt durch und erweckt den Gesellschaftskörper zu neuem Leben.

Der Stellenwert der Studentenbewegung ist nur abschätzbar, wenn man sie mit den historischen Vorbildern vergleicht, die die 68er Revolutionäre im Kopf hatten: die Französische Revolution von 1789 und die Europäische Revolution von 1848. Die Zeitenwende von 1789 markiert die erste nationale Revolution mit gesamteuropäischen Wirkungen, nämlich der Modernisierung der politischen und ideologischen Subsysteme Europas, ihre formelle Subsumtion unter die moderne Gesellschaft.

Einen Schub der reellen Subsumtion der Gesellschaft unter die kapitalistische Modernität stellt die Europäische Revolution von 1848 dar. In den Schulbüchern steht, sie sei gescheitert. Aber jene, die die Aufstände zerschlagen hatten, sahen sich genötigt, das revolutionäre Programm zu verwirklichen. Im Resultat führte 1848 zur Herstellung des kapitalistischen Weltmarktes. Die Weltrevolution von 1968 schließlich hat, dies liegt heute offen zutage, die kulturelle Herrschaft der ideologisierten Weltöffentlichkeit durchgesetzt, also auch der Meinungsbildung und überhaupt allem Bewußtsein kapitalistische Form gegeben.

Ein Kapitalisierungsschub war das Resultat jeder der drei großen Revolutionen. Die Revolutionäre von 1789, 1848 und 1968 haben gegen vorkapitalistische Strukturen gekämpft und sie teilweise beseitigt. — Ideengeschichtlich erscheinen diese Kapitalisierungsschübe als Durchsetzung der kapitalkonformen Gesellschaftstheorie. Von den geistigen Begleitkämpfen ist nach 1789 Hegels Rechtsphilosophie, nach 1848 Marxens politische Ökonomie und nach 1968 die kybernetisch formalisierte Theorie der sozialen Subsysteme übrig geblieben. (Heute sind, entgegen manchen Prognosen, nicht die Naturwissenschaften an ihrem Entwicklungsziel eines deduktiv vollendeten Systems des Wissens angelangt, sondern die Gesellschaftswissenschaften.)

Es gibt schlechterdings keinen Bereich des gesellschaftlichen Lebens in den fortgeschrittenen (d. h. kapitalistischen) Ländern, auf den das Jahr 1968 ohne Auswirkungen geblieben wäre. Es war das Vorspiel zur sozialliberalen Ära in Westdeutschland, aber auch die christliberale Wende von 1983 kann als Folge der 68er Ideologie verstanden werden. Die Ideen der Studentenbewegung waren anfangs bloß liberal, in der Endphase marxistisch. 1969 gab es z. B. in Hamburg wohl kaum einen studentischen Aktivisten, der nicht das Marxsche „Kapital" studierte. Diese Theorie praktisch zu verwirklichen, Revolution zu machen, war erklärter Wille der meisten Aktiven.

Die Verwirklichung des Marxschen „Kapitals" ist der Kapitalismus selber. Dies ist die revolutionäre Konsequenz. Die reformistische Konsequenz aus dem „Kapital" wurde unmittelbar danach in der sozialliberalen Epoche gezogen: Der revolutionäre Charakter des Kapitalismus sollte gebrochen, die sozialen Abgründe zwischen den Klassen mit staatlichen Subventionen zugeschüttet werden; lieber Inflation als Arbeitslosigkeit.

So wie die sozialliberale Ära als Reflex der ersten, liberal-reformistischen Phase der Studentenbewegung gesehen werden kann, so die christliberale Wende als Widerschein der marxistisch-revolutionären Endphase der Studentenbewegung. Die Wendepolitiker haben, das muß der Neid ihnen lassen, ihre 68er Lektion vorzüglich gelernt: Der Machtergreifung von 1983 ging unter dem Titel einer Tendenzwende des Zeitgeistes Mitte der Siebziger eine wohlinszenierte Wortergreifung voraus, und mehr als eine große Wortergreifung war auch die 68er Kulturrevolution nicht.

Der neue Konservativismus knüpfte sachlich insoweit an die von „Kapital"-Lektüre bestimmte Endphase der Studentenbewegung an, als er versuchte, weitere Bereiche menschlicher Tätigkeit marktwirtschaftlich zu regeln, also dem Kapitalismus formell und reell zu subsumieren. Gegen diese propagandistische Tendenz des Kapitals stemmte sich die SPD, die auch das stehende Arbeitslosenheer und

168

die Verelendungstendenz nicht akzeptierte. Die SPD wollte Kapitalismus, aber seinen sozialen Preis nicht zahlen. Im Vergleich zur SPD machte die CDU eine fast klassische marxistische Politik und errang den Wendesieg mit historischem Recht. Die eifrigsten Totengräber der 68er Revolution waren zugleich ihre treulichsten Testamentsvollstrecker.

Die Studentenbewegung von 1967 bis 1969 hat an den deutschen Universitäten den Übergang von der traditionalen Herrschaft zur bürokratisch-rationalen Herrschaft erzwungen, und zwar mittels charismatisch-revolutionärer Techniken. Aber die Studentenbewegung war auch die Konstituierung einer neuen Generation — eben der 68er — gegen die übermächtige 45er Generation. Im Nachhinein stellt sich dieser Generationenaspekt als ein Kampf zwischen Schuld und verlorener Unschuld dar. Haben die 45er Auschwitz ignoriert, so haben wir 68er für einen Pol Pot demonstriert. Aber gerade der unrühmlichste Aspekt von 68, sein Antifaschismus, der keinerlei Mut forderte und mit den Siegern konform ging, hat sich allgemein durchgesetzt. *Die Verbrechen, die der ahnungslose Konformismus deckt, geschehen niemals in der Vergangenheit, sondern immer in der Gegenwart.* Die Dialektik unseres Sieges hat es soweit gebracht, daß Anti-Faschismus und Anti-Antisemitismus heute in der Tat die einzigen Positionen sind, die einzunehmen in Deutschland *keinen* moralischen Mut und *keine* intellektuelle Kühnheit erfordern. Kühnheit hatte in den Sechzigern nötig, wer die Marxsche Theorie in akademische Anwendung brachte und hat heute nicht nötig, wer sie als unmodernes Thema ignoriert. Allerdings hat es einen so plötzlichen und hemmungslosen Verrat an Marx wie bei den französischen Intellektuellen in Westdeutschland nicht gegeben.

Daß es an den Universitäten so bald noch einmal einen Umsturz von unten geben wird, ist sehr unwahrscheinlich.

und deutscher Tradition entspricht auch mehr die Revolution von oben. Radikale Änderungen der Struktur stehen der bürokratisierten Massenuniversität noch ins Haus, denn sie ist weder formell noch reell dem Kapitalismus subsumiert. Erst die Privatisierung des Studiums und der Wissenschaft ermöglicht die industrielle Revolution auch auf diesen Gebieten. Da die Massen sich heute vor dieser Perspektive eher fürchten, ist von unten nichts Revolutionäres zu erwarten.

Ein privatkapitalistisch hochindustrialisierter Ausbildungs- und Wissenschaftssektor erst ermöglicht jene modernisierte, die ökologische Krise meisternde Industriegesellschaft, in der die extraktiven Industrien weitgehend durch Kreislaufprozesse ersetzt und den verarbeitenden Gewerben simulative Industrien vorgeschaltet sind. Simulative Industrien beruhen auf dem Ersatz materieller durch theoretische Produktion; aus simulierten Prozeß- und Produktlinien können die theoretisch bewährten Varianten in die materielle Realisation gezogen werden, bei ständig fortsimulierten Alternativlinien, in die gegebenenfalls eingestiegen werden kann, wenn und solange sie in der optimalen Phase ihrer Entwicklung sich bewegen. Privatisierung und Industrialisierung der öffentlichen Dienste ist aber die unverzichtbare Voraussetzung, die erst die notwendige Produktivität der gesellschaftlichen Lernprozesse schafft, die den Souverän in den Stand setzt, seine existentiellen Aufgaben anzupacken.

Soll Mitteleuropa seinen Frieden finden, muß das Deutsche Reich wiederhergestellt werden. Dazu bedarf es zwischen dem westdeutschen und dem österreichischen Territorium einer Arbeitsteilung in der gemeinsamen nationalen Frage: Westdeutschland macht die Weltrevolution, Österreich die Wiedervereinigung, unter Benutzung des westdeutschen Potentials. Ohne die Rheinprovinz hätte sich auch Preußen nicht durchsetzen können.

170

Es sind nicht die großen und wirtschaftlich starken Gebiete der Erde, von denen die politische Initiative ausgeht, sondern die kleinen, scheinbar schwachen, die mit dem starken Willen zur Macht und dem großen Hunger nach Ruhm. Das Deutsche Reich ist siebzig Jahre lang von Berlin aus regiert worden, aber 300 Jahre lang von Wien aus. Preußen und das alte Österreich waren die Nordost- und die Südostmarken Deutschlands. Ostmarken haben die deutsche Geschichte gemacht. Reiche werden nicht von ihren Mittelpunkten her regiert, sondern ihre *kämpfenden Grenzen* sind es, von denen aus sie errichtet und zusammengehalten werden.

Ich sage mich los von der dumpfen Erwartung der Zukunft, die ein stumpfer Sinn nicht erkennen will; von der kindischen Hoffnung, den Zorn des Tyrannen durch freiwillige Entwaffnung zu beschwören; durch niedrige Untertänigkeit und Schmeichelei sein Vertrauen zu gewinnen; von der falschen Resignation eines unterdrückten Geistesvermögens; von dem unvernünftigen Mißtrauen in die uns von Gott gegebenen Kräfte . . .; von der schamlosen Aufopferung aller Ehre des Staates und Volkes, aller persönlichen, aller Menschenwürde. Ich glaube und bekenne, daß ein Volk nichts höher zu achten hat als die Würde und Freiheit seines Daseins. Daß es diese mit dem letzten Blutstropfen verteidigen soll. Daß es keine heiligere Pflicht zu erfüllen hat, keinem höheren Gesetz zu gehorchen. Daß der Schandfleck einer feigen Unterwerfung nie zu verwischen ist. Daß dieser Gifttropfen in dem Blute eines Volkes in die Nachkommenschaft übergeht und die Kraft später Geschlechter lähmen und untergraben wird . . . Ich erkläre und beteuere vor Welt und Nachwelt, daß ich die falsche Klugheit, mit der sich die kleinen Geister der Gefahr entziehen wollen, für das Verderblichste halte, was Furcht und Angst einflößen konnten . . .

Carl von Clausewitz

KLAUS MOTSCHMANN

Irrwege der deutschen Nation?

Marx und Engels zu einer politischen Legende

Das politische Schicksal der deutschen Nation seit 1933 ist einer systematisch gepflegten und im Zuge der „Reeducation" nach 1945 zielstrebig verbreiteten Geschichtslegende zufolge als das zwangsläufige Ergebnis eines geradlinigen geschichtlichen „Irrweges" zu verstehen, dessen Beginn teilweise mit der Reformation, teilweise erst mit der Entstehung des preußischen Staates, spätestens aber mit der Reichseinigung Bismarcks durch „Blut und Eisen" angesetzt wird.

Der große Schweizer Theologe Karl Barth — um nur eine sehr maßgebende Stimme für viele andere zu nennen — hat in einem vielbeachteten „Wort an die Deutschen" kurz nach dem Zusammenbruch zur Erklärung der deutschen Katastrophe darauf hingewiesen, daß sich Deutschland habe „fallen" lassen, als es seine Einheit nicht auf dem „ordentlichen, ehrlichen, verheißungsvollen Wege: dem Weg des freien Bundes, der freien Stämme, der freien deutschen Menschen", erreichte, sondern durch „Blut und Eisen". So tat sich „schon damals der Abgrund auf: das neue deutsche Reich in Gestalt des nach innen herrschenden und nach außen drohenden Macht- und Militärstaates ... Warum war nur niemand zuvor auf diese einfachen, direkten, allein möglichen Gedanken, auf diese Lösung des Gordischen Knotens gekommen? Und die Einladung erging, gebieterisch genug, auch damals: Laßt euch fallen! Laßt nun fahren das Geschwätz von Gottesrecht und Menschenrecht und Volksfreiheit! Vorwärts an dem allem vorbei zu deutschnationaler Herrlichkeit." [1]

Die Popularisierung dieser Legende vollzog sich jedoch nicht nur deshalb so rasch und gründlich, weil geistige Autoritäten vom Range Karl Barths aus verschiedenen weltanschaulich-politischen Lagern ihre Urheber (zumindest ihre Paten) waren, sondern vor allem auch deshalb, weil den zünftigen Historikern der notwendige breite Resonanzboden fehlte — und bis heute noch immer fehlt —, um diese Deutung der Geschichte als ein typisches Ergebnis einer „Metábasis eis allo génos" mit den dringend erforderlichen Korrekturen zu versehen oder gar die weitere Verbreitung zu verhindern. Die inzwischen bekanntgewordenen „volkspädagogischen" Intentionen der Berliner Preußen-Ausstellung 1981 belegen ein weiteres Mal überzeugend, wie schwer es noch immer ist, Ergebnisse seriöser wissenschaftlicher Forschung in den Prozeß der politischen Meinungs- und Willensbildung einzubringen, sofern sie zur Aufhellung der Grisaille preußisch-deutscher Geschichte beitragen könnten. Deshalb kann der breiten Öffentlichkeit, vor allem der Jugend, die geschichtliche Wirklichkeit nach wie vor — in bewußtem Gegensatz zu Ranke — so dargestellt werden, „wie sie eigentlich gewesen sein sollte". Dies ist aber bekanntlich nur möglich, wenn man in Übereinstimmung mit dem Grundsatz von Morgensterns Palmström, „daß nicht sein kann, was nicht sein darf", alle Fakten ausklammert, die zu einem differenzierten Verständnis der geschichtlichen Entwicklung unserer Nation und ihrer gegenwärtigen Probleme belangvoll sind.

174

Bereits der junge Marx hat diese verhängnisvolle Neigung der deutschen Intelligenz — gerade auch der „progressiven" Intelligenz — zur Flucht in die „Vorgeschichte" und in die „historische Spekulation" scharf kritisiert, weil sie auf diese Weise „— sicher vor den Eingriffen des ‚rohen Faktums' ... ihrem spekulierenden Triebe alle Zügel schießen lassen und Hypothesen zu Tausenden erzeugen und umstoßen kann".[2]

Zu den „ausgeklammerten" Fakten in der politisch-ideologischen Auseinandersetzung zu diesem Themenkomplex gehören jedoch nicht nur die Ergebnisse der sogenannten bürgerlichen Geschichtswissenschaft, sondern auch die sehr eindeutigen Stellungnahmen von Marx und Engels zur Politik der Reichseinigung. Immerhin lautete die erste der (insgesamt siebzehn) „Forderungen der Kommunistischen Partei in Deutschland", die von Marx und Engels im Revolutionsjahr 1848 verfaßt wurden: „Ganz Deutschland wird zu einer einigen, unteilbaren Republik erklärt."

Wenigstens den „Gebildeten unter den Verächtern" des „bürgerlichen" Wissenschafts- und Geschichtsverständnisses sollte es Anlaß zu eigenem Nachdenken sein, weshalb von diesen dezidierten Äußerungen der Dioskuren des „wissenschaftlichen Sozialismus" heute so gut wie überhaupt nichts zu hören ist; dies um so mehr, als sonst kaum noch ein wissenschaftlich-gesellschaftliches Problem ohne direkten Rückgriff auf die „Klassiker" diskutiert zu werden vermag. Weshalb also ausgerechnet in diesem Falle?

Die Antwort auf diese naheliegende Frage dürfte sich aus der folgenden Darstellung von selbst ergeben. Zu ihrem Verständnis ist zunächst daran zu erinnern, daß Marx und Engels in Analogie zu ihrer Unterscheidung von „fortschrittlichen" und „reaktionären" Klassen auch „fortschrittliche" und „reaktionäre" Nationen unterschieden haben — ein Sachverhalt, der heute allerdings trotz der intensiven Beschäftigung mit dem Marxismus weithin unbekannt ist.

Eine notwendige Erinnerung: die Marxsche Unterscheidung von „fortschrittlichen" und „reaktionären" Nationen

Marx und Engels knüpften mit dieser Unterscheidung unmittelbar an Hegel an, der die dazu folgerichtige Begründung in den „Grundlinien der Philosophie des Rechts" bereits formuliert hatte:

„Dem Volke, dem solches Moment als *natürliches* Prinzip zukommt (gegenwärtige Entwicklungsstufe des Weltgeistes zu sein, d. Vf.), ist die Vollstreckung desselben in dem Fortgange des sich entwickelnden Selbstbewußtseins des Weltgeistes übertragen. Dieses Volk ist in der Weltgeschichte, für diese Epoche — und es kann in ihr nur einmal Epoche machen —, das *herrschende.*

Gegen dies sein absolutes Recht, Träger der gegenwärtigen Entwicklungsstufe des Weltgeistes zu sein, sind die Geister der anderen Völker rechtlos, und sie, wie die, deren Epoche vorbei ist, zählen nicht mehr in der Weltgeschichte" (§ 347).

Als entscheidendes Merkmal der Zuordnung zu den „fortschrittlichen" oder „reaktionären" Völkern zählte für Marx und Engels die Bereitschaft einer Nation zur Revolution oder auch die Bereitschaft zum Zusammenschluß mit anderen Nationen zur Bildung größerer Wirtschaftsräume. „Ein einziger mutiger demokratischer Revolutionsversuch" reichte schon aus, um zu den fortschrittlichen Völkern gerechnet zu werden; denn „selbst wenn er erstickt wird, löscht er im Gedächtnis der Völker ganze Jahrhunderte der Infamie und Feigheit aus, rehabilitiert auf der Stelle eine noch so tief verachtete Nation".[3]

Andererseits kann eine bislang „revolutionäre" Nation ihre führende Rolle im Prozeß des geschichtlichen Fortschritts verlieren, wenn sie sich der „Konterrevolution" ausliefert, wie Frankreich unter Louis Napoleon nach dessen Staatsstreich von 1851. Dann „genügt es nicht, zu sagen, wie die Franzosen tun, daß ihre Nation überrascht worden sei. Einer Nation und einer Frau wird die unbewachte Stunde nicht verziehen, worin der erste beste Abenteurer ihnen Gewalt antun konnte." [4]

Nach Maßgabe dieser hier nur knapp angedeuteten Unterscheidungsmerkmale rechneten Marx und Engels zu den „reaktionären" Nationen unter anderen:

Die Schweizer —

„... ein grenzenlos aufgeblasenes Volk von vorsündflutlichen Alpenhirten, vernagelten Bauern und schmutzigen Spießbürgern, - - - arm, aber rein von Sitten, dumm, aber fromm und wohlgefällig vor dem Herrn, brutal, breit von Schultern, wenig Gehirn, aber viel Wade." [5]

Die Norweger —

„... eine brutale, schmutzige, seeräuberische, altnordische Nationalität, - - - in der sich die christlich-germanische Barbarei in ihrer ursprünglichen Gestalt beinahe bis auf's Eichelfressen erhalten hat." [6]

Die Dänen —

„... ein Volk, das in der unbeschränktesten kommerziellen, industriellen, politischen und literarischen Abhängigkeit von Deutschland steht" und das eben *deshalb* immerhin als „halbwegs zivilisiert" zu beurteilen ist.[7]

Die Polen —

die „nie etwas andres in der Geschichte getan (haben), als tapfere krakeelsüchtige Dummheiten gespielt. Auch nicht ein einziger Moment ist anzugeben, wo Polen, selbst nur gegen Rußland, den Fortschritt mit Erfolg repräsentiert oder irgend etwas von historischer Bedeutung tat." [8]

Die Tschechen —
die durch ihr „konterrevolutionäres" Verhalten [9] während
der europäischen Revolutionsbewegung 1848/49 ihre bisherige reaktionäre Rolle im Laufe der Geschichte bestätigt
haben, denn „sie küßten die Rute, die sie bis aufs Blut ge-
züchtigt, sie schworen begeistert zu der Fahne (Habsburgs,
d. Vf.), unter der ihre Brüder niedergemetzelt, ihre Weiber
geschändet worden waren".[10]

Alle Balkanvölker —
die unfähig zum Aufbau einer eigenen staatlichen Ordnung
und zu ihrer Verteidigung seien. „Was wäre aus diesen zer-
splitterten kleinen Natiönchen, die eine so erbärmliche
Rolle in der Geschichte gespielt haben, was wäre aus ihnen
geworden, wenn sie nicht von Magyaren und Deutschen
zusammengehalten und gegen die Heere Solimans geführt
worden wären, wenn nicht ihre sogenannten ‚Unterdrücker'
die Schlachten entschieden hätten, die zur Verteidigung
dieser schwachen Völkerschaften geschlagen wurden!"[11]

Marx und Engels argumentierten, wie dies bereits die
wenigen zitierten Belege andeuten, vorwiegend aus der
normativen Kraft des Faktischen, wobei die wirtschaftlich-
militärische Potenz ebenso ausschlaggebend war wie die
„Bereitschaft" zur Revolution. „Eine Nation, die 20 000 -
30 000 Mann höchstens stellt", hatte demzufolge „nicht
mitzusprechen".[12]

Konsequenterweise lehnten Marx und Engels die Berücksichtigung übergeordneter völkerrechtlicher Normen
bei der Durchsetzung der Interessen einer großen, „fortschrittlichen" Nation ab. Eine den geschichtlichen Fortschritt vorantreibende Politik lasse sich nun einmal nicht
durchsetzen, ohne dabei „manch sanftes Nationenblüm-
lein gewaltsam zu zerknicken".[13] „Die ‚Gerechtigkeit', die
‚Menschlichkeit', die ‚Freiheit' usw. mögen tausendmal
dies oder jenes verlangen; ist die Sache aber unmöglich, so

geschieht sie nicht und bleibt trotz alledem ein ‚leeres Traumgebilde'." [14] Dazu ein Beispiel: Als die USA 1845/48 im Verlauf eines eindeutigen Aggressionskrieges gegen die „faulen Mexikaner" durch die Annexion Kaliforniens und Texas' ihre Südgrenze „aus geographischen, kommerziellen und strategischen Notwendigkeiten um einige hundert Meilen weiter südlich verlegten", [15] vermochten Marx und Engels die scharfen Proteste der liberalen europäischen Intelligenz gegen dieses Vorgehen *nicht* zu teilen. Sie bestritten nicht, daß die „energischen Yankees" zwar einer „auf Gerechtigkeit und Menschlichkeit gestützten Theorie einen argen Stoß" versetzt und daß sie gegen „die Gerechtigkeit und andere moralische Grundsätze hie und da" verstoßen hätten — nur, und dies ist eine alles enthüllende Feststellung, die zum Ganzen des Marxismus wieder einmal bedacht werden wollte: „Was gilt das gegen solche weltgeschichtlichen Tatsachen?" [16] In diesem Falle gegen die Tatsache einer enormen, konkret nachgewiesenen Ausweitung des amerikanischen Wirtschaftsraumes und der damit verbundenen Entwicklung der Produktivkräfte. „Störrische Nationen", wie die Mexikaner oder die Balkanvölker oder die Schweizer, die sich dieser wirtschaftlich notwendigen Entwicklung entgegenstellen, sollten eben von einer „fortschrittlichen" Nation entweder „durch Kanonenkugeln zur Raison gebracht" [17] oder aber, sofern dies nicht möglich ist, notfalls „bis auf ihren Namen vernichtet werden". [18] Marx und Engels dachten dabei vor allem an kleine nationale Minderheiten (wie die Basken in Spanien, die Bretonen in Frankreich, die Gälen in Schottland), die sie unter direkter Berufung auf Hegel als „Reste einer vom Gang der Geschichte unbarmherzig zertretenen Nation", ja als „Völkerabfälle" [19] verstanden und denen sie jedes selbständige Existenzrecht absprachen, weil sie „bis zu ihrer gänzlichen Vertilgung oder Entnationalisierung die fanatischen Träger der Konterrevolution (bleiben), wie ihre

ganze Existenz überhaupt schon ein Protest gegen eine
große geschichtliche Revolution ist ... Sie haben zunächst
die Mission, im revolutionären Weltsturm unterzugehen." [20]
Nur beiläufig soll daran erinnert werden, daß von derartigen Vorstellungen und Forderungen ein bislang wenig be-
achtetes Licht auf den vielzitierten „Humanismus" von
Marx und Engels fällt.

Germanisierung Osteuropas und des Balkans — keine „räuberische Expansionspolitik"!

Vor dem Hintergrund dieser grundsätzlichen Auffassungen über die Rolle der fortschrittlichen Nationen gegenüber
den „reaktionären" Nationen wird es verständlich, daß
sich Marx und Engels der Legende vom deutschen „Drang
nach Osten" und einer „räuberischen Eroberungspolitik"
entschieden widersetzt haben, so daß sie sich auch heute
nicht unter Berufung auf sie stützen läßt. Im Gegenteil!
Marx und Engels hoben hervor, daß die „Zivilisierung"
dieser Völker vornehmlich „friedlich" erfolgte, d. h. durch
einen ganz natürlichen wirtschaftlichen, kulturellen und
politischen Einfluß der „entwickelteren Nation auf die
unentwickelte".[21]

Aber selbst dort, wo die „Zivilisierung" durch den „eher-
nen Schritt erobernder Armeen" und durch „äußerst despo-
tische Maßnahmen" [22] gegen die Slawen vor sich ging, kann
nicht von einem „jahrhundertelangen Verbrechen" gesprochen werden, aus dem Ansprüche auf deutsche Ostgebiete abzuleiten gewesen wären. Dies hieße, „ganze Land-
striche, hauptsächlich von Deutschen bewohnt, große,
völlig deutsche Städte einem Volke (wie den Polen, d. Vf.)
überlassen, das bisher noch nicht bewiesen hatte, daß es
fähig sei, sich über einen auf bäuerlicher Leibeigenschaft

180

beruhenden Feudalzustand zu entwickeln".[23] Deshalb
war es nicht nur das Recht, sondern im Blick auf den geschichtlichen Fortschritt geradezu die Pflicht der deutschen
Nation, sich gegen jene „lächerliche, antihistorische Bewegung einer Handvoll slawischer Dilettanten der Geschichtswissenschaft" zur Wehr zu setzen, die sich „kein ge-
ringeres Ziel (gesetzt hatte) als die Unterjochung des zivilisierten Westens durch den barbarischen Osten".[24] Um dies
bereits im Ansatz zu vereiteln, sollte Deutschland „Polen
im Westen abnehmen, was man nur kann ... Jeder Zoll,
den wir an der Grenze von Memel bis Krakau nachgeben,
ruiniert diese ohnehin schon miserabel schwache Grenze
und legt die ganze Ostküste bis nach Stettin bloß".[25]

Was gegenüber dem „barbarischen" Osten galt, galt
auch gegenüber den immerhin „halbwegs zivilisierten"
Dänen. Als sich 1848 die Auseinandersetzungen mit Dänemark um Schleswig-Holstein zuspitzten, rechtfertigten
Marx und Engels wie selbstverständlich das militärische
Eingreifen Preußens und das Recht des Deutschen Bundes,
diese Gebiete einzuverleiben. Es war das „Recht der Zivilisation gegen die Barbarei, des Fortschritts gegen die Stabilität. Und selbst wenn die Verträge für Dänemark wären —
was noch sehr zweifelhaft ist —, dies Recht gilt mehr als
alle Verträge, weil es das Recht der geschichtlichen Entwicklung ist." [26]

Marx' und Engels' Anerkennung
der „Realpolitik" Bismarcks

Unter dem Aspekt des „Rechtes der geschichtlichen Entwicklung" müssen auch die positiven Urteile Marx' und
Engels' über die Bismarcksche Politik der Reichseinigung
durch „Blut und Eisen" verstanden werden.

Sie erklären sich aus der nüchternen Erkenntnis, daß
dieses „Recht" für die deutsche Nation nach dem Scheitern

der Paulskirchenversammlung 1848/49 nur noch durch eine der beiden Mächte zu verwirklichen war, welche nach marxistischer Auffassung überhaupt den Lauf der Geschichte bestimmen: durch die „organisierte Staatsgewalt, die Armee" oder durch „die unorganisierte, elementare Gewalt der Volksmassen" in einer Revolution.[27] Weil sich die „Nationalgimpel und Geldmacher"[28] der Paulskirche aber nicht zu einer wirklich revolutionären Lösung der deutschen Frage entschließen konnten, indem sie sich weigerten, die „auf den Barrikaden von Berlin und Wien eroberte Souveränität des Volkes laut und öffentlich" zu proklamieren,[29] und sich statt in „wirklicher Geschichte" in „Theorien der Geschichte" ergingen, blieb als mögliche Lösung allein die von Bismarck vollzogene militärische Lösung — „durch Blut und Eisen". Aber nicht nur das Versagen des liberalen Bürgertums drängte zu dieser Lösung, sondern auch der Widerstand des Auslandes gegen die angestrebte Einheit Deutschlands. „Seit dem Dreißigjährigen Krieg war keine einzige gemeindeutsche Angelegenheit mehr entschieden worden ohne die sehr fühlbare Einmischung des Auslands (und) ... was noch weit schlimmer, Frankreich und Rußland hatten durch wiederholten Brauch ein Recht erworben auf die Zersplitterung Deutschlands."[30]

Eine friedlich-demokratische Alternative zu Bismarcks Politik bestand für Marx und Engels jedenfalls nicht, so daß sie sich zu den „letzten" rechneten, die ihm wegen seiner Politik der Reichseinigung einen Vorwurf machten. Die vielzitierte Aussage Bismarcks, daß die großen Fragen der Zeit „nicht durch Reden und Majoritätsbeschlüsse entschieden werden, sondern durch ‚Blut und Eisen' " — eines der Standardargumente der „Vergangenheitsbewältiger" zur Erklärung des „Irrweges" der deutschen Nation —, läßt sich mit Marx und Engels bestens bestätigen, aber nicht widerlegen. Nur „der Philister verschiedener Länder" konnte über eine derartige Feststellung „tief entrüstet" sein.[31]

182

Kritik, die von einigen „Mustersüddeutschen" und „Narren" in den eigenen Reihen geübt wurde, namentlich von Wilhelm Liebknecht und August Bebel, ist ohne Umschweife als „Blödsinn" zurückgewiesen worden. Wenn es auch „eklig" sei, daß die Politik der Reichseinigung „Lehmann (Spitzname für Kaiser Wilhelm, d. Vf.), Bismarck und Co. zur augenblicklichen Gloire dient", so wäre es doch „absurd, den Anti-Bismarckismus zum alleinleitenden Prinzip" der eigenen politischen Arbeit zu erheben.[32]

Vom Walten der „List der Vernunft" in Bismarcks Politik

Nach Maßgabe ihrer Auffassungen vom gesetzmäßigen Ablauf der Geschichte waren Marx und Engels davon überzeugt, daß Bismarck — gleichsam als ein konkretes Beispiel für die Hegelsche „List der Vernunft" — „ein Stück von unserer Arbeit tut, in *seiner* Weise und ohne es zu wollen; aber er tut's doch. Er schafft uns reineren Bord als vorher".[33] Dabei dachten sie nicht nur in einer sehr vordergründigen Weise an die tatsächlich eingetretenen ökonomischen Konsequenzen dieser Politik und die damit verbundenen kräftigen Impulse für die deutsche Arbeiterbewegung. (Nach marxistischer Auffassung bedeutet Wachstum der Industrie Zunahme des Proletariats und Stärkung der Arbeiterbewegung.)

Sie dachten auch — wie immer — „nationalistisch", vor allem im Blick auf Frankreich. Der Chauvinismus, gleichgültig, ob er von Napoleon III. oder dem „liberalen Lausepack der Favres und Gambettas" vertreten wurde, hatte sich als „der einzige Kitt" erwiesen, der die sozialen Widersprüche paralysierte und damit die Erwartungen auf eine proletarische Revolution in Frankreich ganz erheblich minderte. „Solange dieser Chauvinismus nicht auf den Kopf geschlagen, und das gehörig",[34] war nicht nur Frieden zwischen einem geeinten Deutschland und Frankreich unmöglich, sondern auch eine Besinnung der französischen Arbeiterklasse auf ihre eigentliche Aufgabe: nämlich den Klassenkampf gegen die eigene Bourgeoisie voranzutreiben.

In diesem Zusammenhang übten Marx und Engels scharfe Kritik an denjenigen sozialistischen und liberalen Kreisen Frankreichs, die noch immer unter der „Herrschaft der Phrase" von der „Überlegenheit Frankreichs, von dem durch 1793 geheiligten Boden"[35] standen, den es gegen Deutschland zu verteidigen galt.

Unter Berücksichtigung der bisherigen Darstellung braucht kaum noch erwähnt zu werden, daß der Deutsch-Französische Krieg 1870/71, den Engels als Korrespondent der Londoner „Pall Mall Gazette" ausführlich kommentierte, als eine geradezu zwingende Fortsetzung der Politik der Reichseinigung mit anderen Mitteln — eben mit „Blut und Eisen" — verstanden wurde, gegen die sie keinen der heute bekannten Einwände erhoben. Mehr noch: die Stimmenthaltung Wilhelm Liebknechts und August Bebels bei der Abstimmung über die Kriegskredite im Norddeutschen Reichstag ist von ihnen zwar als „un acte de courage" akzeptiert worden, allerdings mit der bemerkenswerten Einschränkung, daß in „Wilhelms (Liebknecht, d. Vf.) Antipathie gegen Preußen" keinesfalls die Stellung des deutschen Proletariats zur Reichseinigung zusammengefaßt sei.[36] In der seriösen marxistischen Geschichtsschreibung ist diese Stimmenthaltung noch lange als eine „moralische Kundgebung" qualifiziert worden, „die den politischen Anforderungen der Lage nicht entsprach".[37]

„Anerkennung der Realitäten" — nicht nur in der Gegenwart!

Das Gewicht der Aussagen der Dioskuren des Historischen Materialismus zum Thema im allgemeinen und zur Geschichte der deutschen Nation im besonderen ist deshalb so belangvoll, weil sie außerhalb jeden Verdachtes standen und stehen, „im Interesse deutscher Nationalvorurteile" zu argumentieren.

An überzeugenden Beweisen ihres unermüdlichen Kampfes gegen „alle deutschen Nationalborniertheiten" [38] — vor und nach der Reichsgründung — fehlt es wahrlich nicht. Sie werden durch diesen Beitrag auch nicht tangiert!

Aber dieser grundsätzliche Kampf machte sie nicht blind für geschichtliche und politische Realitäten und bewahrte vor Forderungen, deren Erfüllung unter den *damaligen* Umständen nicht möglich war. Dazu gehörte, wie dargestellt, eine „friedliche" oder „demokratische" Lösung der nationalen Frage 1864 - 71; dazu gehörte, um es nur noch anzudeuten, eine „demokratische" Ausgestaltung des 1871 gegründeten Kaiserreiches. „Ein sofortiger Übergang zur parlamentarischen Regierung, mit der entscheidenden Macht im Reichstag (wie im englischen Unterhaus), war weder möglich noch selbst augenblicklich ratsam; die Diktatur Bismarcks in parlamentarischen Formen mußte ihm selbst als zunächst noch notwendig erscheinen; wir nehmen ihm keineswegs übel, daß er sie zunächst bestehen ließ, wir fragen bloß, wozu sie zu gebrauchen war." [39] In diesem Sinne hat Engels noch kurz vor seinem Tod Kritik französischer Sozialisten an der Staats- und Gesellschaftsform des Kaiserreiches abgewiesen und sich deutlich gegen eine „Befreiung der armen Untertanen in den Monarchien durch die edelmütigen französischen Republikaner" verwahrt, denn: „Eure Republik und unsere

Monarchie — das ist ein und dasselbe gegenüber dem Proletariat." [40]

In diesem Beitrag genügt die bloße Erinnerung — ohne nähere Begründungen —, daß der Marxismus seinem eigenen Anspruch nach nicht als „Theorie", sondern als „Anleitung zum Handeln" verstanden werden will, so daß die Mehrzahl der Äußerungen zur nationalen Frage nicht in scholastischer Manier zur Lösung gegenwärtiger Probleme herangezogen werden kann. Andererseits können sie nicht ausgeklammert werden, nur weil sie in deutlichem Widerspruch zu einer angeblich der „Anerkennung der Realitäten" verpflichteten Politik stehen. Zu den „Realitäten" unserer Zeit gehört nicht nur die Spaltung unserer Nation, sondern auch der Marxismus, den man nur in seiner Ganzheit oder überhaupt nicht begreifen kann. Daß die zum Verständnis der deutschen Nation belangvollen Urteile trotz einer intensiven Marxismus-Renaissance heute weithin unbekannt sind, sollte Anlaß zu ebenso intensivem Nachdenken sein — über das Wesen des Marxismus einerseits, über die Legende um unsere Nation andererseits.

Anmerkungen

1) Karl Barth: Ein Wort an die Deutschen (1945). In: Der Götze wackelt. Zeitkritische Aufsätze, Reden und Briefe. Hrsg. von Karl Kupisch. 1961, S. 91.

2) Karl Marx/Friedrich Engels: Die Deutsche Ideologie. 1846. In: Karl Marx/ Friedrich Engels: Werke. Hrsg. vom Institut für Marxismus-Leninismus beim ZK der SED, Berlin (Ost). (= MEW). Bd. 3, S. 29.

3) Karl Marx/Friedrich Engels: Der demokratische Panslawismus. Neue Rheinische Zeitung vom 15. 2. 1848. In: MEW Bd. 6, S. 281.

4) Karl Marx: Der achtzehnte Brumaire des Louis Bonaparte. In: MEW Bd. 8, S. 119 f.

5) Friedrich Engels: Die Schweizer Presse. Neue Rheinische Zeitung vom 17. 1. 1849. In: MEW Bd. 6, S. 177, und: Friedrich Engels: Der Schweizer Bürgerkrieg. Deutsche-Brüsseler-Zeitung vom 14. 11. 1847. In: MEW Bd. 4, S. 393.

6) Friedrich Engels: Der dänisch-preußische Waffenstillstand. Neue Rheinische Zeitung vom 10. 9. 1848. In: MEW Bd. 5, S. 394 und: Friedrich Engels: Der Schweizer Bürgerkrieg. In: MEW Bd. 4, S. 391.

7) Friedrich Engels: Der dänisch-preußische Waffenstillstand. Vgl. Anm. 6, ebd.

8) Friedrich Engels an Karl Marx vom 23. 5. 1851. In: MEW 27, S. 266. Die Einschätzung Polens war nicht ganz einheitlich und ist während der Revolution von 1848/49 zeitweise als „revolutionär" gewürdigt worden. Vgl. z. B. MEW, Bd. 6. S. 283.

9) Marx und Engels leiteten ihr Urteil vor allem aus dem Verlauf und den Forderungen des Slawenkongresses und der Rolle der Tschechen unter Führung Palackys auf diesem Kongreß ab.

10) Vgl. Anm. 3, ebd., S. 282.

11) Vgl. Anm. 3, ebd., S. 278.

12) Vgl. Anm. 8, ebd. Vgl. dazu auch INITIATIVE 14 (Was ist reaktionär?), bes. S. 146.

13) Vgl. Anm. 3, ebd., S. 278 f.

14) Ebd., S. 273.

15) Ebd.

16) Ebd., S. 274.

17) Friedrich Engels: Der Schweizer Bürgerkrieg. Vgl. Anm. 5 ebd., S. 391.

18) Karl Marx/Friedrich Engels: Der magyarische Kampf. Neue Rheinische Zeitung vom 13. 1. 1849. In: MEW Bd. 6, S. 176.

19) Ebd., S. 172. — Vgl. auch INITIATIVE 32 (Lob des Kleinstaates), bes. S. 11 ff.

20) Ebd., S. 168.

21) Friedrich Engels: Revolution und Konterrevolution in Deutschland. Artikelserie in der „New York Daily Tribune". 1852. In: MEW Bd. 8, S. 50.

22) Ebd.

23) Ebd., S. 51.

24) Ebd., S. 53.

25) Friedrich Engels an Karl Marx am 23. 5. 1851. Vgl. Anm. 8, ebd.

26) Vgl. Anm. 6, ebd., S. 395.

27) Friedrich Engels: Die Rolle der Gewalt in der Geschichte. In: MEW Bd. 21, S. 431.

28) Friedrich Engels: Posen. Neue Rheinische Zeitung vom 29. 4. 1849. In: MEW Bd. 6, S. 448.

29) Karl Marx: Die Frankfurter Versammlung. Neue Rheinische Zeitung vom 23. 11. 1848. In: MEW Bd. 6, S. 43, und: Friedrich Engels: Die Frankfurter Versammlung. (Sic!) Neue Rheinische Zeitung vom 1. Juni 1848. In: MEW Bd. 5, S. 14.

30) Vgl. Anm. 27, ebd., S. 411.

31) Ebd., S. 432.

32) Friedrich Engels an Karl Marx am 15. 8. 1870. In: MEW Bd. 33, S. 40.

33) Ebd.

34) Ebd.

35) Friedrich Engels an Karl Marx am 7. 9. 1870. In: MEW Bd. 33, S. 56.

36) Karl Marx an Friedrich Engels am 17. 8. 1870. In:MEW Bd. 33, S. 43.

37) Franz Mehring: Karl Marx. Geschichte seines Lebens. 1918. In: Gesammelte Schriften. Hrsg. von Thomas Höhle u. a. Berlin (Ost) 1962. S. 445.

38) Vgl. Anm. 3, ebd., S. 280.

39) Vgl. Anm. 27, ebd., S. 453.

40) Friedrich Engels an Paul Lafargue am 27. 6. 1893. In: MEW Bd. 39, S. 90.

Die bedeutende Fähigkeit zur Arbeit und zum Nachdenken ist ebenfalls einer der charakteristischen Züge der deutschen Nation ... Jean Paul, einer ihrer ausgezeichneten Schriftsteller, hat den Ausspruch getan, die Herrschaft über das Meer gehöre den Engländern, die über das Land den Franzosen, das Reich der Luft aber den Deutschen.

Germaine de Staël: De l'Allemagne

INGE MEIDINGER-GEISE

Zugehörigkeit auf Abstand

Von Geburt Deutsche, in deutscher Sprache Bücher schreibend, von Deutschen erzogen, mit Deutschen aufgewachsen, befreundet — es müßte doch die natürlichste Sache der Welt sein, die Frage „Was ist deutsch?" beantworten zu können. Aber zuviel Natürliches kann in zweierlei Versuchung führen: im Selbstverständlichen zu verkrampfen und vor lauter „Deutschgeläufigkeit" nur Fakten zu sehen oder mit kompliziertem Pathos sich vorbeimogeln zu wollen an der Schwierigkeit, Durchläufe des eigenen Daseins, das so verzahnt ist mit dem entsprechenden Dasein von Land und Leuten und Kultur, im Für und Wider zu betrachten. Wobei man selber weniger wichtig ist als die Möglichkeit, am eigenen Beispiel zu testen, was „hier und mir" deutsch ist, erscheint, faßbar bleibt ohne Gefühlsjongliererei. *Deutsche Jugend* — jawohl, das war ein Etikett und mehr, das wuchs zu einer unablegbaren Halskrause für jede eigene Regung, gerade als ich anfing zu begreifen, daß die Welt (mit der Berliner Olympiade 1936!) bunt und aufregend vielfältig in Ländern, Sprachen, Gesichtern, Liedern, Tänzen ist. Gespielte Offenheit eines sogenannten Reiches, das „Jugend" zu „Haltung" zwang und das „das Deutsche" zu einer Skala von „Müssen und Nichtdürfen" machte. Simple eigene Erfahrung: Ich trug Ohrringe — ich wurde in meiner Jungmädeluniform dafür von der „Führerin" gemaßregelt: „Ein deutsches Mädchen trägt keine Ohrringe!" Waren die Frauen meiner Familie, diese gütigen, lustigen, auch eitlen, lebensfrohen Frauen, die mir die Ohrringe geschenkt hatten, „undeutsch"? Ja, meine Großmutter sah aus wie die Jüdinnen, die plötzlich einen Stern tragen mußten! Die Welt wurde eng, wurde ein deutsches Korsett nach dem Motto: „Du bist nichts, dein Volk ist alles!" Mein Volk? Welches? Der SA-Mann, der mich vor der Preußischen Staatsbibliothek einige Jahre später anschrie, wir Studenten müßten dankbar sein, daß der „Führer" uns lernen ließe? Frau Komet, die feine alte Dame in unserem Hause, die plötzlich verschwand, nachdem sie uns schon in ihrem gepflegten Deutsch gebeten hatte, sie nicht mehr zu grüßen, da sie ja nicht zur „Volksgemeinschaft" gehörte? Wir jungen Leute in der Krypta von St. Hedwig nach dem Bombenangriff, leise diskutierend, was denn dieser Krieg mit seinen spärlicher werdenden Siegen uns, dieser „deutschen Jugend" brächte? Mein „deutschnationaler" Onkel, der meinem völlig apolitischen und pazifistischen Vater erklärte, unsere Ehre sei „durch diesen Österreicher aus Bayern" mit diesem „Krieg der Laienoffiziere vom Hinterhof" verloren? Beethovens „Neunte" und der Kloß im Hals bei Schillers Hymne und den Tonverklärungen? Die Siegesgöttin auf dem Brandenburger Tor, Walther von der Vogelweide im Seminar bei Julius Schwietering in der Universität „Unter den Linden", der Paukist bei der Wachablösung am Zeughaus — nicht preußisch nur, deutsch das alles, wie Dürer, wie Hölderlin, wie ... ein Fahnenmeer verwirrender Eindrücke des Guten, Großen, Siegreichen, an der Welt Leidenden, des Hochgeistigen und so weiter?

Eins war mir grotesk: das Horst-Wessel-Lied nach dem „Deutschlandlied"! Da war mein plötzlicher Abstand bei aller ganz natürlichen Zugehörigkeit: Mehr als nur eine Geschmacklosigkeit an Jargonpathos und unlogischer Tonalität, dieses Lied — „Die Fahne hoch" sang man in Abwärtsmelodie! Die Zugehörigkeit zur „deutschen

Jugend" beunruhigte, weil der Zwang zur Größe aller Empfindungen die Abwehr gegen diesen Zwang leise aufkommen ließ. Masse gleich deutsch — was war da das Ich? Nichts eben — aufgelöst im Volk! Ein Denkzwang.

Deutsche Frau — diese Zukunftsaufgabe war uns so fest umrissen, daß ich mir kläglich vorkam: Ich sah aus wie so ein Idealbild und verkroch mich in puren Egoismus! Das reinste undeutsche Gebaren keimte da: studierenwollen statt marschieren; musizieren, schreiben, viel lesen — statt das Einmaleins der Schulungsabende einhämmern; keine Sehnsucht nach Mutterschaft und großer Familie — vielmehr Sehnsucht nach dem eigenen Weg in Wissen und sprachlichem Wagen! Undeutsch-deutsch getarnt, Haltung und Durchgänge durch allerlei Dienste, Pflichten im Namen des Volkes, dem wie ein Bumerang nun das Nationalbewußtsein der anderen, der Kampf der anderen Völker um ihren Bestand, da das deutsche Volk nichts als das Deutsche bestehenlassen wollte, buchstäblich über die Haut, über Land und Leben kam. Auf der Universität zwischen den Zeilen im Kolleg Vermittlung von der Problematik des Wortes, der Geschichte völkischer Differenzierungen. Nach der Universität, im Elend eines zertrümmerten Staates, das Erkennen, daß „das Deutsche" viel umfassender, schwieriger, gestörter und reicher war, als je gelernt, als je faßbar in dieser Jugend, mit diesem Studium in dieser Zeit des deutschen Trommelfeuers von Erhebung und Fall im Zeichen des Hakenkreuzes. Und die Umbrüche, die neuen Komplexe. Bis ins Kleinste, gründlich „deutsch" und spießig in der Nachgewohnheit des Dritten Reiches, nun die neue Welle: So deutsch, wie ich aussah, durfte man nicht aussehen, warum half ich nicht nach, paßte mich nicht dem neuen „Image" an? Wieder der Abstand: gestern gegen braundampfendes Muttertum, gegen Mädchenträume in Uniform — heute der Abstand zu deutscher Beflissenheit in Ami-Slang und New Look, in keimender Modedemokratie mit deutschen Kniebeugen von falscher Gelenkigkeit. Was blieb da „deutsch"? Diese Welt wurde mir weit für jenes deutsche, ganz und gar nicht eingeengte Kulturleben, das zu Unterscheidungen zwischen „Trend" und Bedürfnissen des Kennenlernens aufrief! Einzelgängerische Erfahrung eines kritischen, keineswegs sicheren Deutschtums in der Arbeit auf dem Boden keineswegs sicherer Sprache, der Musik, der Kunst überhaupt. Ich habe nie versucht, mit Krampf und Beflissenheit mich „deutscher" zu machen, als ich mich fühlte — nämlich sehr bedingt. Ich lebte wach, ich liebte die Sprache, die ich sprach und deren Wurzeln in allem Wandel ich als „deutsch" erkannte, gewachsen aus vielen Schichten vieler verwandt-völkischer Bereiche; ich liebte alle musischen Gebiete unter denselben Gesichtspunkten, sie waren für mich nicht abseitige Dekoration, sondern etwas Notwendiges, in dem man atmen, arbeiten, zeitteilhabend leben konnte, leben sollte, in dem man testen konnte, wie weit „deutsch" mehr als ein Wortplakat, eine Fahne, eine politische Rede sein könnte.

Ich kann nur aus dem eigenen Weg prüfen, wie ich mit diesem ehemals polierten, dann zerfetzten, nun geflickten, vorsichtig gebrauchten Begriff „deutsch" als einem Merkmal meines Lebens und Arbeitens zurechtkomme.

Deutsche Autorin — bin ich das? Was heißt für mich „deutsch"? Angekränkelt von Erinnerungen an eine Welt, die mit „heilen" Begriffen zerstörte, die Blendwerke aufstellte, damit die lastenderen Schatten von Verbrechen auch an und mit dem Begriff „deutsch" nicht so schnell gesehen werden konnten?

Da ich meine Sprache weder leugnete noch, dem jeweiligen Tag nachhechelnd, verbog, war deshalb ich „nationalbewußt", war ich absichtlich „deutsch"? Ich habe erst in den langen Jahren der Arbeit erkannt, wie wenig befangen ich seit je war, von Hause aus und in meinem Wesen und Tun. Zugehörig einem Volk, einem Kulturraum, geprägt von beidem, muß dies nicht heißen, daß man mit beidem handelt je nach Angebot und Nachfrage, je nach günstiger Konstellation. Zugehörig blieb ich im Abstand — Parolen von gestern im Ohr, Politslogans von heute im Ohr. Deutsch ist für mich eine Gegebenheit, vielstufig wie alles Lebendige und ständiger Revision unterworfen. Das Deutsche scheint mir reicher, schwieriger zu fassen als jedes Aufbauschen und Einschränken des Begriffs. Für mich ist „deutsch" eine große Klammer, die mit vielen Widerhaken, schillernd, die Vielfalt gewachsener Kultur in einer Sprache — die mehr ist als Sprache, die „Denk-Element" ist — umfaßt. Kein Staatssiegel hat die Kraft, die dieses geistig gewachsene Element, dieser Antrieb „Sprache" aufbringt. Deutsch in solchem Sinne bedeutet letztlich trotz vieler Kerben, Trennungen, Wunden des Lebendigen in der Zeit ein Aufeinanderzu, immer wieder, zwischen den Menschen, die deutsch sprechen.

Deutsches Signum ist im weitesten Sinne, Staatliches und Musisches, Lebenspraktisches und Idealisches kennzeichnend: Die Sprache, von der her „das Nationale", die Zugehörigkeit, unleugbar ist und tiefer zu fassen als in jedem verwalteten Volkswesen mit ideologischer Bestimmung. Aus dem Wort lebt der Mensch, lebt eine Familie, eine Provinz, ein Land, ein Volk. Das Wort, die Sprache, eine „Vielfalt in Einheit" — man denke an „deutsch" in deutschen Mundarten — bleiben ein Exempel für Zugehörigkeiten und Abstand, für Gebundenheit und Freiheit in einem Ausdrucks-Denk-Lebensraum. Ich bin so frei gewesen, die deutschen Korsettstäbe vorgezeichneter Jugend, vorgezeichneten „Frauentums" mir nicht anzulegen und in vollem Wissen arbeitend mich doch eine „deutsche Autorin" zu nennen — in eben diesem vorsichtig gefaßten, umschriebenen Sinne. Ich gehöre „dem deutschen Volk" an als ein Ich, verantwortlich dem, was ich sage in der Sprache, die ich als die meine lernte, annahm, liebe und einfach als „das Deutsche" weitergeben möchte.

EDGAR TRAUGOTT

Die Nation —
das Natürliche im Staat

V om Deutschen sagt man nicht ohne Grund, daß der
Begriff der Nation bei ihm eine ganz besondere Zweideutigkeit habe. Da bedeute er das eine Mal nichts anderes
als die Zugehörigkeit zu seinem Staat als dessen Bürger,
wie das auch in den Akten und Pässen — meist als „Nationalität" — angeführt wird. Doch bedeutet es andererseits
und in anderen Zusammenhängen auch die Zugehörigkeit
zu einer Sprach-, Kultur- und historischen Gemeinschaft,
die keineswegs immer in einen Staat gefaßt ist. Nun mag
das in Europa zwar seit dem letzten Jahrhundert bei den
zwei Hauptträgern des historischen Heiligen Römischen
Reiches als eines klassischen Universalstaats bis dahin, in
Deutschland und Italien nämlich, seine besondere Emp-
findlichkeit gehabt haben. Dennoch sollten sich auch
diese beiden Nationen nicht dem Gefühl einer ganz einzig-
artigen „nationalen" Benachteiligung und Verfolgung an-
heimgeben. Es gibt auch im Westen Europas, der ja häufig
als das eigentliche Revier des Nationalstaats gilt, kein ein-
ziges Land, das alle Mitglieder seiner Sprach- und Kulturgemeinschaft in seinen Staatsrahmen einschlösse. Und
auch keines, das in seinen Grenzen ausschließlich Mitglieder dieser einen sprachlich-historischen Gruppe hätte.
Gar erst im Osten Europas, wo die Gemengelage der Sprach-
und Kulturgruppen so groß ist, daß sie ideologisch und

195

emotionell schon immer besondere Spannungen entwickelten. Sie konnten denn auch zumeist nur durch die Übermacht auswärtiger Mächte oder die inneren Hegemonien von Einzelgruppen befriedet werden.

Dieselben Deutschen jedoch, die vom quasi-perfekten Nationalstaat der Französischen Revolution auch für sich selbst die Entheiligung des absoluten Staats zugunsten der mobilen Nation übernommen hatten, strahlten mit Herder ihrerseits auch eine Art von Heiligsprechung der (wenn auch noch so kleinen) Sprachnation gegenüber der Staatsgewalt aus, die jener nur dienen sollte. Die damit verbundenen Kriege, Besetzungen, Teilungen und Volkstumskämpfe bedenkend, ist man heute allerdings grundsätzlich oft bereit, die Nationalstaaten überhaupt als überholt, widerlegt und abgetan hinzustellen. Je vollkommener diese nämlich geworden waren, um so schärfer waren ja auch ihre Rivalitäten untereinander geworden. Je unvollkommener sie aber blieben, um so schärfer und explosiver wurden dann oft die Volkstumskämpfe in ihrem Inneren.

Nur daß auch bei solchen Erfahrungen meist der logische Schluß viel rascher und leichter zustande kommt als die Instinktreaktion von Jahrhunderten, in denen stets der Gewinn der einen Seite der Verlust der anderen und der Triumph der einen die Niederlage der anderen war. Dann nämlich, wenn dieser Nationalstaat als die einzige rechte Gewähr für die Nation selbst erschien, die von der anderen zurückgesetzt oder verdrängt, wenn nicht gar aus der Welt geschafft werden sollte. Wie sehr versperrt man sich damit aber der Einsicht, die doch ein jeder vor Augen hat, daß die Zeit der miteinander kämpfenden Nationalstaaten den Nationen selbst ja am allerschlechtesten bekommen ist. Nichts anderes als die stete Betrachtung dieser Realerfolge und -erfahrungen verhütet auch, daß seine Überwindung zur bloßen, phrasenhaften Wünschbarkeit wird. So wie sich die allgemeine Gefährdung durch wechselseitiges

196

Schaden wieder etwas beruhigt, wird die übernationale Integration dann wie von selbst zum Tauziehen um „nationale" Vorteile. Es erscheint hinreichend, wenn nur genugsam verhandelt wird, weil ja bekanntlich während der Verhandlungen doch nicht geschossen werden kann. Niemand fragt allerdings, woher dann die Kraft und das Engagement für eine universale Realintegration kommen könnte. Reiche kommen nämlich sowenig wie Kinder durch bloße Gespräche zustande.

So betreibt das reale Verhalten der Mächte das Gegenteil ihres Vorhabens, wie auch alle Partner eines militärischen Konflikts vor dessen Ausbruch am meisten vom Frieden zu reden pflegen. In diesem skeptischen Sinne meinte einst wohl auch Schopenhauer, daß das politische Nationalgefühl vielfach deswegen eine so hohe Einschätzung genieße, weil es kollektiv und als „Wir" gerade das erlaube und zur höchsten Ehre erhebe, was als individueller Egoismus den größten Widerstand und die mindeste Schätzung hervorrufe. So wird denn in der allgemeinen und weitverbreiteten, wenn auch oft heuchlerischen und selbstbetrügerischen Kritik des Nationalstaats eben dieser Widerspruch zum Grund der größten Verwirrung. So wie der rücksichts- und hemmungslose individuelle Egoismus den, der ihn selber übt, auch am meisten gefährdet, weil er ihn selbst, seiner nächsten Freunde wie seiner ferneren Sympathien beraubt, so geht es eben auch mit dem politischen Nationalismus.

Das Schlimmste daran ist jedoch, daß damit die Nation selbst als allgemeinmenschlicher und charakterbildender Wesenszug in Verruf kommt. Das Menschenbild löst sich insofern auf, als zu diesem die Nation ebenso zählt wie Stand und Familie. Mein eigener Charakter ist nun einmal von meiner Herkunft, von meinem Erbgut, von meiner Erziehung und meinem Milieu, meinen zuerst und zunächst begegnenden geistigen Erfahrungen bestimmt, die alle —

bis in die Grundformen meines Denkens und Fühlens hinein — auch mit meiner Muttersprache verbunden sind. Das sind nämlich alles Dinge, die man nicht nach Belieben wollen, steigern und wechseln kann. Und das heißt, sie sind im Grunde gar keine politischen Charaktere, wie wir sie heute als Wille und Macht verstehen. Sie sind vielmehr Elemente meines eigenen Charakters, und das will heißen: meiner selbst. Gerade darüber betrügt uns ja auch die Sprache selbst mit ihrer „Nation" am wenigsten. Sie ist ihrer ganzen Herkunft nach unpolitisch und meint ursprünglich keineswegs bloß, was sie hinterdrein heute quasi international-neutral in den Dokumenten heißt, nämlich Staatszugehörigkeit als Patriotismus. Vielmehr stammt sie aus demselben Supinum *nat-* von *nasci,* geboren werden, von dem nämlich nicht nur die Geburt als *Nat-us* und die Schöpfung als *Nat-ura,* sondern auch die Herkunft als *Nat-io* gebildet ist. Ihr entspricht historisch in unserer eigenen Sprache als erstes eben diese Bedeutung als Herkunftsverband, als Landsmannschaft an den alten Universitäten, die sich nach allen möglichen anderen Dingen als unserer heutigen Bedeutung des Wortes Nation orientierten, wenn sie im alten Prag etwa Böhmen, Sachsen, Welsche und Deutsche als Gruppen unterschieden.

Dennoch ist auch dies eine eher schematische und oberflächliche Bedeutung, die keineswegs alles das deckt, was später dann das Nationalgefühl als Element unseres Selbstbewußtseins schlechthin ausmachte, und zwar um so überzeugender, je weniger es als Moment der Selbstgeltung und des eigenen Vorteils ins Treffen geführt wurde. Damit ging es denn, wie es mit anderen Begriffen auch geht, die unseren eigenen Charakter betreffen und dabei um so unglaubwürdiger werden, je stärker sie von uns selbst in Anspruch genommen werden. Wer immer von seiner eigenen Tapferkeit, seiner eigenen Ehre, seinem Ruhm, seiner Treue, seinem Genie und seinem Verdienst selbst zuviel spricht, ist eben damit sein schlechtester Anwalt. Dergleichen müssen nämlich immer die anderen sagen, wenn es Gewicht haben soll. Und dies, obwohl damit unser Innerstes angerührt wird.

Ich kann mich um dergleichen sehr wohl bemühen, ich kann mich nach Kräften verteidigen, ja ich kann auch mein Leben dafür in die Schanze schlagen. Aber ich kann es von mir allein aus doch nicht in Anspruch nehmen; kann es nicht erzwingen, ohne mit dem Versuch dazu bei diesen anderen eben das Gegenteil zu erreichen, nämlich Lächerlichkeit und Geringschätzung, wenn ich zu schwach bin; Unterwürfigkeit und Heuchelei, wenn ich stark bin. Wo diese Dinge wirklich gelten sollen, müssen sie stets in Freiheit erwiesen werden und Wirkung einer magnetischen Kraft sein, die von mir ausstrahlt; keinesfalls die mechanische Wirkung von Public managing und Verkaufstechnik.

So wird aber auch verständlich, was für mich selbst mit dieser Art von Nation nicht als bloßer Zufall meines Geburtsorts und Registereintrags, sondern als eigenes Sein für mich relevant ist. Je mehr ich mich hüten muß, das zu erpressen, woran mir liegt, um so mehr muß ich mir sagen, daß mit ihm insoferne mein Innerstes dem Äußersten ausgesetzt ist, als ich in diesem Rahmen ja nicht nur auf mich, sondern auf andere, ja zahllose Mitmenschen verwiesen bin, die mir ihre Anerkennung versagen, die mit ihren Taten und Untaten meine eigene Ehre und Stellung verletzen können. Was ich vor der Welt bin, das bin ich eben nicht nur vor mir allein, wie ein Robinson auf seiner Insel (und auch dieses nur vor Freitags Ankunft), sondern in einem dialektischen Prozeß, an dem oft unabsehbar viele andere beteiligt sind. Das kann ich allerdings nur sehr beschränkt durch bewußte, beabsichtigte und bemühte „Solidarisierung" erreichen. Ich kann es verläßlich nur durch mein eigenes Sein bewirken. Und das trifft auch auf den Staat zu, der in diesem Fall dann den zwar erhöhten, doch eben dadurch gefährdeten und oft mißbrauchten Namen des Vaterlands annimmt.

Freilich beschränkt der Begriff der Nation von sich aus das Feld der menschlichen Wandelbarkeit nicht. Diese ist zwar in der Tat sehr groß, aber doch auch so begrenzt, wie der Mensch selbst begrenzt ist. Und er muß seine Grenzen auch annehmen, wenn er sich selber bejahen, vertreten und verantworten, kurz: wenn er er selbst sein will. Daß er seine Loyalität zu einem Staatswesen wechseln kann, ohne es zu verraten und sich selbst damit zu beflecken — dafür gibt es zahlreiche Beispiele; ebenso dafür, daß sich der Staat als Gegenstand seines Nationalgefühls auflöst; auch dafür, daß er sich von dem, was sein Staat tut, empfindlich betroffen fühlt. Das alles wird nur bedenklich, wenn er dann seine Skrupel mit einer Art von Alibi-Reaktion immer nur auf die anderen Bürger bezieht, zu denen er selbst nicht gehört, weil er sich ja doch nur betrogen, gezwungen oder verführt empfindet. Aufs Ganze gesehen, ist dabei stets der Ratschlag des Evangeliums am heilsamsten, selbst nicht zu richten, um auch selbst nicht gerichtet zu werden, wobei es entscheidend bleibt, daß man den gleichen Maßstab des sittlichen Handelns für alle anlegt, weil nämlich Recht und Unrecht andernfalls augenblicklich in Freundschaft und Feindschaft und Partisanentum umschlügen. Das gilt auch für die Schutzverpflichtung des Staates gegenüber der Nation, die wir hier als Sprach- und Kulturgemeinschaft verstehen, wie gegenüber der Familie, der Gruppe, dem Stand, die er ja alle gleichmäßig und so weit zu beschützen hat, als davon nicht andere Gruppen oder er selbst gefährdet werden. Die historisch ganz eigentlich statisch-staatliche Tragefunktion dieser Gruppen in Dynastien mit ihren Familien sowie Ständestaaten mit ihren Korporationen gilt seit der vollen Heraufkunft der Massengesellschaft in unseren Tagen ja weitgehend auch für jene

Nation, die nun als der wahre Zweck und Träger des Staates abgebaut wird, als der sie seit dem letzten Jahrhundert bis in unsere Tage im Nationalstaat quasi selbstverständlich vorausgesetzt wurde. Ihre Auf- und Ablösung geht auch nicht nur mit Massenvertreibungen und Arbeitsbewegungen oder Einbürgerungen unter dem Titel wachsender Freizügigkeit als einer Art von neuem Menschenrecht einher, das über das Bürgerrecht noch hinausreicht. Das wurde freilich unter sehr verschiedenen Umständen bereits in den großen historischen Universalstaaten wie China und Rom einst mit der Verleihung des allgemeinen Bürgerrechts an alle, kürzer oder länger dort lebende Einwohner bewirkt. Damit wird dann die Frage nach dem Verhältnis zwischen Staat und Nation insoferne am radikalsten gestellt, als der Staat damit einerseits universalen, sich selber auch ohne Gruppen-Amalgame tragenden Charakter gewinnt, aber zugleich die Gefahr der Verdünnung in einer anonymen Massengesellschaft läuft, die ihn gänzlich jenes instinktiven Konsensus beraubt, der den Staat erst zum Staat macht und von einer wechselseitigen Interessen- und Versicherungsgesellschaft unterscheidet. Ebendas ist heute denn auch die Frage, die sich mit der Auflösung des Nationalstaats ebenso stellt, wie sie sich einst mit der einer tragenden Dynastie oder Ständeordnung stellte.

Zwar wird es in einem solchen Staat auch weiterhin Familien, Stände und Nationen geben, da diese dann insofern unpolitisch sind, als nur der Staat selbst eine wirkliche Polis ist, doch wird niemand so leicht die Formel seiner Entelechie finden, die sein Zustandekommen in den Bereich des Beliebig-Machbaren ziehen könnte. Auch der politische Wille wird um so schwächer und brüchiger, je mehr er sich alles selbst zutraut, was in Wahrheit ja doch der historischen Potenz und Ladung bedarf. Es ist ja wohl auch ein historischer Prozeß, der nicht im begrifflichen Widerspruch zu erschöpfen ist, sondern auch in den einzelnen

Krisen und Schüben, die je eine Generation und deren Folge nur mehrere Generationen erfahren können, als Vorspiel, Einleitung und Abschnitt eines Umschlags verstehbar wird, den Empedokles als *Aion,* die Veden als *Mahayuga* und im Nachhall auch noch Ovid in den Kreisen seiner Vier Weltalter sahen. Dann erscheint der wachsende Verfall zur einen Seite jeweils zur anderen als eine wachsende Vollendung, und diese Zweideutigkeit steigert sich dann bis zum allen sichtbaren Durchgang.

Die Deutschen, die in der Literatur das Joch der Regeln nicht ertragen können, möchten, daß ihnen in bezug auf ihr Verhalten jeder einzelne Punkt vorgeschrieben werde. Sie wissen nicht mit den Menschen umzugehen, und je weniger man ihnen Gelegenheit gibt, selbständig einen Entschluß zu fassen, um so zufriedener sind sie . . . Daher kommt es denn, daß sie die größte Gedankenkühnheit mit dem untertänigsten Charakter vereinen . . . (Die Gebildeten Deutschlands machen einander mit größter Lebhaftigkeit das Gebiet der Theorien streitig und dulden in diesem Bereich keine Fessel, ziemlich gern aber überlassen sie dafür den irdischen Machthabern die ganze Wirklichkeit des Lebens.)

Germaine de Staël: De l'Allemagne

Tina Österreich

Grenzkontrolle

Schon die dritte Stunde standen wir im Troß der wartenden Autofahrer am Grenzübergang, und laufend ertappte ich mich dabei, wie ich mir in Gedanken immer wieder die Frage stellte: Hast du auch nichts dabei, woran die Reise scheitern könnte? — Eine dumme Frage, aber sie kam immer wieder. Und immer die gleiche, in Gedanken gegebene Antwort: Nein! Was soll schon passieren, nun hör endlich auf, dir solche Gedanken zu machen, schließlich sind wir Bundesbürger, seit mehr als fünf Jahren! Also Schluß damit! Du hast die Reise selbst gewollt und immer wieder betont, daß du keine Angst hast. Wovor auch!

Wieder rückte eine Spur der Kolonne weiter vor, der Kontrolle entgegen, dieses Mal unsere Spur. Es war endlos, dieses Warten. Jetzt konnten wir bereits den Schlagbaum kurz vor uns sehen. Es geschah nicht viel hier auf der deutschen Seite, Formalitäten, ein, zwei Fragen nach dem Gepäck — mehr nicht. Auf der anderen Seite des Schlagbaumes würden diese kurzen Formalitäten ein anderes Ausmaß annehmen, das war uns bekannt.

Aber warum kam ich nicht über diese innere Fragerei hinweg? Doch Angst? Angst, wieder eine Verhaftung zu riskieren wie vor Jahren schon einmal? Wieder Verhöre, dicke Mauern, Zellen, Fragen: „Warum reisten Sie in die CSSR? Warum trafen Sie sich dort mit Ihren Freunden? Was wurde besprochen? Was haben Sie vereinbart? Was, warum, wieso, wann . . ., nun reden Sie schon, wir wissen ja doch alles, wenn Sie nicht freiwillig aussagen, überstellen wir Sie den deutschen Behörden, da werden Sie schon reden . . .!"

„Tina!"

Ich schreckte zusammen wie nach einem bösen Traum.

„Tina, was ist denn, etwa doch Angst? Komm, du weißt doch, daß uns nichts passieren kann! Wir sind doch keine DDR-Bürger mehr!"

Ich riß mich los von diesen düsteren, sich ständig im Kreis drehenden Gedanken, ich griff nach Dieters Hand, drückte sie und sagte: „Nein, ist schon gut. Du hast ja recht!"

Wir hatten uns erkundigt vor dieser Reise, eingehend. Die Informationen waren unterschiedlich. Der eine Angestellte des Ministeriums warnte eindringlich: „Lassen Sie die Finger davon! Liegt Ihnen denn so viel an der Reise? Und selbst wenn nichts passiert, was haben Sie davon, wenn Sie ständig in Angst sind und mit einem Herzinfarkt zurückkommen. Sind Sie nicht froh, das alles hinter sich zu haben?"

Natürlich war ich froh, aber was wußte er schon davon, wie es ist, Heimweh zu haben? Wie es ist, jahrelang nur mit Menschen zu reden, deren Probleme nicht die unseren waren? Die keine anderen Themen kannten als Geld, Mode, Inflationsrate, Wertanlagen und vielleicht noch das Problem, ob die an die Straße gestellten Kleidersäcke auch wirklich Bedürftigen zugute kamen oder im Reißwolf endeten . . . Denn dann würden sie ja um eine gute Tat gebracht! Und die vor allem verlernt hatten, sich zu freuen, mitzufreuen über Kleinigkeiten, ein gebrauchtes Auto zum Beispiel, oder über die gelungene Aufmöbelung eines alten Schlafzimmers. Die kein Ohr mehr hatten für die Freuden des anderen und für die Schwierigkeiten, die „ja, ja, wie interessant" sagten, wenn ich von den politischen Schwierigkeiten der DDR-Bürger erzählte, und anschließend abwesend fragten: „Waren Sie eigentlich schon in Florida? Im Juni sollten

Sie hinfahren, nicht später, dann wird es schon zu heiß, im Juni, wissen Sie . . .!" Wie viele solcher Freundschaften hatten wir begonnen und wieder enden lassen. Die Leere hinterher war mit jedem Male größer.

Und nun diese Auskunft, nach fünf Jahren! „Lassen Sie die Finger davon!" „Ach was", sagte Dieter, „er kann nicht alles wissen, die entscheidende Stelle ist doch eine ganz andere. Ruf dort an und frage!"

Nur zu gern befolgte ich diesen Rat, hoffend wie ein kleines Kind, das seinen Wunsch zuerst von der Mutter abschlägig beantwortet bekommt und nun den Vater fragt.

Sehr höflich der Beamte, sehr korrekt:

„Da bin ich nicht genügend informiert, schließlich ist die Antwort von eminenter Bedeutung! Warten Sie bitte einen Moment, ich verbinde Sie mit . . ." Wieder ein anderer Herr. „Wohin, in die CSSR? Natürlich können Sie fahren, Sie sind doch offiziell aus der DDR ausgereist? Häftlingsfreikauf? Ach so, ja, ja, also offiziell, nein, wenn Sie ein Visum bekommen, kommen Sie auch wieder heraus. Darauf können Sie sich verlassen!"

Das Visum bekamen wir. Und von nun an hatte ich eine Rechtfertigung, wenn etwa jemand sagte: „Um Himmels willen, *ihr* wollt in die CSSR fahren, *ihr*?"

Dann war meine Gegenantwort: „Wir haben ein Visum, und wir kommen auch wieder heraus!"

Wie eine magische Formel, ein Zauberkreis, der uns schützen würde: das Visum.

„Liefert die CSSR nicht an die DDR aus? Besteht da nicht ein Abkommen?" erkundigte sich ein lieber Bekannter besorgt.

Wieder Telefongespräche, neue Erkundigungen — bis wir endlich sagten: „Schluß, wir fahren!"

Fortan vermieden wir das Thema „Was wird, wenn . . ." und widmeten uns den Vorbereitungen.

Nur in den Nächten schlief ich miserabel. Diese Angst, diese tiefe Angst im Nacken, immer noch. Wurde man sie überhaupt einmal wieder los, wenn man das hilflose Ausgeliefertsein an ein totalitäres System kennengelernt hatte?

Hier an der Grenze war es wieder da, das Gefühl der Ohnmacht. Was machst du, wenn sie dich jetzt auf der anderen Seite auffordern: „Steigen Sie bitte aus, kommen Sie mit, nur ein paar Fragen ..." Was machst du — mitgehen?

Nie, das wußte ich, aber da endete auch die konkrete Vorstellungskraft. „Wir haben doch das Visum", sagte Dieter neben mir wieder, „was hast du nur!"

„Dieses Warten", entgegnete ich, „es ist die Warterei, die so zermürbt, die einem Gedanken aufzwingt. Hätten wir lieber nicht fahren sollen?"

Wir schauten uns an und wußten beide im gleichen Moment, wie unnütz diese Frage war. Nichts hatten wir mehr und länger ersehnt als dieses Wiedersehen mit den Freunden, dessen einzige Möglichkeit eben die CSSR war.

Dumm, die Frage.

„Komm, lies ein wenig, das bringt dich auf andere Gedanken!" ermunterte mich Dieter. „Ich gehe einmal nach vorn, nur ein wenig umschauen, rückst du den Wagen nach?"

Er entfernte sich, ich griff zur Illustrierten.

Wie hatte ich anfangs diese Zeitschriften verschlungen! Ein Nachholbedarf von zwanzig Jahren — er war so schnell nicht zu stillen! Ohne Kriterien, ohne Ansprüche, nur lesen, lesen dürfen! Was macht Königin sowieso; was, der Erbprinz ist noch nicht verheiratet, so, wie der aussieht? Oh, Hundefriedhöfe gibt es auch? Und das Kind der Filmschauspielerin wäre um ein Haar arg gefallen, nein, so etwas! Hollywood-Diät, Donnerwetter, interessant das alles!

Nach vier, fünf Wochen die ersten Erscheinungen des Überdrusses, des Nicht-mehr-sehen-Könnens. Immer noch Königin, immer noch Diäten, nur andere, immer noch Modeprobleme und die ständige Sorge mit den Atomkraftwerken, auf die jeden Tag ein Flugzeug stürzen konnte — die Leseleidenschaft für Derartiges legte sich.

Als nächstes: Bücher. Was hatte man schon zu lesen bekommen in der DDR! Sozialistische Literatur, die keiner mehr lesen wollte: Kranführer liebt Parteisekretärin, Kranführer ist verheiratet, gefährdet Liebschaft die sozialistische Moral der Brigade? Nein, nicht zurückdenken, endlich einmal selbst entscheiden dürfen! Simmel, Böll, Salinger, Konsalik, Danella, Knef, Rinser, Walser — lesen, informieren, verschlingen.

Und Solschenizyn, „Ein Tag im Leben des Iwan Denisowitsch". Lies das nicht, hatten die Freunde gutmeinend geraten, du kommst aus dem Zuchthaus, es regt dich nur zu sehr auf.

Ich hatte es gelesen — als eines der ersten. Solschenizyn, Untergrundliteratur der DDR, es hatte mich aufgeregt — aber nicht so sehr, wie die Freunde vermuteten. Sie fanden es entsetzlich; mir war, als erlebte ich es noch einmal mit. Abgesehen von den geographischen Besonderheiten und den damit verbundenen Zuständen, unterschied sich das, was ich hier las, nicht allzuviel von dem, was ich erlebt und gesehen hatte. Es war ein Fehler von mir, dies so deutlich zu sagen. In der Sowjetunion, nun ja, aber in Deutschland? Man dürfe die Dinge nicht dramatisieren, ich sei wohl noch verbittert von der Haft. In Deutschland — so etwas?

Hier begannen die ersten Verständigungsschwierigkeiten.

Dieter kam zurück — wie lange war er eigentlich weggewesen? Tadelnd und lächelnd zugleich wies er auf das Titelblatt der Illustrierten, das ich noch immer vor mir hatte.

„Du hast ja wirklich intensiv gelesen!"

„Könntest du jetzt lesen?" kommt meine aggressive Gegenfrage.

Dieter lacht.

„Ist ja schon klar! Nun mach dich aber nicht verrückt, bald haben wir das hier hinter uns, es geht gleich vorwärts."

Er geht noch ein Stück an den Autos entlang, nur so. Es nervt ihn auch, dieses lange Sitzen, untätig sein müssen.

Jetzt schlage ich die Illustrierte auf. Man wird doch wohl noch von diesen Gedanken wegkommen können! Wenigstens jetzt, wo sich gleich entscheiden muß, ob man uns hineinläßt in ein sozialistisches Land, für dessen Gesellschaftsordnung wir — wie aus dem Datum unserer Pässe ersichtlich — nicht viel übrighaben. Ach, diese Bedenken, sicher sind sie überflüssig. Ganz sicher, wie viele Deutsche treffen sich jährlich in der CSSR mit ihren Verwandten, ihren Freunden, wie viele, für die es keinen anderen Weg mehr gibt; die die Vergangenheit hinter sich gelassen und doch jeden Tag um sich haben. Heilt sie nie, diese innere Zerrissenheit?

„Auch Hunde müssen manchmal zum Friseur", lese ich auf der ersten Seite, die ich aufschlage. Zum Donnerwetter, warum habe ich das Ding von Zeitung eigentlich gekauft? Rückfall, Ablenkung, Selbsttäuschung? Mir wird der eigentliche Grund klar, nichts von alledem! Oder doch — ein Rückfall, aber für andere! Für die Freunde, vielleicht kriegen sie die Zeitschrift ja über die Grenze, vielleicht, oder sie können sie im Hotel lesen, nur mal so, um zu sehen, daß es auch anderes gibt als Einheitszeitungen! Ich denke an meine ersten Tage in der Freiheit, und ich weiß, wie ihnen zumute sein wird, wie sie danach lechzen, etwas zu erfahren, zu lesen, was sie sonst nicht haben. Und wenn ohne Niveau, na was denn, auch sie würden nach vier Wochen merken, daß es Besseres, Wichtigeres gibt! Aber man läßt es sie ja nicht merken. Es ist der Wunsch nach der verbotenen Frucht. Ich war wieder ich selbst, mir kritisch gegenübersitzend, mich meiner Ängstlichkeit wegen tadelnd. Was sollte das! Wozu diese Ablenkungsmanöver. Ich warf die Zeitung mit Schwung auf den hinteren Sitz, nicht darauf bedacht, sie zu verbergen, entweder würde man sie uns an der Grenze wegnehmen oder nicht — was sollte schon mehr passieren?

Was man mir nicht wegnehmen konnte, hatte ich im Kopf! Und das war im Sinne der Grenzbewacher und ihrer Vorgesetzten weit gefährlicher für die Bewohner eines Landes, das den realen Sozialismus predigte, als diese Illustrierte. Meine Erfahrungen mit der Freiheit, einem für uns vollkommen neuen Zustand, an den wir uns nur sehr langsam und manchmal auch schmerzlich gewöhnen mußten. Freiheit — nie hätte ich gedacht, geahnt, daß sie so viele Varianten haben kann. Freiheit — wie viele Gedanken habe ich schon um dieses eine Wort verbraucht, was enthält es alles! Was würden wir unseren Freunden in den drei Tagen des Wiedersehens alles erzählen? Daß sie fragen werden, ist sicher; ich habe sie auch nie eingewiegt in der Gewißheit, daß hierzulande alles nur schön, angenehm und leicht erreichbar ist. Nein, brieflich haben sie teilgenommen an allem Auf und Ab, an Schönem und weniger Schönem. Und wie oft hat die Antwort gelautet: „. . . es ist so schade, daß wir Euch nicht helfen können! Habt Ihr wenigstens ein paar gute Freunde gefunden?"

Ja, über alles würde man nun sprechen können, all diese Fragen, die in den Briefen offenblieben, in Briefen, die wöchentlich hin- und hergingen, fünf Jahre!

„Wer schreibt denn noch Briefe, man kann doch telefonieren, das ist viel bequemer!" sagte mir am Anfang unseres Hierseins eine Bekannte, als sie bemerkte, wieviel Zeit ich für meinen Briefwechsel in die DDR aufwendete.

Sie hatte recht, und ich habe es selbst erfahren. *Hier* schreibt man keine Briefe, leider. Vielleicht einige altmodische Menschen, aber wer mit der Zeit geht, telefoniert. Und verliert so nach und nach die tiefe, innige Verbindung, die ein Briefwechsel mit sich bringt, verliert die Fähigkeit, zuzuhören, da man ja einem Brief nicht reinreden kann, und die Fähigkeit, sich zu freuen. Auf den nächsten Brief. Auf die Antwort. Fünf Jahre Briefe, kontrolliert durch eine strenge Zensur, zurückbehaltene, nie angekommene dabei. Offene Fragen, ausstehende Antworten.

Ob wir neue Freunde gefunden haben — diese Frage war die am meisten gestellte, besorgteste. Und die am schwierigsten zu beantwortende. Wir würden bald über alles sprechen können.

O ja, wir hatten Freunde gefunden, Freunde verschiedener Art. Zuerst, in dem kleinen Dorf an der Küste, da war es der Freudentaumel, der uns vorgaukelte, alle wären unsere Freunde. Der Besuch gab sich die Klinke in die Hand, freundliche Worte überrieselten uns, wir freuten uns, so guten Kontakt zu bekommen. Bis wir bemerkten, wir waren Schauobjekt! Nach und nach blieben wir allein — und es war angenehmer. Die unsere Freunde blieben, waren Flüchtlinge wie wir. Sie konnten sich mit uns freuen über Kleinigkeiten, sie konnten zuhören, wenn mich die Traurigkeit überkam. Traurigkeit nach einem Telefonanruf, nach einem Brief — Traurigkeit, die nicht zu erklären war, die sie aber verstanden. So war es geblieben. Freude und Traurigkeit, das schmiedet zusammen. Doch nur wenn sie nicht vor der Tür haltmachen, wenn sie nicht von Renommiergehabe und Standesdünkel unterdrückt werden.

In der DDR stand für uns an erster Stelle die Frage: *Wer* bist du?

Hier ist es die Frage: *Was* bist du?

Diesen wesentlichen Unterschied werde ich ihnen klarmachen müssen, in drei Tagen. Und sie werden sicher fragen, wie schon so viele: „Habt ihr eigentlich bereut, daß ihr diesen Schritt gewagt habt, damals . . .?"

Und ich werde antworten, wie immer, weil es für uns keine andere Antwort gibt: „Nein, niemals!"

Nur die Begründung dieser Antwort wird schwierig und differenziert werden, kann man fünf Jahre in drei Tagen erzählen? Kann man begründen, was es heißt, frei zu sein, was es heißt, glücklich zu sein trotz mancher Abstriche?

Ich denke, ja. Wenn ich ihnen unsere Erfahrungen erzähle, werden sie mich verstehen.

Dieter klopfte an das Fenster. „Es geht los!" sagte er und unterbrach meine dreieinhalbstündigen Überlegungen.

„Bist du etwa aufgeregt?"

Ich schüttelte den Kopf. Nein, jetzt nicht mehr. Die sichtbare Grenze hatte mich lediglich wieder in eine Zeit der Abhängigkeit versetzt, in eine Zeit, die ich längst glaubte überwunden zu haben. Aber so schnell wird man wohl kein anderer Mensch.

Über die Grenze kamen wir ohne verschärfte Kontrolle, ohne irgend etwas Außergewöhnliches, wir waren nichts anderes als Urlauber, die ins schöne Prag wollten.

Die Unparteilichkeit, ein Überfluß an Gerechtigkeitssinn, der die Deutschen charakterisiert, macht sie weit geeigneter, sich für abstrakte Ideen als für die Interessen des wirklichen Lebens zu begeistern. Der General, der eine Schlacht verliert, ist ihrer Nachsicht weit sicherer, als der, der sie gewinnt, ihres lebhaften Beifalls sicher ist ...

Germaine de Staël: De l'Allemagne

MANFRED SCHLAPP

„Oben am jungen Rhein..."

Sie begann mit den Worten „Oben am deutschen Rhein".
Gedichtet hat sie ein deutscher Geistlicher; gesungen
wird sie — noch — nach der Melodie „God save the Queen
(King)". Die Rede ist von der Liechtensteinischen Landes-
hymne. Nach dem zweiten Weltkrieg wurde sie durch Land-
tagsbeschluß abgeändert. Seitdem singen die Landeskinder
„Oben am jungen Rhein". Die Textänderung tilgte historische Reminiszenzen. Um Mißverständnissen vorzubeu-
gen: Der historische Bezug ist nicht in den Annalen des
„Tausendjährigen Reiches" zu suchen. Zwar gab es auch in
Liechtenstein Sympathisanten Hitlers; doch mit ihrer Forderung „Heim ins Reich!" vermochten sie sich nicht gegen
die Mehrheit der Bevölkerung durchzusetzen. Nicht das
„Reich", das von 1933 bis 1945 währte, sondern das neunzehnte Jahrhundert klingt in der Originalfassung an: Das
Fürstentum Liechtenstein wurde 1806 dem Rheinbund
angegliedert; nach Auflösung des Rheinbundes gehörte es
bis 1866 dem Deutschen Bund an.

Geschichtsbewußte erinnert die Originalfassung daran,
daß das Fürstentum Liechtenstein der letzte Repräsentant
des zuletzt 343 Glieder umfassenden Heiligen Römischen
Reiches Deutscher Nation ist. Man mag die Geschichte
auslegen, wie man will, sie macht allemal das nämliche deutlich: Liechtenstein ist ein „urdeutsches" Gemeinwesen.

213

Was diesen Kleinstaat interessant erscheinen läßt, ist seine Überschaubarkeit; er verkörpert ein Modell, an dem sich grundsätzliche Strukturen aus unmittelbarer Anschauung eräugen lassen.

Als die Alemannen kamen ...

Nach dem Einmarsch der Römer im Jahre 15 n. Chr. wurde das gesamte oberrheinische Gebiet der Provinz Rätien zugeschlagen. In diese Provinz drangen im sechsten Jahrhundert Alemannen ein, ein Volksstamm, dessen Art und Sprache der Region bis zum heutigen Tag ihr Gepräge geben. In Jahrhunderten friedlichen Zusammenlebens verdrängten alemannische Lebensweise und Sprache allmählich die romanische und rätoromanische. Begünstigt wurde dieser Prozeß durch die Privilegien, die der Ostgotenkönig Theoderich den Alemannen als Dank für deren Hilfe im Kampf gegen die Römer eingeräumt hatte.

Den kontinuierlichen Entwicklungsprozeß förderte zudem die „Lex Romana Curiensis", ein Gesetzeswerk, in dem römisches Recht und rätisches Rechtsempfinden vereinigt sind. Diese Lex, die in der Spätantike die Rechtsgrundlage für das rätische Rheintal war, unterteilte das Alpental in Bezirke, in sogenannte „Patriae". Jede dieser „Patriae" mußte mit dem Auge überschaubar und in einem Tagesmarsch zu durchmessen sein. Von diesen Bezirken hat einzig Liechtenstein Form und Größe einer „Patria" über die Zeitläufe hinweg gerettet. Was als Patria gegründet worden war, erhielt 1719 seine staatliche Existenz, als die beiden Herrschaften Vaduz und Schellenberg vereinigt und zum reichsunmittelbaren Fürstentum Liechtenstein erhoben wurden.

Bis heute ist Liechtenstein eine Patria im antiken Sinne des Wortes geblieben, eine überschaubare Heimat, in der Menschen ihre Identität finden und bewahren können. Heimat ist für Liechtensteiner eine Selbstverständlichkeit, ein Gut, auf dem keine Hypothek lastet. Sich zu seiner Heimat zu bekennen, ist für einen Liechtensteiner ebenso selbstverständlich wie die unverkennbare Weise ihres Singens und Sagens; man singt und spricht, wie einem der Schnabel gewachsen ist.

Nationalbewußtsein ohne Hypothek . . .

Was immer „Heimat" sein und bedeuten mag, fest steht: Im Nachkriegsdeutschland war „Heimat" — ebenso wie „Nation" — ein verpönter Begriff. Er assoziierte Vorstellungen, die Erinnerungen an die „Blut-und-Boden-Ideologie" der NS-Zeit weckten. Lange Zeit wagte kein „guter Deutscher", das Wort Heimat in den Mund zu nehmen. Es drohte zum Sprachfossil zu verkommen, das einzig Unverbesserliche oder Zurückgebliebene vor dem Vergessen bewahrten. „Heimat, das ist sicher der schönste Name für Zurückgebliebenheit", hatte der Schriftsteller Martin Walser noch 1968 niedergeschrieben.

Zwölf Jahre später — mittlerweile hatte ein Umdenken eingesetzt — bekannte derselbe Autor: „Heimat ist für alle Leute etwas Wichtiges." Martin Walsers Kehrtwendung ist nicht singulär. „Heimat" wurde inzwischen zum Anliegen vieler Schriftsteller. „Heimat kann sehr fortschrittlich sein", behauptet etwa Walter Jens. Denn: „Der kleine Bereich, den wir verteidigen, steht exemplarisch für den einmal zu schaffenden großen." Dem Kernproblem nahe kommt Fitzgerald Kusz: *„Wir Deutsche haben den Fehler gemacht, daß wir uns nach dem Krieg an schlechte internationale Trends angehängt haben."*

Solcher Besinnung folgte zwar bislang keine Rebellion. Doch der Murrer werden viele; es organisiert sich eine Art stille Résistance. Man widersetzt sich gegen die Bevormundung eines diktierten Internationalismus; man wehrt sich gegen den Homogenitätsdruck, den „universalistische" Tendenzen in Ost und West ausüben; bringt Erhaltungsansprüche der eigenen Identität zur Geltung.

In Westeuropa tritt die Einheitszivilisation in Gestalt der amerikanischen Coca-Cola-One-World-Kultur auf; für ihre Verbreitung sorgen die Medien und multinationale Konzerne. In Osteuropa trägt die Einheitskultur staatliche Uniformen; sie wird von der Moskauer Zentrale gesteuert. Es ist das böse Schicksal des deutschen Volkes, von beiden „Kulturen" zerrissen zu sein und seine Identität am schmerzlichsten eingebüßt zu haben.

Das Recht auf Zwangsbeglückung, das sich die Sowjetunion in ihrem Herrschaftsbereich herausnimmt, leitet sie aus ihrem Grundsatzprogramm ab; darin heißt es: „... Mit dem Sieg des Kommunismus werden die Nationen einander noch näherkommen, wird ihre wirtschaftliche und ideologische Einheit wachsen, werden sich die ihnen gemeinsamen kommunistischen Züge ihres geistigen Gepräges entwickeln. Das Verschwinden der nationalen Unterschiede, besonders der Unterschiede in der Sprache, ist jedoch ein Prozeß, der wesentlich längere Zeit in Anspruch nimmt als das Verschwinden der Klassenunterschiede ... (Um diesen Prozeß abzukürzen,) stellt sie sich die Aufgabe, alle Erscheinungen und Überbleibsel jedes Nationalismus und Chauvinismus, die Tendenzen zur nationalen Beschränktheit und Exklusivität, zur Idealisierung der Vergangenheit ... unversöhnlich zu bekämpfen." Die Marschrichtung, wie sie das KPdSU-Programm festlegt, reicht bis zur Elbe; sie zielt auf Uniformierung der Völker, die unter ihren Machtbereich geraten sind.

In der westlich orientierten Welt breitet sich eine andere Einheitskultur aus: die äußerlich mildere, von multinationalen Konzernen verbreitete One-World-Zivilisation. Der Journalist Wilhelm Bittdorf klagt „die Radikalität und Selbstsicherheit" an, „mit der die Konzernstrategen das

Ziel ins Auge fassen, die Menschheit in eine standardisierte, entnationalisierte Weltwirtschaftsgemeinschaft und Verbrauchergemeinschaft zu verwandeln, deren Mitglieder nicht mehr primär durch unterschiedliche Nationalität, Religion und Rasse geprägt sind, sondern dadurch, daß sie die gleichen Dinge essen, trinken, anziehen, tun, fahren, im Fernsehen anschauen". Bei solcher Gleichschaltung laufen Nationalstaaten Gefahr, zu „Gesellschaften mit beschränkter Haftung" zu werden, „die sich als Territorialverwaltung in das von Multis und Großbanken übergreifend kontrollierte Weltmarktsystem eingliedern und als eine Art nachgeordnete Fürsorgeeinrichtung fungieren, die sich um sozialen Frieden, Ruhe und Ordnung bemüht". Und: „Das Gespenst in der Maschine, das Gespenst, das umgeht in den glitzernden Konzernhauptquartieren, heißt nicht Kommunismus . . . Es ist die Angst vor einer nationalistischen Rebellion, vor einer Rette-sich-wer-kann-Panik der Völker, die das globale Geflecht der Multis zerreißt."

Was in Iran Ende der siebziger Jahre mit explosiver Gewalt zum Ausbruch kam, ereignet sich in Europa, zumal im politisch zerrissenen Teil Europas, vorläufig noch in Form intellektueller Besinnung. Intellektuelle haben sich auf die Suche nach Heimat gemacht, und das heißt: auf die Suche nach Antworten auf die Frage „Wer und was sind wir noch?" Solche Besinnung hat — trotz unterschiedlicher Akzentsetzung — eine gemeinsame Wurzel: das unbehagliche Gefühl, die Identität als Deutscher eingebüßt zu haben. Als interessantes, weil bezeichnendes Epiphänomen sei die Subkultur der „Stadt-Indianer" erwähnt. Sie identifiziert sich mit den Überresten eines Volkes, dessen Identität gewaltsam zerbrochen wurde; sie versteht sich als Anwalt der „Rothäute". Bei solcher Identifikation wird eine Projektion sichtbar. Mit anderen Worten: Sind die Deutschen zu einem Stamm geworden, der das Schicksal der Indianer teilt?

Kehren wir zu jenem Stamm zurück, der „oben am jungen Rhein" siedelt. Liechtensteiner kränkt es nicht, als Angehörige eines Stammes klassifiziert zu werden. Im Gegenteil; sie fühlen sich als solche und bekennen sich dazu. Ihre Identität wurde und wird nicht in Frage gestellt. Das nationale Selbstverständnis erlitt keinen Schaden; es ist weder durch historische Hypotheken belastet noch von Einflüssen getrübt, wie sie der oben zitierte Fitzgerald Kusz beklagt. Zwar ist Liechtenstein das höchstindustrialisierte Land der Erde; doch der gesellschaftliche Wandel vom armen Agrarland zum reichen Industriestaat hat die Menschen kaum verändert.

Ein Solitär mit Ausstrahlungskraft...

Der Druck, der von außen auf ihre „Patria" wirkte, nötigte Liechtensteiner schon vor Jahrhunderten, sich gegen importierte Bevormundung zur Wehr zu setzen. Ihre Abwehr war erfolgreich. Herrschergeschlechter und Regenten wechselten; so mancher von Wien eingesetzte Landvogt nahm Reißaus oder wurde an die Grenze gestellt. Die Bauerngeschlechter, die im Land ansässig waren, überdauerten die fremden Herrscher. Sie bewahrten ihre Art in Sprache und Gebräuchen. Selbst die lange Zeit, die sie im Schatten der k. u. k. Monarchie zubrachten, vermochte die Liechtensteiner ebensowenig ihrer angestammten Art zu entfremden wie die Industrialisierung, die in unserem Jahrhundert einsetzte und den Anteil der ausländischen Bevölkerung auf 35 % emporschnellen ließ.

Als „Stamm" sind die Liechtensteiner eine deutsche Landsmannschaft alemannischer Zunge und Mentalität. In ihrer Gesamtheit bilden die deutschen Landsmannschaften einen bunten Kosmos, eine Vielfalt, in der eine gemeinsame Hochsprache Einheit stiftet. Angesichts des ethnischen Pluralismus erscheint es als fragwürdig, ein

Antlitz zu konstruieren, in dem sich *der* Deutsche widerspiegelt. Ein solcher Versuch ist ähnlich problematisch wie das Bemühen, auf die Frage „Was ist deutsch?" eine Antwort zu suchen. Der Antworten sind zu viele, denn Deutsch-Sein ist kein Zustand, sondern ein Prozeß; es ist eine vielgestaltige Erscheinung. Sie wirkt um so lebendiger, je weniger sich die einzelnen „Stämme" nivellieren lassen, je vielfältiger also der Gesamteindruck ist. Da dieser Eindruck blaß geworden ist, bleibt nur zu hoffen, daß sich ein neuer Pluralismus entfalte. Es stärkt das Selbstverständnis aller, wenn den verschiedenen Regionen ein gefestigtes Identitätsbewußtsein innewohnt.

Unter diesem Aspekt verdient das Völkchen „oben am jungen Rhein" Augenmerk. Es demonstriert en miniature, wie ein „Stamm" — den wechselvollen Zeitläufen zum Trotz — sich selber treu bleibt. In dieser Hinsicht könnte manch frustrierter Bundesdeutscher von seinem kleinen Nachbarn lernen. 1848 schrieb der liechtensteinische Historiker Peter Kaiser, der das Fürstentum bei der Deutschen Nationalversammlung in der Paulskirche vertrat, seinen Landsleuten aus Frankfurt einen Brief; in diesem Schreiben steht der Satz: „Wenn wir unseren Vortheil recht verstehen, können wir ein Völklein vorstellen, das Niemandem gefährlich ist, aber dennoch allen Achtung abnöthigt." Diese Worte sind — aus der Sicht der Thematik — aktuell geblieben.

Wir sind der primären Fragestellung ausgewichen, nicht zuletzt aus der Sorge, in den Niederungen des Klischees zu landen. Wir haben Liechtenstein ins Visier genommen, jedoch nicht mit der Absicht, um an den Einwohnern des Fürstentums „deutsches Wesen" zu studieren, sondern mit dem Vorsatz, Liechtenstein als Modell eines deutschsprachigen Gemeinwesens vorzustellen, dessen Bewohner ihre Identität bewahrt haben. Sollte dieses Modell auch anderswo Schule machen, dann bekommt die Frage „Was ist deutsch?" Sinn, einen lebendigen Sinn.

CASPAR VON SCHRENCK-NOTZING

Die deutschen Konservativen und die Nation

„Eine Nation ist ein Volk dann,
wenn es sich in schwerer Bedrängnis
nicht auseinanderreißen läßt."
Herbert Wehner

Unlängst öffnete die Hamburger Kunsthalle ihre Pforten zu einer großen Courbet-Ausstellung. Wen wundert es noch, daß die Museumsleitung sich die günstige Gelegenheit für ein volkspädagogisches Zwischenspiel nicht entgehen ließ? In einem Saal verkündete ein Plakat, daß hier „die durch den *Nationalismus* in Europa angerichteten Zerstörungen" zu besichtigen seien. So zogen denn die Ausstellungsbesucher an Asservaten wie Anton von Werners Gemälde über die Versailler Kaiserproklamation vom 18. Januar 1871 vorbei. Die Reichsgründung als kriminalhistorisches Schaustück einer (schlimmen, fragwürdigen, überwundenen, zerstörerischen, fortschrittsfeindlichen) Vergangenheit — da erhebt sich beileibe kein Protest, schon gar nicht von seiten des Leihgebers, der Fürstlich Bismarckschen Verwaltung in Friedrichsruh, die sich von ihrer Beteiligung am kunstsoziologischen Geschichtskehraus vielleicht gar eine Belebung des Absatzes ihres

221

„Fürst-Bismarck-Kornbrands" (38 Vol. %) versprach. Der deutsche Nationalstaat, der von 1871 bis 1945 ein Dreivierteljahrhundert die Mitte Europas nicht nur bildete, sondern auch zu gestalten suchte, ist heute kaum mehr als ein Objekt der Schuldzuweisung.

Er ist „nicht mehr nostalgisch erinnerte Nähe, sondern, wo nicht gespenstisch und feindlich, einfach fremd".[1] Wo die Gründung in den Kamin geschrieben wird, steht der Gründer zumindest im Zwielicht. Die Gestalt Bismarcks steht für die nachnationalstaatlichen Deutschen „auf der Grenze zwischen Heilvollem und Unheilvollem".[2] Ein kleiner Schubs von der einen Seite, und Bismarck hebt sich durch seine „grundsätzliche Mäßigung", seine „Meisterung der Balance", seinen „Realismus", seine „Friedenspolitik" als letztendlich „christlicher Staatsmann" vom „maßlosen" Wilhelminismus ab. Ein kleiner Schubs von der anderen Seite, auf der man im ganzen Kaiserreich nichts als „einen riesigen Kommentar zu Heinrich Manns ‚Untertan'"[3] sieht (so Thomas Nipperdey in Kritik an H. U. Wehler), und Bismarck ist der „Obertan", in dem sich die Wurzel von alldem finden läßt, was auf ihn folgte.

Seit geraumer Zeit klagt Bundespräsident nach Bundespräsident über „mangelndes Geschichtsbewußtsein". Wieso denn eigentlich? Geschichtsbewußtsein geht doch um. Selbst die „neue Linke" berief sich bei ihrer „angelesenen Revolution" (G. Grass) auf eine geschichtliche Ahnenreihe von Spartacus über Thomas Münzer bis zu Rosa Luxemburg, und ihre Emphase war dabei nicht geringer als die der HJ, wenn sie auf ihren Heimabenden der Ahnenreihe von Hermann dem Cherusker über Turnvater Jahn bis zu Hofprediger Stöcker gedachte. Nicht das fehlende Geschichtsbewußtsein lähmt politisch, sondern das ausgewählte, zurechtgestutzte, volkspädagogisch nutzbar gemachte Geschichtsbild, der selektive Historismus der bundesrepublikanischen Intellektuellen. In diesem werden

Ereignisse und Gestalten wie Flußsteine aneinandergelegt, die es dem Nachgeborenen erlauben sollen, trockenen Fußes den Strom der Geschichte zu überqueren, um am Ende festzustellen, wie herrlich weit wir es doch gebracht haben. Im Auswahlprinzip liegt Methode. „Exemplarische" anstelle der bisherigen „chronologischen" Geschichtsbetrachtung wurde in die Schulen eingeführt, als die Lavamassen der Verdächtigungen durch „das Ausland" nach der Kölner Synagogenschmiererei (Weihnachten 1959) auf die Bundesrepublik zurollten und, an den Politikern vorbei, auf die Schüler als Endadressaten hingelenkt werden sollten. Unvergeßlich bleibt, wie auf dem Duisburger Historikertag, auf dem dies verhandelt wurde, ein namhafter Universitätsprofessor, sicherlich ein tüchtiger Historiker, sich unterhalb des Rednerpultes an die Rampe lehnte (der Sturm auf Kanzeln und Katheder kündigte sich schon an) und seinen Zuhörern eindringlich vor Augen stellte, daß der Westen und sein Bündnis, die bisher für unsere Sicherheit gesorgt und uns unsere wissenschaftliche Arbeit ermöglicht hätten, nun von uns erstmals ein Opfer forderten, das unserer Geschichte, und dies gelte es zu bringen.

Die Geschichtsbewußtsein predigenden Bundespräsidenten haben — *ohne* Unterschied der Parteien — selbst Hand angelegt, um das Geschichtsbild gehörig zurechtzustutzen. Th. Heuss (FDP) hat eigenhändig für die Säuberung der „Großen Deutschen" (in der Propyläenausgabe) Sorge getragen. Er ersetzte die alte Reihe, die von Arminius bis Ludendorff führte, durch eine neue von Bonifatius zu Bert Brecht reichende. Gustav Heinemann (SPD) wollte die „Geschichte von oben" durch die „Geschichte von unten" ersetzen und dafür sorgen, daß die für die deutsche Geschichte so zentrale Rolle des Aufstandes der „Salpeterer" (entnommen der „Synchronoptischen Weltgeschichte" des Ehepaars Peter) nicht mehr verschwiegen würde. In seinem „Freiheitsmuseum" im Schloß zu Rastatt ließ er auf großen Tafeln jede Katzenmusik, die Handwerksburschen des Vormärz einer Frau Bürgermeister brachten, pedantisch in farbigen Symbolen auftragen und so dem Geschichtsbewußtsein einverleiben. Prof. Carstens (CDU) forderte gleich in seiner Antrittsrede mehr Unterricht in deutscher Geschichte „mit dem Ziel, zu zeigen, wie die deutsche Geschichte seit dreißig Jahren mehr und mehr in eine gemeinsame europäische Geschichte einzumünden beginnt". Und der gelernte Jurist gab gleich selber an, wie die Flußsteine zu setzen sind: In den Schulen sollen verstärkt das Grundgesetz und die Verfassungen von 1849 und 1919 behandelt werden . . .

Nichts gegen Verfassungskunde, doch können wir, einmal aufmerksam geworden, uns weder die Frage ersparen, auf welchem Wege Ulbricht und Honecker in eine gemeinsame europäische Geschichte einmünden, noch die Frage, warum Carstens die Bismarcksche Reichsverfassung von 1870/71 aus der Reihe 1849, 1919, 1949 herausfallen ließ. Erlaubt sie es etwa nicht, trockenen Fußes am heutigen Status quo anzukommen? Sie ist uns „einfach fremd", und dies aus doppeltem Grund. Die nicht sehr umfangreiche Bismarcksche Reichsverfassung war die juristische Einkleidung einer *Machtentscheidung,* der *Reichsgründung.* Anders die drei anderen Verfassungen: die von 1849 hatte ihren Ort auf dem *Papier,* die Verfassungen von 1919 und 1949 besorgten jeweils nur die *Innenausstattung* eines Staatswesens, dessen äußerer Grundriß einmal durch den *Versailler Vertrag,* einmal durch das *Besatzungsstatut* vorbestimmt und der Entscheidung der Verfassungsväter entzogen war. Nicht minder befremdet uns an 1870/71 die parteipolitische Einfärbung. Als der Norddeutsche Reichstag am 9. Dezember 1870 dem Bismarckschen Verfassungswerk zustimmte, gaben vier Parteien Neinstimmen ab: die katholische Fraktion, die Fortschrittspartei, die Sozialdemokraten, die Welfen. Genau die gleichen Parteien hatten am 31. Juli 1919 eine klare Mehrheit (unter etwas anderen Namen) und verabschiedeten gegen die übrigen die Weimarer Verfassung. Und heute? Heute teilen sie sich (unter wieder etwas anderen Namen) sämtliche Sitze des Bundestages und der Landtage (mit der „grünen" Ausnahme). Lediglich die Welfen mußten (unter dem Namen „Deutsche Partei") 1960 die Segel streichen, nachdem sie zuvor in Bundestag und Bundesregierung den konservativen und rechten Faktor vertreten hatten. Die Verfassungsparteien der Mehrheit von 1870/71 sind jedoch spurlos aus dem Parteienspektrum verschwunden . . .

Die Mutation der Konservativen

Die Konservativen, da wir nun schon einmal bei dem Parteienspektrum sind, bildeten in Deutschland niemals eine flächendeckende Partei. Sowenig es nach 1945 der Deutschen Partei gelang, aus ihrem niedersächsisch-hanseatischen Reservat auszubrechen, so wenig gelang es den beiden konservativen Parteien des Kaiserreiches (Deutsch-Konservative und Freikonservative), ihre Hochburgen im protestantischen Teil Preußens — und vor allem dessen agrarischen Provinzen — zu verlassen. Wir sind heute wieder darauf aufmerksam geworden, wie sehr im Wahlverhalten *religiöse* Momente bestimmend sind.[4] Auch durch den deutschen Konservatismus schnitten die im Westfälischen Frieden festgefrorenen religiösen Trennungslinien. Konservative Protestanten schlugen sich zu den konservativen Parteien, konservative Katholiken zum Zentrum. Und Bismarck selbst, „der Zwietracht eiserner Erwürger, des Deutschen Reiches Ehrenbürger", spaltete die Konservativen noch weiter auf. Er verdrängte nicht nur die Altkonservativen, denen H. J. Schoeps in seinem „Anderen Preußen" ein Denkmal gesetzt hat, sondern fügte der konfessionellen Spaltung noch eine dynastische hinzu, da in den annektierten Gebieten Hannover, Kurhessen, Nassau mit den Welfen und der Rechtspartei ein antibismarckischer Konservatismus entstand. Schließlich kam als dritte konservative Spaltung noch die außen- und weltpolitische hinzu, da die einen im Bismarck-Reich national „saturiert" und der Meinung waren, daß Außenpolitik als Sache der Krone sie nichts anginge,[5] während die anderen die auf die Bildung großräumiger Weltmächte tendierende technisch-wirtschaftliche Entwicklung zur Kenntnis nahmen und auch für Deutschland eine Weltmachtpolitik ins Auge faßten, da anders das Deutsche Reich hinter den Status von 1871 wieder zurücksinken würde. Diesen Standpunkt vertrat etwa Max Weber, der aus dem „Alldeutschen Verband" austrat, weil ihm dieser *zu wenig* radikal war,[6] in seiner Freiburger Antrittsvorlesung von 1895: „Wir müssen begreifen, daß die Einigung Deutschlands ein Jugendstreich war, den die Nation auf ihre alten Tage beging und seiner Kostspieligkeit halber besser unterlassen hätte, wenn sie der Abschluß und nicht der Ausgangspunkt einer deutschen Weltmachtpolitik sein sollte." Die „weltpolitischen" oder „mitteleuropäischen" Konservativen sonderten sich zwar parteipolitisch nicht so klar ab, doch soll die „Vaterlandspartei", die 1918 mit 1 1/4 Millionen Mitgliedern die Sozialdemokraten an Mitgliederzahl überflügelt hatte, nicht übersehen werden. Die konfessionelle, dynastische, weltpolitische Aufspaltung der deutschen Konservativen (bei denen sich die besseren Köpfe ohnehin vom Parteigetriebe fernhielten) hat ihr Verhältnis zur Nation erheblich belastet. Die Gleichung konservativ = national ist für Deutschland weniger gültig als für andere Länder. Die Konservative Partei Englands etwa war und ist zumindest seit Disraeli *die* nationale Partei, deren Gegner (Liberale und Labour) immer etwas im Geruch der nationalen Unzuverlässigkeit standen. „*One Nation*" war das Schlagwort, das die Konservativen als Hüter des Gesamtinteresses gegen die Vertreter der Einzelinteressen abheben sollte. Die aufgespaltenen deutschen Konservativen vermochten niemals einen solchen Anspruch zu stellen, an ihrer Aufspaltung änderte auch die Gründung der Deutschnationalen Volkspartei nach 1918 wenig. „Ja, wo bleibt denn die konservative Rechte?" soll Kurt Schumacher ausgerufen haben, als er 1949 das Ergebnis der ersten Bundestagswahlen erfuhr. Übrig waren in der Tat nur noch die als „Deutsche Partei" firmierenden Welfen, die Partei der niedersächsischen Bauern und hanseatischen Kaufleute. Honorig, heimatverbunden, traditionsbestimmt, nüchtern, aber auch ohne Gefühl für die PR-bestimmte Selbstdarstellung einer modernen Partei, bildete die Deutsche Partei in der Ära Adenauer ein oft unterschätztes Regulativ (vor allem gegenüber dem linken CDU-Flügel). Die welfische Widerspenstigkeit gegenüber dem Bismarckschen Nationalstaat mochte zwar ein geeignetes Eintrittsbillett in die Nachkriegsära sein, eine Übernahme der verwaisten nationalen Position konnte sie nicht glaubhaft machen. Diese wurde zunehmend Sache der politischen Sekten und mehr oder minder angebräunter Zirkel, die den Verfassungsschutz ins Brot setzten. Als am 1. Juli 1960 die Mehrheit der Bundestagsfraktion der DP zur CDU überwechselte, hätte man, mit Gräfin Dönhoff, den Konservatismus in Deutschland für tot erklären können, wenn nicht seine Mutationsfähigkeit gewesen wäre. Diese Mutationsfähigkeit hängt nicht nur damit zusammen, daß, wie die DDR-Forschung dem Konservatismus neuerdings attestiert, dieser „keine einmalige und unverwechselbare historisch-klassenmäßige Bindung wie Sozialismus und Liberalismus besitzt ... Seine Kontinuität als virulente politische Ideologie basiert auf der Diskontinuität seiner sozialen Basis." Vor allem ist das Phänomen der konservativen „*Achsenzeit*" heranzuziehen, auf das Armin Mohler hingewiesen hat,[7] daß nämlich an einem bestimmten Punkt der Vergangenheitsbezug des Konservatismus in einen Zukunftsbezug umspringen kann. Diese Achsenzeit war 1960 gekommen, als der letzte Rest der als Partei institutionalisierten Geschichte weggeschmolzen war und zugleich die dreiphasige Kulturrevolution („Vergangenheitsbewältigung" — moralisierende Meinungsherrschaft — Studentenrevolte) eine Antwort heischte.

Deutschland gelöscht

Am 23. Mai 1945 verhafteten die Engländer die letzte Reichsregierung und überstellten ihre Mitglieder der alliierten Kriegsverbrecherjustiz. Ein Interregnum hatte begonnen, währenddessen die oberste Gewalt einem Alliierten Kontrollrat in Berlin zugefallen war. Da der „Vorrat an Gemeinsamkeit" unter den Alliierten schnell aufgezehrt war, überwog in der Deutschlandpolitik das Gegeneinander. Auf dem Territorium des Deutschen Reiches in den Grenzen von 1937 (minus Ostgebiete und Saarland) entstanden zwei Diadochenrepubliken, die jede für sich die Nachfolge des Deutschen Reiches beanspruchten, aber nicht in der Lage waren, für diesen Anspruch die Gegenzeichnung der Besatzungsmacht auf der anderen Seite der innerdeutschen Grenze zu erhalten. Das deutsche Patt wurde Ende der sechziger Jahre aufgelöst, indem sich die beiden deutschen Staaten gegenseitig anerkannten und Deutschland als Nationalstaat gelöscht wurde (ungeachtet einiger noch bestehender Rechtspositionen).

Die Entwicklung war rasant. Erst gab es auf deutschem Boden *zwei Staaten,* dann beschloß 1967 der 7. Parteitag der SED, daß es auch *zwei Staatsvölker* gebe, das der DDR und das der BRD, dann befand der 8. Parteitag der SED im Jahre 1971, daß es auch *zwei deutsche Nationen* gäbe, die sozialistische deutsche Nation in der DDR und die alte bürgerliche Nation in der monopolkapitalistischen BRD, denn: „Die sozialistische Revolution, die zur Erneuerung aller Existenzformen der menschlichen Gesellschaft führt, erneuert auch von Grund auf die Nation. Indem das Proletariat — wie Marx und Engels im ‚Kommunistischen Manifest' begründeten — die politische Herrschaft erobert, erhebt es sich zur nationalen Klasse, konstituiert es sich selbst als Nation. Mit der Errichtung der Arbeiter- und Bauern-Macht und dem Aufbau der sozialistischen Gesellschaft entwickelt sich ein neuer Typus von Nation, die sozialistische Nation. Im Gegensatz zur BRD, wo die bürgerliche Nation fortbesteht und wo die nationale Frage durch den unversöhnlichen Klassenwiderspruch zwischen der Bourgeoisie und den werktätigen Massen bestimmt wird, der — davon sind wir überzeugt — im Verlauf des welthistorischen Prozesses des Übergangs vom Kapitalismus zum Sozialismus seine Lösung finden wird, entwickelt sich bei uns in der Deutschen Demokratischen Republik, im sozialistischen deutschen Staat, die sozialistische Nation."[8] Deutschland wurde konsequenterweise aus dem Sprachgebrauch der DDR gelöscht. Die „Nationale Front des Demokratischen Deutschland" wurde zur „Nationalen Front der DDR", der „Deutschlandsender" zur „Stimme der DDR", das Leipziger Hotel „Deutschland" zum „Interhotel Leipzig", selbst die erste Strophe der DDR-Nationalhymne mit den Worten „Laß uns dir zum Guten dienen, Deutschland, einig Vaterland" führte jetzt zu ähnlichen Eiertänzen wie die erste Strophe des Deutschlandliedes in der Bundesrepublik.[9] Die neue Verfassung von 1974 strich die „Verantwortung, der ganzen deutschen Nation den Weg in den Sozialismus zu weisen". An die Stelle der Verantwortung gegenüber der „deutschen Nation" trat nunmehr die Verantwortung gegenüber der sozialistischen Staatengemeinschaft: „Die Deutsche Demokratische Republik ist für immer und unwiderruflich mit der Union der Sozialistischen Sowjetrepubliken verbündet", und: „Die

Deutsche Demokratische Republik ist untrennbarer Bestandteil der sozialistischen Staatengemeinschaft. Sie trägt getreu den Prinzipien des sozialistischen Internationalismus zu ihrer Stärkung bei." Am 7. Oktober 1975 folgte ein Freundschaftsvertrag zwischen der DDR und der Sowjetunion, der sich das Ziel „fortschreitender sozialistischer Integration" setzte und frühestens 1999 kündbar ist. Von einer offenen „deutschen Frage" ist seither nicht mehr die Rede, da diese, wie Gromyko vor dem Obersten Sowjet erklärte, „nicht mehr den Forderungen der Zeit, nicht mehr der Lage in Europa und nicht mehr den Haupttendenzen der internationalen Entwicklung entspricht". Daß die DDR die ideologische Identität mit der Sowjetunion an die Stelle der nationalen Identität der Deutschen setzte, ist nicht nur deren Sache. Denn die nunmehr national anonyme DDR springt der national ebenfalls gesichtslosen Union der Sozialistischen Sowjetrepubliken sekundierend an die Seite, wenn diese ihren ideologisch legitimierten Führungsanspruch im national durchaus noch nicht erloschenen Völkergürtel Ost- und Südosteuropas durchsetzt.[10]

Der blinde Fleck der Tendenzwende

Die Konservativen, wir verließen sie, als sie mit ihrer achsenzeitlichen Mutation beschäftigt waren, setzten in den siebziger Jahren die erste neue Blüte an, die „Tendenzwende" getauft wurde — der Ausdruck stand im Untertitel des ersten Bandes der Herderbücherei INITIATIVE, der im September 1974 erschien.

Der psychologische Boden war aufgelockert. Die fröhliche Mentalität der „Machbarkeit" aller gesellschaftlichen Verhältnisse, die verbohrte Überzeugung, daß jeder Anspruch das Recht auf Befriedigung besitze, wurden für weite Kreise durch das harte Faktum des Energiemangels dementiert. Die „Grenzen des Wachstums" zeichneten sich nicht nur im Bericht des Club of Rome ab. Das Rechnen mit den Beständen — um Gottfried Benn zu zitieren — und damit ein Konservatismus der allerallgemeinsten Art wurden zur Parole der Stunde.[11] An die Spitze der Tendenzwende setzten sich Liberal-Konservative, die erkannten, daß die Überreizung des Freiheitsprinzips zum Verlust der Freiheit und die „Demokratisierung" zum Ende der Demokratie führen würden. Mit beiden Beinen auf dem Boden des Status quo stehend, zeigten die Liberal-Konservativen jedoch ein gestörtes Verhältnis zur Landkarte. In der Literatur der Tendenzwende, die sich, ausgehend von der Kulturrevolution, mit philosophischen und pädagogischen, wissenschaftstheoretischen und anthropologischen Fragen beschäftigt, fehlt das Eingehen auf die „deutsche Frage". Indirekt trug die Tendenzwende sogar dazu bei, daß im Zuge einer „Wertwelle",[12] die dem Staatswesen wieder die verklammernde Komponente eines Minimalkonsenses einfügen wollte, auch in der Bundesrepublik der Weg eingeschlagen wurde, den die DDR mit der „sozialistischen Nation" vorangegangen war. Auch hier trat zunehmend an die Stelle des nationalen Legitimitätsprinzips, wie es in der Präambel des Grundgesetzes niedergelegt ist, ein werthaltiges, inhaltsreicheres, ideologisches Legitimitätsprinzip, das nur dazu führen kann, daß nach einer „österreichischen Nation" und einer „sozialistischen Nation" auch eine „freiheitlich-westlich-demokratische Nation" der Bundesrepublikaner das Licht der Welt erblickt. Die Wurzeln einer ideologischen Identität der (West-) Deutschen auf der Basis eines als Wertordnung interpretierten Grundgesetzes, die an die Stelle der nationalen Identität der Deutschen rückt, reichen schon tief in die Adenauer-Ära mit ihrer Parole „Freiheit vor Einheit" hinein. Mit der von Willy Brandt in seinem ersten „Bericht zur Lage der Nation" zitierten Forderung Golo Manns, daß die Bundesrepublik sich numehr selbst anerkennen müsse, war ein weiterer Schritt getan. Der 30. Jahrestag der Bundesrepublik führte schließlich zu einer Reihe von Vorschlägen, aus der seit den Ostverträgen bestehenden Lage auch die letzte Konsequenz zu ziehen. Der Münchener Politologe Kurt Sontheimer forderte ein „bundesrepublikanisches Nationalbewußtsein", für das die Option für „westliche" Werte grundlegend sei: „Die Neubegründung der Demokratie im Westen Deutschlands war der konsequente Versuch, die so oft von der westlichen Entwicklung abweichenden geistigen und politischen Linien der deutschen Geschichte wieder entschlossen zusammenzuführen, und zwar in Richtung auf die Werte und Prinzipien, die uns mit den freien Ländern des Westens, insbesondere mit dem freien Europa und den Vereinigten Staaten, verbinden." [13] Der Heidelberger Politologe Dolf Sternberger erwärmte sich für einen bundesrepublikanischen „Verfassungspatriotismus", denn: „Wir leben nicht im ganzen Deutschland. Aber wir leben in einer ganzen Verfassung, in einem ganzen Verfassungsstaat, und das ist selber eine Art Vaterland." [14]

Der „Verfassungspatriotismus" Sternbergers und die „Wertwestlichkeit" Sontheimers wollen ein Vakuum füllen. Sie erkennen sehr wohl, daß ein Staatswesen ohne einen irgendwie definierten Minimalkonsens seiner Bürger einer auf dem Rücken liegenden Schildkröte gleicht. Sie irren jedoch, wenn sie glauben, diesen Konsens ohne weiteres dem Fundus der bundesrepublikanischen Verfassungswirklichkeit entnehmen zu können. Denn die konsequente Entnationalisierung (bei gelegentlichen Gewissenszuckungen), die das übergreifende Legitimierungsprinzip dieser Verfassungswirklichkeit bildet, läßt alles andere zu, nur keinen positiv definierbaren Konsens der Bürger. „Verfassungspatriotismus" und „Wertwestlichkeit",

232

die ebenso folgerichtig aus dem Entnationalisierungs-
prinzip entwickelt wurden wie die „formierte Gesellschaft"
Ludwig Erhards aus dem Leistungsprinzip, werden genau
so wenig wie in den 60er Jahren Altmanns Kopfgeburt die
Schildkröte auf die Beine stellen können. Bleiben also die
Gewissenszuckungen. Schon in der Inkubationszeit der
Ostverträge erklärte Willy Brandt, daß nunmehr der Nation
an der Stelle des (vertraglich gebundenen — pacta sunt ser-
vanda) Staates die Aufgabe der Erhaltung der Gemeinsamkeit der Deutschen zufiele.[15] Die Nation, da ist sie wieder! Aber wer repräsentiert sie jetzt? Sicher nicht die drei
Parteien, die in der Bundesrepublik sonst alles repräsentieren. Und damit sind wir wieder bei den Konservativen. Die
Geschichte des Nachkriegskonservatismus ist deshalb so
schwer zu schreiben, weil sie sich weniger auf das bezieht,
was geschehen ist, als auf das, was nicht geschehen konnte.
Und hier versagt die deskriptive Methode. Der Nachkriegskonservatismus ist politisch gesehen die Summe der Bemühungen, die sich nicht realisiert haben. Derlei zählt
nichts, wo wie in der Wirtschaft nur mit meßbaren Umsät-
zen und Erträgen operiert werden kann. Doch schützt nicht
gerade das Ausgesperrtsein vor der Versuchung, sich selbst
mit Leib und Seele auf den Altären des Status quo als Opfer-
gabe an den Gott des Erfolges darzubringen? So ist der
Konservatismus, der nach 1945 nicht rechtzeitig den Anschluß gefunden hat, unter den großen geistig-politischen
Strömungen zur Reservearmee geworden, die als einzige
angesichts des Zerbrechens der Zwangsordnung von Te-
heran, Jalta und Potsdam frische Kräfte ins Treffen führen
kann. Der deutsche Beruf der Konservativen ist, wie wir
anläßlich der konservativen Spaltungen gegenüber der nationalen Frage sahen, weniger durch Tradition und Parteigeschichte begründet als dadurch, daß es die Konservativen sind, die als die Aschenbrödel der Nachkriegsge-
schichte, als am Mit- und Spätsiegertum Unbeteiligte sich

weniger als die anderen auf das absurde Unterfangen der Löschung der Nation eingelassen haben.

Anmerkungen

1) Thomas Nipperdey in: Historische Zeitschrift, Bd. 227 (1978), S. 87.
2) Friedrich Meinecke: Die deutsche Katastrophe. [4]1949, S. 26.
3) Historische Zeitschrift, a. a. O., S. 105.
4) Gerhard Schmidtchen: Protestanten und Katholiken. 1973.
5) Otto Graf zu Stolberg-Wernigerode: Die unentschiedene Generation. 1968, S. 213.
6) Robert Hepp: Max Weber. In: Caspar von Schrenck-Notzing (Hrsg.): Konservative Köpfe. 1978.
7) Armin Mohler: Deutscher Konservatismus seit 1945. In: Gerd-Klaus Kaltenbrunner (Hrsg.): Die Herausforderung der Konservativen (Herderbücherei INITIATIVE 3). 1974, S. 35.
8) Bericht des Zentralkomitees an den VIII. Parteitag der SED. 1971, S. 31.
9) Klaus Motschmann: Sozialismus und Nation. 1979, S. 254.
10) Günther Deschner: Deutschland gelöscht ... In: Criticon Nr. 34 (1976), S. 51.
11) Caspar von Schrenck-Notzing, Tendenzwende — nur eine Fata Morgana? In: Criticon Nr. 56, S. 265.
12) Zur Klarstellung: Heinr. Bas. Streithofen: Macht und Moral. 1979.
13) Deutsche Zeitung vom April 1979.
14) Frankfurter Allgemeine Zeitung, 23. 5. 1979.
15) Ulrich Scheuner: Vom Selbstverständnis der Bundesrepublik. In: Politische Systeme in Deutschland. 1980.

Die Deutschen sind mit wenigen Ausnahmen nicht fähig, in Angelegenheiten, die Biegsamkeit und Gewandtheit erfordern, mit Erfolg aufzutreten. Alles beunruhigt sie, alles setzt sie in Verlegenheit: sie bedürfen ebensosehr der Methode beim Handeln als der Unabhängigkeit beim Denken. Die Franzosen dagegen betrachten die Handlungen mit der Freiheit des Künstlers und die Gedanken mit der Unfreiheit des Gesellschaftsmenschen.

Germaine de Staël: De l'Allemagne

BERNARD WILLMS

Was deutsch ist, das ist Geschichte und was Geschichte ist, das ist wirklich, und was wirklich ist...

Der Kern des Deutschen Idealismus: die Politik

> *Wir Deutsche sind Hegelianer, auch wenn es nie einen Hegel gegeben hätte, insofern wir (im Gegensatz zu allen Lateinern) dem Werden, der Entwicklung instinktiv einen tieferen Sinn und reicheren Wert zumessen als dem, was ‚ist'...*
>
> **Friedrich Nietzsche**

Die Feststellung Nietzsches über die philosophische Grundeinstellung der Deutschen, von Gerd-Klaus Kaltenbrunner auch schon im Vorwort zu diesem Band zitiert, ist, soviel Nietzsche angeht, mindestens eine Teilantwort auf das „alte Problem: Was ist deutsch". Nietzsche bezieht sich in diesem Aphorismus 357 seiner „Fröhlichen Wissenschaft" außer auf Hegel auch auf Leibniz, Kant und Schopenhauer, und er begegnet seiner eigenen, zweifelnden Frage, ob jene Philosophen, quasi repräsentativ, „wirklich philosophische Deutsche" gewesen seien, damit, daß er die drei ersteren in der Tat den Deutschen im ganzen zugute hält, was durchaus eine kritisch-zweischneidige Zurechnung ist. Denn Schopenhauer wird dann nicht allein als deutsches, sondern als „europäisches" Ereignis gefeiert und seine Gegnerschaft zu Hegel in Fragen der Religion, oder besser des Atheismus, wird sogar besonders herausgestellt.

Wir müssen hier weder entscheiden, ob Schopenhauer Hegel noch ob Nietzsche Schopenhauer in diesem Punkt durchaus angemessen aufgenommen hat — ohnehin interessieren in der Geschichte des Denkens nicht so sehr die bekennerhaften Entgegensetzungen — weder die der Epigonen noch unbedingt die der Matadore — sondern die Kontinuitäten. Womit Nietzsches Bemerkung zu Hegel wieder bestätigt wird: es interessiert unter der ‚alten' Problemstellung „Was ist deutsch?" auch hier das Werden, die Entwicklung. Die Deutschen sind jedenfalls, dem unübertroffenen Titel des schon 1963 erschienenen Büchleins von Werner Conze folgend, als Nation das „Ergebnis der Geschichte".[1]

Wie man merkt, bewegt sich das Argument im Kreis: Die Geschichte ist ja nicht zum Stillstand zu bringen — auch die These vom *post-histoire* kann dies nicht ernsthaft meinen — also ist ‚deutsch' oder ist ‚deutsche Nation' stets im Werden, und gerade dies zu betonen ist, Nietzsche und Hegel folgend, eben das eigentlich Deutsche.

Will man also gemäß dieser vorläufigen deutschen Auffassung von sich selbst etwas darüber sagen, was dies ‚Selbst' sei, so muß man einerseits einen langen Weg übersehen, andererseits einen Schnitt ansetzen, der das Werden zu einem ‚Jetzt' macht, in dem ein Heutiger zu Heutigen über die Deutschen heute spricht. Ein Schnitt, der, sich selber aufhebend, aber auch jede Aussage in die *Zukunft* hinein offenhält: Denn anders hätte man zwar ein ‚Ergebnis', aber kein ‚Werden' mehr, und wir nahmen ja an, dies sei das Deutsche oder jedenfalls ein Teil dessen, was den Deutschen als Deutschen ausmacht. Also Hegelianer!

Aber in der gleichen Stelle seiner ‚Fröhlichen Wissenschaft' kreidet Nietzsche, wie erwähnt, Hegel an, daß er den „Sieg des Atheismus (und Schopenhauers, B. W.) am längsten und gefährlichsten verzögert" habe, und zwar „gemäß dem grandiosen Versuche, . . . uns zur Göttlichkeit des Daseins zu allerletzt noch mit Hilfe unseres sechsten Sinnes, des ‚historischen Sinnes', zu überreden.

Wir müssen Nietzsche — wie den Deutschen im Ganzen ihrer Geschichte auch — die Feinde zugute halten, von denen er sich immer noch umgeben sah; wesentlich ist, daß er auch hier, in der Hegelschelte, wieder auf den Kern von dessen ‚deutschem' Denken zurückkommt — auf Geschichte, also auf das Werden.

Hegels theologische Methaphorik ging Nietzsche — wie Schopenhauer wahrscheinlich auch schon — buchstäblich auf die Nerven, aber wir haben es heute leichter, durch sie hindurchzugreifen und auf den *Kern* zu kommen, der bei Hegel ebenso deutlich wie, nach Nietzsche, deutsch ist; der Kern ist das Werden, *Wirklichkeit als Verwirklichung*, Geschichte nicht als Erzählung, sondern als Wesen, das Hegel nur deshalb „göttlich" nannte, weil er erkannt hatte, daß sie dasjenige „Geisterreich" ist, aus dem dem Menschen „seine Unendlichkeit" [2] schäumt. Sie ist auch das einzige, woraus wir erfahren können, was ‚deutsch' sei; und es war Karl Marx, kein verächtlicher Hegelianer, der erkannte, daß es überhaupt nur *eine* Wissenschaft gebe, die von der Geschichte.

Wenn Werden, Verwirklichung oder Geschichte tatsächlich der Grund allen Wissens ist, dann ist ihre Erkenntnis eine unausweichliche Notwendigkeit, und aus Notwendigkeiten (und nur aus ihnen) erwachsen wirkliche Tugenden. Will man solche Tugenden denn ‚göttlich' nennen, sei's drum. Gesetzgebung und Rechtsetzung sind Notwendigkeiten menschlicher Existenz, und das war der Grund — und Grund genug —, sie „göttlich" zu nennen, wie etwa am Sinai. Wer später auf diese Art von Göttlichkeit oder Heiligkeit verzichten wollte, mußte die Notwendigkeit oder die Heiligkeit anders begründen und anders benennen — wobei im Laufe der Geschichte deutlich wurde, daß die Reduktion auf das bloße „Funktionieren" zum Beispiel möglicherweise nicht ausreicht.

Womit wir wieder beim Lauf der Geschichte sind und bei der Feststellung, eine Antwort auf die Frage: „Was ist deutsch?" könne nur selber ein „Ergebnis der Geschichte" sein. Aber die Geschichte zu erzählen oder sie gar auf den Begriff zu bringen, in dem dann das „Deutsche" begriffen wäre, kann nicht die Absicht dieser kurzen Ausführungen sein. Das Anknüpfen an Hegel ist hier aber nicht zufällig und es ist — in der gegebenen Situation und geistig-geschichtlichen Verfassung der Deutschen — auch nicht zufällig, durch das Erinnern der Geschichte hindurchzugreifen, um auf deren Kern überhaupt zu kommen und darauf, wie man sich zu ihr verhält. Denn eben dies Verhältnis zur Geschichte wäre als „deutsch" im Sinne unserer Fragestellung zu bestimmen.

Dazu seien einige Vorausbemerkungen gemacht, die unstrittig sein sollten. Der *„Deutsche Idealismus"* ist, nach der klassischen, antiken Philosophie, zweifellos der bedeutendste menschliche „Großtext" [3] und er ist, nach Zeit und Ort seiner Entstehung im Gegensatz zu jener nicht nur national — im Geiste eines bestimmten Volkes also — festzumachen, sondern immer auch noch national zu reklamieren.

Mögen wir Deutsche sonst noch sein, was man will: *dies* ist unser Denken und unser Erbe und Teil unserer Identität

238

ebenso wie es Aufgabe ist, *diesen* Teil immer wieder neu „zu erwerben, um ihn zu besitzen".

Zum „Großtext" Idealismus gehören natürlich nicht nur Philosophen wie Kant und Fichte, Hegel und Schelling, sondern auch Goethe wie Schiller, Hölderlin wie Wilhelm von Humboldt. Es ist müßig zu fragen, wer von den Idealisten der deutscheste sei — abgesehen davon, daß der Name „Idealist" oder „Idealismus" fast stets mißverstanden wird. Jedenfalls ist Hegel der systematischste von ihnen; er hat die Philosophie Deutsch reden gelehrt — und auch Sprache gehört natürlich zum Wesen und Werden. Ohne weitere Begründung sei nun hier behauptet, daß der Kern von Hegels Idealismus — jedenfalls da, wo er als Wirklichkeitswissenschaft neben der „Phänomenologie des Geistes", das heißt der Darstellung der menschlichen Geschichte in ihrem Werden, am zugreifendsten, am „praktischsten" wird — die „Rechtsphilosophie" ist, und des weiteren sei hier behauptet, daß die Frage nach dem Umgang mit dem Idealismus, mit Hegel und schließlich mit der Rechtsphilosophie die Gretchenfrage an das gegenwärtige deutsche Denken ist.[4]

„Wie hältst Du es mit dem Idealismus?" wäre — als Gretchenfrage an deutsches Philosophieren — doch möglicherweise wichtiger als etwa die, wie man es mit der „Postmoderne" halte. Und nicht immer kann man sich mit der Nietzscheschen Pauschale begnügen, wir Deutsche seien eben Hegelianer und wären es auch, wenn es Hegel nicht gegeben hätte. Es mag sinnvoll sein, bei Philosophen vom Kaliber Nietzsches oder Heideggers danach zu fragen, was denn bei ihnen selbst dieser „Hegelianismus" genau sei, aber in den meisten Fällen dürfte Gretchen eine deutlichere Antwort erwarten als die faustische des Hinweises auf eine Sache, angesichts von deren Substanz der Name nur „Schall und Rauch" sei.

Jene Gretchenfrage in die Form „Wie hältst Du es mit Hegel?" und diese wiederum in die Form „Wie hältst Du es mit seiner Rechtsphilosophie?" zu transformieren, wird manchem sicher schon als sehr simple Reduktion des Großtextes „Idealismus" erscheinen. Aber die Frage soll hier sogar noch mehr eingeengt werden, schon allein, um sie im Rahmen dieses Essays behandelbar zu machen.

Eingedenk jener Nietzscheschen Benennung der Substanz des Hegelianisch-Deutschen soll hier nach der Bedeutung des Satzes gefragt werden, der als einer der berüchtigtsten der ganzen „Rechtsphilosophie" gilt. Er steht in der „Vorrede", und jeder kennt ihn: „Was wirklich ist, das ist vernünftig und was vernünftig ist, das ist wirklich."

Der bedeutendste englische Politiktheoretiker der Gegenwart, Michael Oakeshott, der gerade soviel common sense hat, um noch Engländer zu sein und genausoviel politisch-philosophisches Ingenium, um große Philosophie zu verstehen — was nicht immer ein Vorzug seines Volkes ist — hat folgende drei Werke als die bedeutendsten des politischen Denkens der Menschheit bezeichnet: Platons „Politeia", den „Leviathan" seines Landsmannes Thomas Hobbes und — Hegels „Rechtsphilosophie".[5] Und es ist bezeichnend, daß in jedem dieser Werke eine Kernwahrheit ausgedrückt ist, die die Seichtigkeit sich für zeitgemäß-progressiv haltenden Philosophierens immer wieder aufs schärfste angegriffen hat. Bei Platon ist es die Behauptung der Notwendigkeit, das Volk durch Mythen — Erzählungen von Göttern und gottgewollten Unterschieden — zur Befolgung der Gesetze anzuhalten, was den eliteneidischen Gleichmachern aller Zeiten natürlich ein Greuel war.[6] Bei Hobbes ist es der Satz vom Menschen, der „für den Menschen ein Wolf" ist, sein kann oder gar sein muß, was die Aufgeklärten unserer Neuzeit aufschreckte, weil sie sich selbst in diesem gnadenlosen Spiegel nicht wiedererkennen wollten, wobei sie der in diesem Satz ausgedrückten Wahrheit schließlich zu entkommen suchten, indem sie ihn bloß auf die bürgerlichen Kapitalisten bezogen.[7] Bei Hegel ist es endlich der Satz von der Vernünftigkeit des Wirklichen, der den „Vermoralisierten" (Nietzsche) die Möglichkeit bestreitet, ihre moralische Entrüstung post festum als politische Überzeugung marktfähig zu halten.[8]

Hält man sich vor Augen, daß dieser Satz zunächst einmal überhaupt nicht anders verstanden werden kann, als eben im Sinne des von Nietzsche hervorgehobenen grundlegenden Hegelianismus, daß nämlich, was „ist", nur bedeuten kann, was „wird", was geschieht, daß also dieser Satz ein Satz über Geschichte ist, so müßte klar werden, daß er, bei der engen Beziehung des Deutschen zum Werden, zur Geschichte also, und bei der unbestreitbaren Erkenntnis, daß die deutsche Nation „Ergebnis ihrer Geschichte" ist, im Sinne der Grundfrage, was denn „deutsch" sei, eine wesentliche Antwort enthalten muß. Unter diesem Blickwinkel und unter der Voraussetzung, der Deutsche Idealismus und darin die Hegelsche „Rechtsphilosophie" — die in Geschichtsphilosophie einmündet — könne der Bezugspunkt einer Gretchenfrage an das philosophische Bewußtsein — nicht nur — der Deutschen sein, sei vorweg hier folgende These aufgestellt: Jener berüchtigte Satz aus der Vorrede der „Rechtsphilosophie" — „Was wirklich ist, das ist vernünftig, und was vernünftig ist, das ist wirklich" — ist das eigentliche Schibboleth, das heißt das Erkennungszeichen und fällige Losungswort unserer ideenpolitischen Situation. Solange wir — das heißt die Deutschen — diesen Satz nicht verstehen, nicht verstehen wollen oder nicht mehr verstehen können, solange bleiben wir im Elend unseres Defizits an historischem, und daß heißt auch an politischem Bewußtsein und Selbstbewußtsein befangen — ein Elend, für das der „Historikerstreit" nur das vorläufig letzte, jammervolle Zeugnis ist. Ein aus akademischer Domestikation zu ideenpolitischer Wirksamkeit befreiter

Hegel könnte uns helfen, aus einer neuen, im genuinen Sinne „selbstverschuldeten Unmündigkeit" herauszufinden.[9] Und ein nicht unwichtiger Schritt aus diesem Elend wäre also ein solchermaßen gewonnener Beitrag zu der in jedem Fall viele Seiten aufweisenden Antwort auf die Frage, was deutsch sei.

Die Frage eines Deutschen, was deutsch sei, ist die Frage nach dem Verhältnis zu sich selbst. Sich zu sich selbst, seinen Handlungen, seinen Schicksalen, seiner Geschichte zu verhalten, ist die Definition des Denkens und gleichzeitig die der Freiheit, und man erkenne hier genau deren Zweiseitigkeit: Es steht dem Menschen keineswegs frei, sich *nicht* zu sich selbst zu verhalten: er ist ein reflektierendes Wesen — Reflektieren oder Denken ist eine unausweichliche Notwendigkeit; nur so können Menschen sich auf dieser Erde erhalten und fortbringen. Er steht ununterbrochen unter Handlungsdruck ebenso wie unter der Notwendigkeit des Denkens: Als Gattung bewältigt er diese Notwendigkeit im wesentlichen, indem er diese Unausweichlichkeit in Institutionen formt und, diesen und ihren traditionellen Normen und Imperativen folgend, sein Dasein von jenem unausweichlichen Druck individuell befreit — es zu einem Dasein der Freiheit macht. Was wiederum bedeutet, daß einerseits das von Institutionen angeleitete Verhalten geronnene Freiheit ist oder mindestens auch sein kann, und daß andererseits die Richtung des Handelns, insbesondere, wenn es um das Werden, also um immer neue Verwirklichungen geht, nie völlig festgelegt ist — und eben dies verweist den Menschen wiederum auf sein Denken und die andere Seite seiner Freiheit, die nämlich, in der die Zukunft, trotz aller Institutionalisierungen, immer wieder unbestimmt ist. Der Inbegriff dieses Werdens, dieser Geschichte des Denkens und der Freiheit ist nach Hegel die „*Vernunft*" als die Bedingung schlechthin, unter der sich die Existenz des Menschen verwirklicht.

242

Ein Denken, dem es auf allgemeine Erkenntnisse ankommt, also etwa auf eine allgemeine Antwort auf die Frage: „Was ist deutsch?", braucht vor allem das Wissen um seine eigene, geschichtliche Erkenntnis der Freiheit, des Denkens und der Vernunft, die von deren Vielfalt und Wirklichkeit, also eben von ihrer Geschichte, in keiner Weise absieht. Eine solche Freiheit und Vernunft ernstnehmende, umfassende Wirklichkeitsphilosophie ist allerdings der Idealismus.

Insofern unser Ausgangssatz, der von der Vernünftigkeit des Wirklichen, als ein zentraler Satz des Idealismus aufzufassen ist, ist auch hier jener allgemeine Hegelianismus geltend zu machen, der, nach Nietzsche, eben für alles Deutsche gelte: die Erkenntnis aller Wirklichkeit als Werden, als bewußte Verwirklichung. Diese Formulierung ist die neuzeitlich-idealistische Entfaltung einer alten Einsicht. Bereits die antiken Philosophen haben darüber gestritten, ob „Sein" im Sinne eines ewig Unverrückbaren oder ständiges „Werden" das Grundprinzip der Wirklichkeit sei. Das historische Bewußtsein, das für Hegel so wichtig war, daß er es (jedenfalls nach Nietzsches Auffassung) „vergöttlichte", löst den alten Streit in die Kategorien der Geschichte auf — was alles andere ist als eine allgemeine Relativierung, wie oft angenommen wird. Denn in der Formulierung, alle Wirklichkeit sei Verwirklichung, wird der alte Gedanke des Werdens auf das neuzeitliche Bewußtsein der Freiheit bezogen. Alle Wirklichkeit ist Verwirklichung durch ein Subjekt, daß heißt durch den zur Freiheit verurteilten Menschen, der unter zwei Bedingungen existiert: Er muß sich handelnd zu sich und seiner Welt verhalten und, grundsätzlich im Handeln und Verhalten frei, wird er in seiner Wirklichkeit bestimmt durch die Kette der konkreten Folgen seines bisherigen Handelns, insofern diese Folgen unumkehrbar zu der Wirklichkeit geworden sind, von der freies Handeln nunmehr jeweils auszugehen hat. Sein

Wirklichkeitsverhältnis wird von seinem Verhältnis zur Geschichte bestimmt.

Das Zentrum des Idealismus ist die Erkenntnis, daß der Mensch endgültig nichts anderes für seine Weltbewältigung hat als sich selbst, seine eigenen Hände, sein eigenes Hirn und seine eigene Geschichte. Dies ist alles andere als ein Abfall von den Traditionen, die die Existenz des Menschen religiös bestimmten. Vielmehr ist der Idealismus deren Anerkennung unter der Notwendigkeit bewußter Weltorientierung. Was not-wendig, im emphatischen Sinne ist, ist „heilig".

Die Erkenntnis der Freiheit wird von den Idealisten und namentlich von Hegel ernstgenommen. Wenn der Mensch als das denkende Wesen frei ist, dann handelt es sich um eine generelle Erkenntnis, die ihrerseits aber wiederum dem Gesetze des Werdens unterliegt, das heißt, die in diesem ihrem Werden aufgezeigt werden kann als die ganze Wirklichkeit bestimmend — das heißt auch als die bisherige Geschichte bestimmend.

Freiheit oder Vernunft als Prinzip aller menschlichen — also historischen — Wirklichkeit ist also deren umfassendes Prinzip. Freiheit als universale Begründung menschlicher Wirklichkeit ist etwas sehr anderes als die Intention eines Freiheitsbewußtseins etwa auf aktuelles „Brechen von Ketten" oder auf immer mehr „Emanzipation" für immer mehr einzelne. Freiheit ist, als Ausdruck der zum Denken bestimmten oder, wenn man will, zum Denken verurteilten Struktur des Menschen, „conditio humana" schlechthin. Freiheit bedeutet, wie erwähnt, stets unter Handlungs*druck* zu stehen, ohne daß die Handlungs*weise* von vornherein festgelegt ist. Freiheit hat in der Entwicklung der Menschen ebenso zu absurden wie zu plausiblen Lösungen der jeweiligen Existenzprobleme geführt. Das Problem der Verwirklichung in Freiheit muß immer im Vordergrund stehen — Freiheit bedeutet vor allem, daß es keine ursprüngliche Gleichrichtung der Individuen in bezug auf die Art und Weise ihrer Existenzverwirklichung geben kann. Solche Gleichrichtungen sind angesichts der Notwendigkeit, der Natur das Leben *gesellschaftlich*, das heißt jedenfalls gemeinsam, abzuringen, jedoch immer unausweichlich. Das Problem der gesellschaftlichen Ordnung also führte und führt durchaus zu absurden wie zu plausiblen Entwürfen, deren Maß wiederum nichts anderes sein konnte als das Maß der Freiheit — denn etwas anderes haben die Menschen nicht. Da deren Verwirklichung — so oder so — aber jedenfalls eine unausweichliche Arbeit darstellte, nämlich die Arbeit der Institutionalisierung, das heißt der Ordnung des Zusammenleben-Könnens, also Politik, gerät menschliche Freiheit immer wieder unter die Bedingungen ihrer eigenen Verwirklichung — sie ist in den Möglichkeiten der Verwirklichung, rückwärts gesehen, von ihren eigenen, bis zum Zeitpunkt des Handelns Wirklichkeit gewordenen Formen bedingt. Also gehört Geschichte als das jeweilige „Ergebnis" zur Wirklichkeit der Freiheit, das heißt des Menschen; sie ist dessen Verwirklichung: als vergangene Geschichte Schicksal und unentrinnbar; als zukünftige ebenso eingeschränkt wie offen; als gegenwärtige im Sinne umfassender Wirklichkeitserfassung handlungsanleitend, wenn die Strenge des Denkens im historischen Verhältnis zu konkreten Imperativen führt.

Insofern das Bewußtsein von dieser Möglichkeit sich als Arbeit verselbständigt, ist es Philosophie. Das Instrument, mit dem die Philosophie des Idealismus als Philosophie des seiner selbst bewußtgewordenen Menschen, also als Philosophie der Freiheit, die Wirklichkeit begreift, ist die *Idee*.

Die Idee erhält ihre Inhalte als Bewußtseinsform, also als Begriff, voll und ganz aus der Wirklichkeit, auf die sich das Bewußtsein richtet — so wie ein einfaches Instrument, ein Werkzeug, seine Wirklichkeit nach Form und Verwendung vollständig aus der Wirklichkeit des Umgangs mit dem Material und den praktischen Bearbeitungsnotwendigkeiten erhält, mit denen es stets zusammengesehen werden muß. Selbstverständlich trägt dieser Vergleich auch, insofern es sowohl scharfe, das heißt der Wirklichkeit besser angepaßte, mehr Wirklichkeit ordnende Begriffe gibt als auch unscharfe, weniger taugliche oder verzerrende.

Idee ist bewußt erfaßte Wirklichkeit. Bewußt erfaßte Wirklichkeit ist menschliche Wirklichkeit. Menschliche Wirklichkeit ist Wirklichkeit der Freiheit. Freiheit ist vor allem eine praktische Kategorie, sie setzt die Notwendigkeit des Handelns im Sich-erhalten in der Welt ebenso voraus, wie die Handlungsmöglichkeiten, entsprechend der Fülle des Besonderen, offenbleiben. Gemäß der unmittelbaren Erfahrung oder Nichterfahrung des Handelnden baut sich jedes menschliche Bewußtsein in bezug auf seine Instrumente und Handlungen zu einem ordnenden Bewußtsein auf. Alles Handeln kann schlecht, mittelmäßig oder gut vollzogen werden; jedes Instrument kann schlecht, mittelmäßig oder gut geeignet sein, der ihm zugeordneten Wirklichkeit des Handelns gerecht zu werden.

Entsprechend sind auch Begriffe in bezug auf die bewußte Verarbeitung der Wirklichkeit schlecht, mittelmäßig oder gut geeignet. Die Idee ist der Inbegriff des vollentfalteten Phänomens oder der Inbegriff des guten Gelingens eines Handelns überhaupt. Insofern sie wirklich ist nur in der Vielfalt der bewußt gemachten Wirklichkeiten, ergibt sich, daß die Idee diese Wirklichkeiten auch in praktischer Weise ordnet. Idealismus hierarchisiert das Dasein des Menschen und entspricht so den Notwendigkeiten seiner Freiheit. Dabei strukturiert die Idee die Wirklichkeit auch einer Epoche, sie bestimmt den „Geist der Zeit". Und zwar in allen seinen Erscheinungsformen, also auch den widersprechenden, den Abweichungen und den Perversionen. Die Idee des Rechts ist wirklich auch im Verbrechen, die

246

Idee des Menschen auch in den Individuen tiefster Verkümmerung, Verarmung, Perversion — ebenso wie im ungeborenen individuellen Leben. Idealismus als praktisch-individuelle Haltung ist also nicht so etwas wie ein Feiertagsglaube an das Hohe und Erhabene, sondern die Haltung, seine eigene Existenz im Sinne der Idee zu steigern, trivial gesprochen „das Beste aus sich zu machen" oder, gemäß einer sehr alten Erkenntnis, „das zu werden, was man ist".

Wenn Wirklichkeit des Menschen *als* Menschen die Wirklichkeit der Freiheit ist, dann ist die Idee des Menschen die Idee der Freiheit. Des Menschen ganze Wirklichkeit, also vor allem seine geschichtliche Existenz, sein Werden, ist dann Werden oder Wirklichkeit oder Verwirklichung der Freiheit. Und zwar in allen ihren Formen: Kämpfe, Gewalt, Herrschaft, Macht, Ordnung, Unterdrückung, alles sind Gestalten des Bewußtseins der Freiheit. Der Mensch ist dann weder an sich gut noch an sich böse; er ist vielmehr frei, das heißt er kann ebenso Gott wie Wolf für den Menschen sein,[10] und da er genau dies in seiner Widersprüchlichkeit ist, bedeutet Verwirklichung von Freiheit auch den ununterbrochenen Kampf *um* Freiheit ebenso wie den Kampf *gegen* Freiheit, die ja den Menschen als solchen auch zur tödlichen Bedrohung von seinesgleichen macht. Die explosive Wirklichkeit der Freiheit nimmt also stets die Form des Kampfes oder der Arbeit an deren Verwirklichung an, einer Verwirklichung, bei der die Menschen nicht bloß leben und überleben, sondern auch gemäß ihrer geschichtlichen Erfahrungen gut oder besser leben wollen. Es geht also immer um eine, mindestens für eine Mehrheit, idealiter für alle, lebbare Regulierung der Freiheit, daß heißt es geht um Ordnung als das reale Verwirklichen von menschlichem Dasein. Die Arbeit an dieser grundlegenden Ordnung ist *Politik*. Der Kern des Idealismus ist Politik und eben deshalb kann hier, als das bedeutendste Werk des Idealismus, Hegels strenge „Rechtsphilosophie" [11] als Lehre von den objektiven Ordnungen menschlicher Freiheit unter der Voraussetzung von nichts als dieser Freiheit, das heißt unter der Voraussetzung des Denkens bezeichnet werden.

Durch die bekanntgewordenen historischen Formen der Arbeit der Politik — Tyrannis, Polis, Reiche, Imperien, Staaten — hindurch, ist bei Hegel der neuzeitliche Staat die aktuelle „Wirklichkeit der Sittlichkeit". Und insofern diese Entwicklung denkend zu übersehen und zu begreifen ist, ist sie auch vernünftig: Denn die menschliche Geschichte gibt keine andere Vernünftigkeit her als die, die sie wirklich — das heißt bis jetzt historisch — verwirklicht hat. Damit sind wir wieder bei unserem zentralen Satz angelangt: „Das was vernünftig ist, ist wirklich und das was wirklich ist, ist vernünftig."

Ein höchst dynamischer Satz, wenn man sich die Grundcharakterisierung deutschen Philosophierens vorhält, daß nämlich Wirklichkeit Verwirklichung ist und daß Verwirklichung die unendlichen Phänomene und Bewußtseinsformen der Idee in allen ihren Formen, zu denen auch die der tiefsten Entstellung und Verfehlung gehört, sind. Es gibt nicht die geringste Möglichkeit, im Idealismus — auch nicht in dem Hegels — so etwas wie Quietismus zu sehen. Wenn Hegel etwa den neuzeitlichen Staat „verteidigt", dann „verteidigt" er die neuzeitliche Freiheit. Ist Idealismus im Kern Philosophie der Freiheit, dann ist er im Kern Philosophie des (modernen) Staates, als der politischen Form, die die „ungeheure Stärke und Tiefe" hat, „das Prinzip der Subjektivität sich zum *selbständigen* Extreme der persönlichen Besonderheit vollenden zu lassen und zugleich es in die *substantielle Einheit* zurückzuführen, und so in ihm selbst diese zu erhalten." (Daß Hegel hier nicht einen „Extremismus" im vordergründigen Sinne meint, ist

248

klar, „in ihm" bedeutet selbstverständlich „nur in ihm".
Darüber oder darunter wäre Engel oder Tier.)

Dies hat aber Folgen. Insofern der Staat als Ordnung der
Freiheit unausweichlich die Durchsetzung dieser Ordnung
gegen die unendliche Dynamik der Freiheit ist, ist er vom
einzelnen her, insofern dieser zunächst diese Ordnung als
Einschränkung „seiner" Freiheit erleben muß, nur „Not-
und Verstandesstaat". Im schlimmsten Fall sogar „Feind"
im Sinne der extremen Individualposition des Anarchis-
mus. Aber in der ständigen Auseinandersetzung mit dem
Staat — nicht als blind empfundener „Feind", sondern als
Verwirklichung der Freiheit, erarbeitet sich das individuelle
Denken ein Bewußtsein des Staates als der Wirklichkeit
„seiner" Freiheit. Hier ist eine ideenmäßige „Versöhnung"
zu erreichen, ein gleichfalls allzu oft, aus freilich nahelie-
genden Gründen, mißverstandener Ausdruck Hegels.[12]
Diese „Versöhnung" ist nichts anderes als das freie Bewußtsein *dieses* Staates als des *meinen* — und diese ‚Wirklichkeit der sittlichen Idee' in der Übereinstimmung des Besonderen mit dem Ganzen nennt der Idealismus dann das
Bewußtsein vom „Vernunftstaat".

Der Kern des Idealismus ist also die Idee des „Vernunft-
staates". Nehmen wir jetzt aber die ganze Dimension
historischer Wirklichkeit, um die es dem Idealismus geht,
hinzu, so muß dies bedeuten, daß nicht abstrakt „der Staat"
als der meine angesehen werden kann, sondern daß dieser
Staat, dessen Bürger ich bin, sein muß und will, mit seiner
ganzen Geschichte der meine ist. Dies aber, seinen Staat in
konkreter Politik zu dem „seinen" werden zu lassen, und
zwar nach Außen wie nach Innen, war der „Geist" jener
Zeit der Entstehung des deutschen Nationalbewußtseins,
die gleichzeitig die Zeit des Idealismus war. Der Kern des
Idealismus kann als die Idee der Nation bezeichnet werden.

„Das Volk als Staat ist der Geist in seiner substantiellen
Vernünftigkeit und unmittelbaren Wirklichkeit, daher die

absolute Macht auf Erden." [13] Es gibt keine Möglichkeit
über „das Volk als Staat" — was hier, unter der Voraussetzung der „sittlichen Idee", also der Freiheit — die *Nation*
genannt wird, hinauszudenken. Die „Weltgeschichte", die
Hegel seinen Ausführungen über das innere und äußere
Staatsrecht noch folgen läßt, ist nichts anderes als der bis
zu seiner Gegenwart und von ihr her überschaubare Ablauf
der wirklichen Entwicklung des „Geistes", das heißt der
menschlichen Existenz auf der ganzen Erde. Gegenwart
ist jeweils das letzte. Der Begriff der „Weltgeschichte" ist
„Vernunft in der Geschichte", was aber nichts anderes bedeutet als die bewußt aufgenommene Geschichte der Abläufe der je bewußten menschlichen Wirklichkeit. In diesem Sinne ist das, was wirklich ist, auch vernünftig. Die
Menschheit hat es immer genau dahin gebracht, wo sie gerade ist, und die berühmte Aussage, die „Weltgeschichte"
sei das „Weltgericht",[14] bedeutet nichts anderes, als daß die
Schicksale von Völkern als Staaten, daß sich ihre von nirgendwoher bestreitbaren Existenzrechte als „absolute
Macht auf Erden" im Lauf jener Gesamtentwicklung relativieren — insofern sie werden *und* vergehen können.

Insofern die deutsche Nation wie jede andere das „Ergebnis der Geschichte" ist, ist das Verhältnis zu dieser Geschichte, das *Geschichtsbewußtsein,* mindestens eine der
Grundlegungen für die weitläufigere Beantwortung der
Frage, was deutsch sei. Die Prinzipien unseres nationalen
Denkens, also des Idealismus, sollten in der hier angedeuteten Entfaltung darauf hinweisen, daß das Verhältnis zur
Geschichte von substantielleren Bedingungen auszugehen hat als von vermoralisiertem Oberflächenbewußtsein
oder von Schuldzuweisungen, von „gut" oder „böse", oder
gar von nachträglicher Besserwisserei und parteilichen
sogenannten Standpunkten. Die Geschichte der Nation
und damit ihrer Identität ist zu bedeutsam, als daß man sie
dem Streit jener Historiker und Ideologen überlassen

könnte, in dem das eitle Streiten das substantielle Denken so vollständig verdrängt zu haben scheint. Unsere Geschichte ist die Verwirklichung unserer Freiheit und als Verwirklichung von Freiheit ist sie menschlich, und die Wirklichkeit des Menschen zeigt sich im Hohen und Erhabenen, im Tiefen und im Gemeinen, in den höchsten Leistungen des Geistes und in den Niederungen der Entartung, ohne die jene Höhen im strengen Sinne weder erkennbar noch denkbar sind. Unsere Geschichte ist unsere Identität. Und in ihrer Erkenntnis helfen weder Schuldzuweisungen noch Schamgefühle weiter, sondern allein die Erkenntnis der Idee und ihrer aus ihrer ganzen Vielfalt sich ergebenden strengen Imperative.

Anmerkungen

1) Werner Conze: Die deutsche Nation, Ergebnis der Geschichte. Göttingen, 1963.

2) So der Schluß von Hegels „Phänomenologie des Geistes". Hegel zitiert hier Schiller — freilich beträchtlich umgeformt. Hegel: „. . . nur aus dem Kelche dieses Geisterreiches schäumt ihm seine Unendlichkeit". — Schiller: „Aus dem Kelch des ganzen Seelenreiches schäumt *ihm* — die Unendlichkeit."

3) Vgl. zu dem Begriff des „Großtextes": Walter Wimmel: Die Kultur holt uns ein. Die Bedeutung der Textualität für das geschichtliche Werden. Würzburg, 1981, S. 32 ff.

4) „Rechtsphilosophie" — hier benutzt als Kurztitel für: G. W. F. Hegel: Grundlinien der Philosophie des Rechts; Naturrecht und Staatswissenschaft im Grundrisse. Berlin, 1821.

5) Michael Oakeshott: „Introduction" zu Thomas Hobbes: Leviathan. Oxford, 1957, S. XII.

6) Bei Platon (Politeia = Der Staat 414 Bff.) direkt als — im Sinne der Erhaltung des Staates — „erlaubte Lüge" bezeichnet wird der phoinikische Mythos von den Menschen, insofern sie je mit einem Anteil von Gold, Silber oder Erz geschaffen sind.

7) Bei Hobbes heißt es übrigens (De Cive, Widmung): „Nun sind sicher beide Sätze wahr: Der Mensch ist ein Gott für den Menschen, und: Der Mensch ist ein Wolf für den Menschen". Nur das letztere bildet, aus dem Zusammenhang gerissen, den Stein des Anstoßes. Sinnigerweise hält sogar Konrad Lorenz diesen Satz für eine Beleidigung — freilich nicht des Menschen, sondern des Wolfes.

8) F. Nietzsche: Zur Genealogie der Moral, Abschnitt 7.

9) Nach Kant ist Aufklärung „... der Ausgang des Menschen aus seiner selbst verschuldeten Unmündigkeit". (I. Kant: Beantwortung der Frage, Was ist Aufklärung? Akademie-Ausgabe, Bd. VIII, S. 35).

10) Vgl. Anmerkung 7.

11) „Rechtsphilosophie", § 260.

12) Wobei „Versöhnung" bei Hegel (vgl. etwa auch die „Vorrede" zur „Rechtsphilosophie") sowohl von christlich-theologischer wie von „aufgeklärter" Seite mißverstanden werden kann; ersteres im Sinne einer Anmaßung — nur Gott konnte, Mensch geworden, Welt und Mensch mit sich selbst versöhnen; letzteres im Sinne aufgeklärter Moral — als ob „Versöhnen" bei Hegel so etwas wie moralische Billigung aller Einzelereignisse bedeuten solle oder könne.

13) „Rechtsphilosophie", § 331.

14) G. W. F. Hegel: Enzyklopädie der philosophischen Wissenschaften (1830), § 548.

Wenn man aus Frankreich kommt, gewöhnt man sich anfangs nur mit Mühe an die Langsamkeit und Trägheit des deutschen Volkes. Es übereilt sich nie, es findet überall Hindernisse, und den Ausruf „Das ist unmöglich!" hört man in Deutschland hundertmal öfter als in Frankreich. Sobald es gilt, handelnd aufzutreten, wissen die Deutschen nicht gegen die Schwierigkeiten anzukämpfen, und ihre Achtung vor der Macht entspringt mehr dem Glauben an deren Schicksalhaftigkeit als einem eigennützigen Beweggrund...

Germaine de Staël: De l'Allemagne

DETLEF KÜHN

Zum Reichsgründungstag

Ein einiges Deutschland —
Glück oder Unglück für die Welt?

Daß Jugend- und Studentenorganisationen des Reichsgründungstags gedenken, war noch vor 10 oder 15 Jahren sehr selten, wenn nicht gar undenkbar. Damals war es eine weitverbreitete Auffassung, daß allenfalls „Ewiggestrige" oder „Reaktionäre, die bald aussterben", dieses in der Geschichte der Deutschen so bedeutsamen Datums gedenken durften. Jetzt, 1988, veranstalten nicht nur zahlreiche Burschenschaften, sondern auch andere Jugendorganisationen Gedenkfeiern. Man erinnert sich der Bismarck'schen Gründung und versucht, im Gedenken an dieses Ereignis vor über hundert Jahren Mittel und Wege zu finden, wie die nationalen Probleme der Deutschen heute, am Ende des 20. Jahrhunderts, gelöst werden könnten.

Dabei ist das Ereignis der Reichsgründung im Januar 1871 heute durchaus nicht unumstritten. Zwar hat der Leipziger Historiker Ernst Engelberg unlängst in seiner mit Recht berühmt gewordenen Bismarck-Biographie die Gründung des Deutschen Reiches auch aus marxistischer Sicht eindeutig als „historischen Fortschritt" bezeichnet. Dennoch neigen „linke" Kräfte — jedenfalls im Westen Deutschlands — nach wie vor dazu, das Deutsche Reich, das in der zweiten Hälfte des 19. Jahrhunderts entstanden ist, als Vorläufer

253

des Faschismus und des Hitlerschen Rassenwahns zu brandmarken. Für sie gibt es nach wie vor eine negative deutsche Kontinuität, die nicht etwa bei Bismarck beginnt, sondern — im schlimmsten Falle — schon bei Luther anfängt, aber auf jeden Fall über Bismarck und sein Werk, über Kaiser Wilhelm II. direkt zu Hitlers Untaten führt. Über diese Form „linker" Vergangenheitsbewältigung bräuchte man sich möglicherweise nicht sonderlich aufzuregen, wenn nicht auch im Lager der sogenannten „Rechten", also mehr konservativer Kreise, inzwischen eine merkwürdige Ambivalenz in der Beurteilung der Reichsgründung von 1871 zu erkennen wäre. Publizisten wie der durchaus konservative Historiker Michael Stürmer betrachten sogar die Idee des Nationalstaates als „überholt", obwohl sie überall in der Welt offensichtlich noch recht lebendig ist. Sogar Politiker, die immer wieder mannhaft verkünden, die deutsche Frage sei „offen" und der Verfassungsauftrag zur Wiedervereinigung sei ihnen heilig, werden nicht müde, diese Aussage dadurch ein bißchen zu entschärfen, daß sie gleichzeitig versichern, eine Rückkehr zum Bismarckschen „Einheits-" oder „Nationalstaat" sei für sie jedoch ausgeschlossen. Auch durchaus bürgerlich orientierte Historiker betrachten heute die Gründung des Deutschen Reiches als einen Irrweg, der den Deutschen und der Welt sozusagen zwangsläufig schlecht bekommen mußte.

Bei so viel kontroverser Beurteilung ist der Reichsgründungstag auch heute noch, 117 Jahre nach dem die Welt bewegenden Ereignis im Schloß von Versailles, Anlaß zu historischer Bilanz und nationaler Besinnung.

Zuerst einmal erinnern wir uns, daß das Reich, das Bismarck schuf, kein „großdeutsches" Reich war, was insbesondere die National-Liberalen ihm damals zum Vorwurf machten. Die Deutschen Österreichs waren durch die Existenz ihres von den Habsburgern regierten Vielvölkerstaates gehindert, sich mit ihren deutschen Landsleuten staatlich zusammenzuschließen. Und zweitens war dieses Reich erst recht weit davon entfernt, ein „Einheitsstaat" zu sein, wie heute oft fälschlich behauptet wird. Die föderalistischen Strukturen, die für die ganze deutsche Geschichte charakteristisch waren, bestimmten auch die Verfassung des Deutschen Reiches, das, rechtlich gesehen, ein Fürstenbund mit einer vor allem innenpolitisch noch weitgehenden Kompetenz der einzelnen Mitgliedsstaaten war. Die Bundesrepublik Deutschland als Föderation fußt wesentlich mehr auf den Traditionen des Deutschen Reiches von 1871 als es der Führerstaat Adolf Hitlers in den zwölf Jahren seines Bestehens tat.

Die Gründung des Deutschen Reiches entsprach damals dem Zeitgeist und dem, was man modern als das Menschenrecht auf Selbstbestimmung bezeichnet. Nicht die deutschen Soldaten, die sich damals mit ihrem Leben auf den Schlachtfeldern des deutsch-französischen Krieges für das entstehende Reich einsetzten, verhielten sich anachronistisch. Es war vielmehr Frankreich unter Napoleon III., das die Zeichen der Zeit nicht erkannte und glaubte, den, so Engelberg, „historischen Fortschritt" in der Mitte Europas mit Waffengewalt aufhalten zu dürfen. Das zaristische Rußland, das die Ostflanke des Lebensraums der Deutschen beherrschte und sicherlich wesentlich weiter von den demokratischen Vorstellungen des Westens entfernt war als Frankreich, bewahrte jedoch gegenüber den Vorgängen in Deutschland eine Neutralität, die dank der Bismarckschen Politik im Krimkrieg 1856 und beim polnischen Aufstand 1863 durchaus wohlwollend war.

Die deutsche Nation, die sich, wenigstens in ihrer kleindeutschen Form, im Deutschen Reich zusammenfand, war im übrigen weit davon entfernt, eine „verspätete" zu sein. Dieses heute oft gebrauchte Schlagwort, das die Einheitsbemühungen der Deutschen abwerten soll, trifft allenfalls im Vergleich zu den west- und nordeuropäischen Völkern zu.

Die ost- und südeuropäischen Nationen, von den Italienern bis zu den Finnen im Norden, mußten dagegen mindestens ebenso lange wie die Deutschen oder gar noch fünfzig Jahre länger auf die staatliche Verfassung ihrer nationalen Existenz warten. Auch im Vergleich zu ihnen stellt die Gründung des Deutschen Reiches alles andere als einen „Sonderweg" dar.

Das 1871 aus den Feuern des deutsch-französischen Krieges entstehende staatliche Gebilde hat der Mitte Europas immerhin dreiundvierzig Jahre des Friedens und eine Stabilität gebracht, von der man in den vorangegangenen Jahrhunderten nur träumen konnte. Diese friedliche Entwicklung erfolgte in einer Zeit, in der weltweit von Frieden sonst kaum die Rede sein konnte. Erst als 1914 die politisch-moralische Kraft der Friedenssicherung, die insbesondere den deutschen Staatsmann Bismarck auszeichnete, in den am Ersten Weltkrieg beteiligten Staaten erlahmte, „schlitterte" Europa in einen Krieg hinein, der zwar die Welt veränderte, ohne jedoch die national-staatlichen Strukturen in Europa in Frage zu stellen. Im Gegenteil: Erst in der Folge des Weltkriegs kamen zahlreiche — inbesondere osteuropäische — Völker zu der von ihnen seit langem erstrebten national-staatlichen Existenz. Dies gilt insbesondere für die Völker, die vorher als Angehörige des Russischen Reiches keine Chance zu einer eigenständigen nationalen Entfaltung hatten.

Der Wunsch nach der staatlichen Zusammenfassung von Angehörigen einer Nation war also auch nach dem Ersten Weltkrieg und insbesondere bei den Deutschen ungebrochen. Wie anders ist es zu erklären, daß die Siegermächte des Krieges in den Pariser Vorortverträgen den Deutschen Österreichs ausdrücklich den Anschluß an das Deutsche Reich verbieten mußten, das eben gerade besiegt worden war? Aber auch in der bis 1938 weiterbestehenden kleindeutschen Form hat das Reich das politische Bewußtsein von drei Generationen des deutschen Volkes geprägt. In dieser Zeit wurde das nach wie vor vorhandene Gefühl von dem gemeinsamen politischen Schicksal der Deutschen ergänzt durch das alle umfassende deutsche Staatsgefühl. Daran hat sich bis heute nichts geändert: Die Reichsgründung von 1871 entfaltet noch heute, mehr als vierzig Jahre nach der staatlichen Spaltung Deutschlands durch die Siegermächte und ohne Zustimmung der deutschen Bevölkerung, ihre politische Wirkung.

An diesem Ergebnis konnte auch die zwölf Jahre andauernde Existenz des „Dritten Reiches" nichts ändern. Die national-sozialistische Ideologie, die in dieser Zeit herrschte, war — entgegen einer heute weitverbreiteten Annahme — gerade *nicht* primär national geprägt. Sie beruhte vielmehr vor allem auf *rassistischen* Vorstellungen, wonach etwa der „germanische" Norweger dem Dritten Reich näher zu stehen habe als der deutsche Jude, dessen Familie sich seit Generationen als deutsch fühlte und der für Deutschland im Ersten Weltkrieg Leib und Leben geopfert hatte. Die national-sozialistische Ideologie war, entgegen ihrem Namen, gerade nicht primär national. Aus ihr kann daher auch kein Argument gegen den Wunsch der Deutschen hergeleitet werden, als Nation unter einem staatlichen Dach zu leben.

Aber ist denn nicht das Deutsche Reich „in den Stürmen des zweiten Weltkriegs verbrannt" oder, wie andere sagen, durch die Hitlersche Wahnsinnspolitik „zerbrochen" worden? Wenn man sich den Zustand des heutigen Deutschlands ansieht, scheinen diese Schlagworte vordergründig eine gewisse Plausibilität zu haben. An Zerstörungen hat es auch in Deutschland während des Zweiten Weltkriegs nicht gefehlt, zerbrochen ist dabei sicherlich manches. Nur: Die Siegermächte des Zweiten Weltkriegs wollten Deutschland gerade nicht zerbrechen, obwohl es an entsprechenden Gedankenspielen in ihren jeweiligen

Kanzleien während des Krieges nicht gefehlt hatte. Insbesondere die Sowjetunion erinnerte bald nach Kriegsende an ein Stalin-Wort aus dem Jahre 1942, wonach „die Hitler kommen und gehen, das deutsche Volk, der deutsche Staat bestehen bleiben".

Man kann sich die Frage stellen, ob diese Aussage, die in der Sowjetischen Besatzungszone überall plakatiert wurde, damals die Zustimmung Frankreichs gefunden hatte. Wohl kaum! Tatsache ist jedoch, daß die USA und Großbritannien ebenso wie die Sowjetunion bei der Potsdamer Konferenz vom Sommer 1945 auch für die Zukunft von der Einheit Deutschlands ausgingen. Dieses Deutschland sollte zwar im Osten erheblich verkleinert werden — woran nichts änderte, daß man den formalen Vorbehalt erhob, über Grenzen könne erst in einem Friedensvertrag entschieden werden —, aber das amputierte Restdeutschland sollte jedenfalls in seiner einheitlichen staatlichen Existenz nicht beseitigt werden. An dieser politischen Absicht und an der entsprechenden Rechtslage haben die Siegermächte des Zweiten Weltkriegs bis heute festgehalten. Sie haben sich ihre Rechte in bezug auf Deutschland als Ganzes stets vorbehalten. Also muß dies ganze Deutschland doch wohl existieren. Man geht wohl in der Annahme nicht fehl, daß dieses Deutschland insbesondere für die Sowjetunion geographisch mit dem Gebiet identisch ist, das sie meint, wenn sie ihre Truppen in Mitteleuropa als „Gruppe der Sowjetischen Streitkräfte in Deutschland" bezeichnet. Zu dieser Gruppe gehören sowohl die Angehörigen der Sowjetischen Militärmission in Westdeutschland wie die sowjetischen Versorgungseinheiten in Liegnitz. Die rechtliche Weiterexistenz des Deutschen Reiches gibt den Siegermächten des Zweiten Weltkriegs die Chance, auch in Zukunft bei der Gestaltung der politischen Zukunft der Deutschen, in welcher Form auch immer, ein entscheidendes Wort mitzureden. Für die Deutschen kommt es darauf an, diese Rechtslage nicht nur zu erkennen, sondern auch politisch zu nutzen. Sie ermöglicht es ihnen auch heute noch, gegenüber den Siegermächten des Zweiten Weltkriegs im Interesse der staatlichen Einheit der Deutschen politisch aktiv zu bleiben oder zu werden.

Damit ist allerdings noch nichts über die Chancen einer Realisierung des Ziels der staatlichen Einheit gesagt. Hier ist vor Illusionen genauso zu warnen wie vor Resignation, die meist identisch ist mit der Neigung, vor den mit einer bestimmten Politik verbundenen Problemen zu kapitulieren. Ob — wie es ein bedeutender deutscher Politiker kürzlich als Erkenntnis aus Moskau mitbrachte — die deutsche Einheit zur Zeit wirklich nicht durch Verhandlungen zu erreichen ist, kann eigentlich erst dann gesagt werden, wenn man dies zehn Jahre lang tagtäglich bei jeder sich bietenden Gelegenheit versucht hat.

Die Siegermächte des Zweiten Weltkriegs betrachten ebenso wie die Nachbarn der Deutschen in Ost und West die Zukunft Mitteleuropas nüchtern und aus dem Blickwinkel ihrer jeweiligen nationalen Interessen heraus. Diese Interessenlage ist eine unterschiedliche und kann etwa für die USA und für Polen nur schwer auf einen gemeinsamen Nenner gebracht werden. Wenn jedoch alle Staaten sich von ihren jeweiligen nationalen Interessen leiten lassen dürfen, dann kann doch wohl für die Deutschen nichts anderes gelten. Sie sind nicht nur berechtigt, sondern um ihrer Glaubwürdigkeit willen sogar verpflichtet, ihre speziellen Interessen in die politischen Entscheidungsprozesse der Zukunft einzubringen. Das Ausland und insbesondere die Sowjetunion wird mehr Verständnis dafür aufbringen, als manche ängstliche Gemüter bei uns erwarten. An Anknüpfungspunkten für eine solche Politik wird es nicht fehlen. Die Deutschen können ihre relative wirtschaftliche Stabilität und Stärke einbringen. Sie können darauf verweisen, daß sie im Westen Deutschlands auf eine vierzigjährige, unstreitig demokratische Entwicklung in schwieriger Zeit zurückblicken können, die der politischen Reife des deutschen Volkes ein gutes Zeugnis ausstellt. Sie können schließlich darauf verweisen, daß Abrüstung allein den Frieden noch nicht sicherer macht, sondern daß dazu auch die Beseitigung politischer Konflikte gehört. Und welcher politische Konflikt war in Europa bislang brisanter als der, der durch die Teilung eines großen Volkes gegen seinen Willen entstanden ist? Ich glaube, daß die Völker der Welt es viel besser verstehen, als mancher bei uns glaubt, wenn wir darauf hinweisen, daß die Teilung von Völkern und Staaten keine Probleme löst, sondern nur Probleme schafft. Die Abrüstungspolitik, die internationalen wirtschaftlichen Verflechtungen, das Bemühen um die weltweite Durchsetzung der Menschenrechte geben uns jedenfalls hinreichende Möglichkeiten, unsere Interessen in die europäische und die Weltpolitik einzubringen.

Dazu bedarf es nicht nur einer Konzeption, sondern auch des beharrlichen Willens, sie in die Realität umzusetzen. Heilung der Krankheit „Teilung Deutschlands", nicht bloße Schmerzlinderung, muß das Ziel sein. Ohne Einheit wird es nach menschlichem Ermessen für unsere Landsleute im Osten keine Freiheit geben. Es ist wirklich nicht einzusehen, warum die Polit-Bürokraten an der Spitze des SED-Apparates von sich aus auf ihre Herrschaft zugunsten einer demokratischen Entwicklung in ihrem Lande verzichten sollten. Dies kann nur auf Grund einer politischen Entscheidung im Kreml erfolgen, die ja schließlich auch den SED-Apparat nach 1945 etabliert hat. Die Entlassung der DDR in eine Freiheit à la Österreich, von der im Westen viele träumen, gibt aber aus sowjetischer Sicht keinen Sinn. In einen derartigen Prozeß der Veränderung muß sich Westdeutschland, ja Westeuropa schon mit einbringen.

Gorbatschow hat zur Frage der deutschen Einheit gegenüber dem Bundespräsidenten erklärt, was in hundert Jahren sein werde, entscheide die Geschichte. Ihm ist sicherlich besser als manchem Kleinmütigen im Westen Deutschlands bewußt, daß „die Geschichte" gar nichts entscheidet. Die Geschichte ist Objekt und nicht Subjekt der Politik. Entscheidungen treffen immer noch Menschen, und sie entscheiden nach ihren Interessen. Dies gilt insbesondere für die sowjetische Führung. Sie davon zu überzeugen, daß die Einheit Deutschlands nicht notwendigerweise dem sowjetischen Interesse zuwiderlaufen müsse, ist allerdings eine Aufgabe, die zuerst einmal den Deutschen obliegt. Sie müssen die Rolle des Motors bei den notwendigen Prozessen der Veränderung übernehmen. Genausowenig wie die Gründung des Deutschen Reichs 1871 ein Unglück für Europa und die Welt war, genausowenig kann man heute davon sprechen, die Teilung Deutschlands sei als ein Glück für die Welt zu betrachten.

Ich habe nur ein Vaterland, das heißt Deutschland! Und da ich nach alter Verfassung nur ihm und keinem besonderen Teil desselben angehöre, so bin ich auch nur ihm und nicht einem Teil desselben von ganzem Herzen ergeben ... Mein Wunsch ist, daß Deutschland groß und stark werde, um seine Selbständigkeit, Unabhängigkeit und Nationalität wieder zu erlangen ... Mein Glaubensbekenntnis ist Einheit.

Freiherr vom Stein, 20. 11. 1812

KARLHEINZ WEISSMANN

Das Herz des Kontinents

Reichsgedanke und Mitteleuroa-Idee

Man hat sich daran gewöhnt, die Welt in „Ost" und „West" zu teilen. Dieser Dualismus bestimmt seit mehr als einer Generation wie selbstverständlich das Denken der Europäer. Sogar die Deutschen nennen die Bundesrepublik „West-" und die DDR „Ost-Deutschland"; auch wenn sich die letzte Bezeichnung schon bei oberflächlicher Betrachtung als falsch erweist. Nur selten kehrt ein Teil des historischen Bewußtseins wieder, und man erinnert sich daran, wie eng einmal Polen, Ungarn, das alte Böhmen mit dem Abendland verbunden gewesen sind, daß die Grenze zwischen „Ost" und „West" damals nicht durch die Elbe, sondern durch die Düna markiert wurde, daß es einen Raum z w i s c h e n „Ost" und „West" gab: die Mitte des Kontinents und die Ordnung des „Reiches". In der Gegenwart wird immer deutlicher erkennbar, daß eine solche geschichtliche Wirklichkeit nicht einfach verloren geht: „Die Völker treten mit neuer Spannung auf die alte Bühne und in die alte Handlung ein." (E. Jünger)

Das Wort „Reich" gehört zu denjenigen in der deutschen Sprache, die sich gegen eine Übersetzung sperren. „Empire", „empire" kommen dem Sinn zwar nah, aber im allgemeinen verzichtet man auf die Übersetzung ins Englische oder Französische und behält das deutsche Wort bei. Es mag dafür verschiedene Gründe geben, entscheidend wird jedoch sein, daß das hier Gemeinte eben nicht übersetzbar ist, daß das Wort an einen Inhalt gebunden bleibt, der schwer mit-übersetzt werden kann. „Reich" und „Kaisertum" gehörten im Mittelalter auf das engste zusammen. „Daz rîche" stand einmal für den Herrschaftsraum im europäischen Zentrum, der die Kronen Deutschlands, Italiens und Burgunds vereinigte, es stand aber auch für den Anspruch auf Vorrang gegenüber allen anderen europäischen Staaten, der aus der besonderen kaiserlichen Würde hergeleitet wurde. In den Gedichten Walthers von der Vogelweide hieß es: „Herr Kaiser, ich bin Bote des Herrn / und bringe Euch einen Auftrag von Gott: / Euer ist die Erde, sein das Himmelreich. / Er läßt vor Euch Klage erheben. Ihr seid sein Statthalter." Und: „Herr Kaiser, seid willkommen! / Der Titel des Königs ist Euch genommen, / und somit überstrahlt Eure Krone alle anderen Kronen." Den politischen Kern des Reiches bildeten die deutschen Stämme der Franken, Sachsen, Bayern, Schwaben, Thüringer und Lothringer.

Die alten Chroniken kennen auffallenderweise nur diese Vielzahl, das Wort „Deutschland" ist jüngeren Datums: „das Reich ist vor der Nation" (E. Klebel). Als 1190 der Sohn Friedrich Barbarossas, Heinrich VI., den Thron bestieg, umfaßte seine Macht das Gebiet der heutigen Bundesrepublik und DDR, der Niederlande, Belgiens, Luxemburgs, einen erheblichen Teil von Ost- und Südfrankreich, die Schweiz, Italien, die Mittelmeerinseln Korsika, Sardinien und Sizilien, Österreich, die heutige Tschechoslowakei, Pommern und Schlesien. Damit hatte das mittelalterliche Reich seine größte Ausdehnung gewonnen, ohne daß aber eine integrierende Kraft von ihm ausgehen konnte. Sprache und Kultur in den einzelnen Gebieten unterschieden sich, der Kaiser regierte Germanen, Romanen und Slawen, die durchaus das Bewußtsein ihrer Eigenart besaßen, und es existierte kein stabiles Machtzentrum, das als Gegenge-

wicht gegen die föderalen, „bündischen" (M. H. Boehm)
Elemente im Staatsaufbau notwendig gewesen wäre. Heinrich VI., von seinen Zeitgenossen ehrfürchtig „der Hammer
der Erde" genannt, starb bereits im siebenten Jahr seiner
Regentschaft: „für das deutsche Reich die größte Katastrophe seiner mittelalterlichen Geschichte" (K. Hampe). Als
Nachfolger hinterließ er ein kleines Kind, den späteren
Friedrich II. So glanzvoll die Herrschaft dieses Staufers
dann auch war, sie bildete doch die Eröffnung eines langen
politischen Abgesangs.

Friedrich II. verkündete noch einmal den Anspruch auf
kaiserliche Hoheit und Würde, einen Anspruch, der über den
eigentlichen politischen Bereich weit hinausging. Er ver-
stand sich als rechtmäßiger Nachfolger der römischen
Cäsaren, gleichzeitig aber auch als sakraler Herrscher, als
Amtsträger Gottes, dem die weltliche u n d geistliche Ordnung der Erde aufgetragen war. Unter den kaiserlichen
Insignien, die bis heute erhalten geblieben sind, findet sich
ein dunkelblauer Krönungsmantel, der mit Sternenzeichen
bestickt war, um so den Auftrag zur Herrschaft über den
Kosmos zu symbolisieren, und die Reichskrone, die noch
die Verbindung von Kronreifen und bischöflicher Mitra
deutlich erkennen läßt. Die Auffassung vom Herrscheramt
als einem priesterlichen und königlichen ist älter als Rom,
die Bezeichnung des Reiches als „Sacrum imperium", als
„Heiliges Reich", stattete es mit einer unvergleichlichen
Würde aus. Der Vorrang des Kaisers wurde selbst dort noch
anerkannt, wo er keine reale politische Macht mehr besaß.
So war das Reich des Mittelalters „national und zugleich
übernational, ein staatliches und ein überstaatliches Reich"
(H. von Srbik). Diese Universalität hat den schicksalhaften
Konflikt mit der anderen universalen Macht, der römischen
Kirche, heraufbeschworen. Aber in dem Kampf zwischen
„imperium" und „sacerdotium" gab es am Ende nur Ver-
lierer.

Etwas von seinem Nimbus erhielt sich auch dann noch, als das Reich zunehmend verfiel. Alle Reformpläne des 15. Jahrhunderts versagten schließlich, das Imperium der Habsburger, „in dem die Sonne nicht unterging", blieb ein letztes Aufleuchten und stand zu der Tradition des Reiches in einem angespannten Verhältnis. Die Herrschaft Kaiser Karls V. empfing ihr Gesetz eben nicht von der europäischen Mitte, sondern von den „Säulen des Herkules", Spanien und dem „plus ultra", dem, was als neuentdeckter amerikanischer Kontinent „darüber hinaus" lag. Das Zentrum Europas verfiel einem Interregnum, einer finsteren, herrschaftslosen Zeit. In den vergangenen vierhundert Jahren hatte sich zudem der Schwerpunkt des Reiches verschoben, weg von der „Rhein-Achse" (E. Klebel), hin zu der Linie Wien-Prag; diese Gewichtsverlagerung verstärkte noch die Ostsiedlungsbewegung, die zwar nur einen relativen politischen Machtzuwachs bedeutete, aber eine nachhaltige kulturelle Prägung des ost-mitteleuropäischen Raumes bis weit nach Rußland hinein schuf. Davon ging jedoch keine Erneuerung des Reiches aus, vielmehr verstärkten sich in dieser Zeit die zentrifugalen Tendenzen: Italien war bald bis auf den Norden verloren, der westliche Grenzbereich fiel mit einiger Verzögerung an Frankreich, und Deutschland selbst zersetzte sich in eine große Zahl selbständiger Fürstentümer. Alle Bemühungen, den Kernbereich zu stabilisieren, etwa durch die Umwandlung der deutschen Wahlmonarchie in ein Erbkönigtum, scheiterten am Egoismus der Teile, die sich kaum noch als Teile eines Ganzen empfanden. Die große Tradition des Reiches schien sich immer mehr als eine Last zu erweisen.

Luthers Reformation war gewissermaßen eine letzte Frucht des mittelalterlichen christlichen Universalismus, die vorerst letzte — wie Fichte sagte — „Welttat des deutschen Geistes". Die Reformation zerstörte aber gleichzeitig auch noch die Glaubenseinheit des Reiches und bereitete den religiösen Bürgerkriegen den Boden. Als Konfessionskampf begann 1618 der große, der Dreißigjährige Krieg, der jedoch rasch ein anderes Gesicht zeigte: Mitteleuropa wurde zum Schlachtfeld der Völker. Die Nachbarstaaten trugen hier ihre Kämpfe aus, der Kaiser in Wien war nur noch als einer unter vielen beteiligt, die deutschen Fürsten schlugen sich bald auf diese, bald auf jene Seite, wo immer sie einen Vorteil erkannten. Der Friede ergab sich schließlich nur aus der völligen Erschöpfung der kriegführenden Parteien. Der zu Münster 1648 geschlossene Vertrag ist der eigentliche Totenschein des Reiches gewesen. Alle Pläne für die Erneuerung von der habsburgischen Hausmacht aus waren gescheitert, ebenso der in den Anfängen steckengebliebene Versuch Gustav Adolfs von Schweden, eine andere Ordnung herzustellen. Der Preis für die Pazifizierung der Mitte Europas war ihre Zerstückelung, und die Entschlossenheit ihres mächtigen Nachbarn Frankreich garantierte die Aufrechterhaltung dieses Zustandes. Frankreich ging wie Deutschland aus dem Karolingischen Großstaat hervor, folgte aber einem anderen politischen Gestaltungsprinzip als dem des „Reiches": dem der „Nation". Während der lockere Aufbau des Reiches schließlich zu dessen Verfall führte, erzwangen die französischen Könige einen zentralistischen Nationalstaat, der nach seiner Festigung im Inneren zur Expansion drängte. Aber die französische Außenpolitik, die konsequent auf die Gewinnung der Rheinlinie und Vernichtung jeder denkbaren Zentralmacht in Deutschland ausgerichtet blieb, war nicht der einzige Grund für die Agonie des Reiches. Während nämlich seine Verfassung wie ein gespensterhaftes Monstrum fortlebte, entstanden unter der zerfallenden Hülle neue Realitäten. Schon in der zweiten Hälfte des 17. Jahrhunderts zeichneten sich immer deutlicher die späten Folgen der Verlagerung nach Osten ab. Der Dreißigjährige Krieg schuf in aller Zerstörung doch auch die Grundlage für das Neue: Preußen. Dessen politisches Ethos hatte kaum mit der Tradition des Reiches zu tun. Auf der einen Seite die religiöse Weihe, auf der anderen betonte Nüchternheit, auf der einen Seite die Vielgestaltigkeit, auf der anderen die entschiedene Bündelung der Kräfte, auf der einen Seite Reichtum der Überlieferung, auf der anderen Kargheit und entschlossener Machtwille. Daß Preußen einmal die Entscheidung für das Reich treffen würde, war an seinem Anfang nur undeutlich zu erkennen. Die Politik Friedrichs des Großen und mehr noch diejenige Friedrich Wilhelms II. verschob den Staat mit der Zerstörung Polens immer weiter nach Osten; für eine gewisse Zeit schien das slawische Element in der Monarchie sogar das Übergewicht zu erlangen. Preußen wäre dann, ähnlich Österreich, allmählich aus dem Kerngebiet des Reiches herausgewachsen. Die weitere Entwicklung verstellte aber diesen Weg: Preußen wurde durch den Gang der Geschichte gezwungen, seinen „deutschen Beruf" wahrzunehmen. Es erhielt nur eine Frist, um Kräfte für die Auseinandersetzung zu sammeln.

Die Französische Revolution und ihr Vollender Napoleon schienen zu Anfang bloß die Politik ihres Landes gegenüber dem Reich fortzusetzen. Es zeigte sich dann aber, daß zumindest die Ziele Napoleons darüber hinausgingen: den Titel eines „Kaisers der Franzosen" hatte er mit Bedacht gewählt. Als er sich 1804 die Krone aufsetzte, legte der letzte Kaiser des Heiligen Römischen Reiches Deutscher Nation zwei Jahre später seine Krone nieder. Napoleon berief sich ganz bewußt auf die römischen Cäsaren und auf das Imperium Karls des Großen. Viele Zeitgenossen, gerade in Deutschland, glaubten in ihm den Erneuerer des Reiches zu erkennen. Daß sie Zeugen einer Usurpation und nicht der gültigen Neuordnung Zentraleuropas und des ganzen Kontinents waren, erkannten sie nur zögernd an. Napoleon beseitigte viel Überlebtes und gab unter den Völkern der Mitte wenigstens Italienern und Polen eine gewisse politische Einheit zurück. Aber er blieb letztlich doch ganz dem französischen Staatsnationalismus verhaftet. Die unaufhörlichen Kriege, in denen sich die Völker Europas verbluteten, waren Frankreichs Kriege; das gilt vor allem auch für den Feldzug gegen Rußland. Der schließliche Zusammenbruch des napoleonischen Imperiums war nach dem Scheitern dieses Angriffs nur folgerichtig. Frankreich hatte in der Revolution gezeigt, zu welcher Kraftentfaltung ein zu sich selbst gekommenes Volk fähig ist und doch nicht erkannt, daß dieses Lebensgesetz für alle Nationen gilt. Die Befreiungskriege wurden in Deutschland vorbereitet durch eine geistige Hochstimmung, die gerade die besten Köpfe erfaßte: „Die Hoffnung einer bessern Zukunft allein ist das Element, in dem wir noch atmen können" (J. G. Fichte). Und neben den Aufruf zum Kampf traten bald auch Entwürfe der Zukunft. Der Einfluß der Romantik auf diese Visionen ist nicht zu verkennen, aber in einem hielt man sich nahe bei den Realitäten: eine Erneuerung Deutschlands konnte nicht sein ohne die Erneuerung des Reiches: „Wir sind von Gott in den Mittelpunkt Europens gesetzt, wir sind das Herz unseres Welttheils", dessen Ordnung ist die „Weltbestimmung des deutschen Volkes" (E. M. Arndt).

Das Mittelalter erschien als die letzte Phase der nationalen Geschichte, in der es möglich gewesen war, dieser „Weltbestimmung" zu entsprechen. Das alte Kaisertum wurde deshalb zu einem wichtigen Orientierungspunkt für die junge Nationalbewegung. Auf Verwirklichung ihrer Pläne durften die Patrioten allerdings nicht hoffen. Der nach der Niederwerfung Napoleons zusammengetretene Wiener Kongreß schuf eine europäische Friedensordnung, die sich als überraschend stabil erwies, diese Stabilität aber nicht zuletzt gewann, weil die Garantiemächte sich einig waren, den Zustand der Ohnmacht Mitteleuropas zu erhalten. Es kam zu keiner Erneuerung des Reiches, nur zur Gründung eines losen „Deutschen Bundes", in dem Österreich die Leitung übernahm. Dem Wiener Staatskanzler Metternich war an einer Veränderung nichts gelegen. Zwar besaß er ein deutliches Vorgefühl kommender Umbrüche, aber er hoffte doch, das Ende seiner Welt wenigstens hinauszögern zu können. Dabei war sein extremer Konservatismus durchaus nicht ohne Genialität, aber am Ende doch ohne schöpferischen Impuls. Metternich glaubte durch die Unterdrückung aller nationalen und freiheitlichen Bestrebungen in Deutschland die Energie zu gewinnen, um die gleichfalls unruhig werdenden Völker des Vielvölkerstaates der Donaumonarchie im Zaum zu halten. Beide Hoffnungen waren vergeblich: das Erwachen der Nationen Mitteleuropas, der „Völkerfrühling", konnte nicht mit den Methoden eines Polizeistaates ungeschehen gemacht werden. Das System des Wiener Kongresses hatte Bestand für drei Jahrzehnte, dann brach es fast über Nacht zusammen.

Die Revolution von 1848 erfaßte keinen politischen Raum mit solcher Heftigkeit wie den mitteleuropäischen: in Deutschland, Italien, Ungarn und Polen kam es zu Aufständen, überall war die Forderung nach Freiheit im Inneren und Selbstbestimmung der Völker nach außen zu hören. Es zeigte sich allerdings auch rasch ein Dilemma, über dessen Existenz man sich in den Jahren zuvor hinweggetäuscht hatte. Im „Vormärz" trugen die deutschen Patrioten nicht nur den „deutschen Dreifarb", sondern auch die Fahnen der Polen und Italiener. Man glaubte sich in einem brüderlichen Nationalismus verbunden, ohne zu bedenken, welche Konflikte entstehen mußten, wenn deren Selbstbestimmungsrecht verwirklicht werden sollte. Ein wiedererstandenes Polen mußte zwangsläufig neben Ansprüchen auf russische Gebiete solche auf Territorien Preußens und Österreichs anmelden; Italien konnte nicht dulden, daß seine „unerlösten" Regionen den Habsburgern verblieben. Es rächte sich, daß der Nationalismus in Mitteleuropa, obwohl hauptsächlich in Abwehr des französischen entstanden, doch dessen Gesetz unterworfen blieb: der Traum aller Völker war eben auch die „nation, une et indivisible", die vereinigte und unteilbare Nation.

Obwohl bei den westeuropäischen Nationen die Voraussetzungen für dieses Ideal noch besser waren als in Mitteleuropa mit seiner ganz besonderen Gemengelage verschiedener völkischer Gruppen, hatten diese doch für dessen Verwirklichung einen blutigen Preis entrichtet: Großbritannien etwa mit der Unterdrückung seiner keltischen Bevölkerungsteile, die im Falle Irlands zum Völkermord gesteigert wurde, Frankreich in der Zeit der Revolution durch die rigorose Zentralisierung, die in der Bretagne und Vendée zur Vernichtung von Zehntausenden von Menschen führte, die sich ihrer Tradition und Religion so verpflichtet fühlten, daß sie Widerstand gegen die von Paris ausgehenden Maßnahmen leisteten. So barbarisch sich dieser politische Entwurf der Nation also immer wieder erwiesen hatte, so wenig war er praktisch für die Neuordnung des mitteleuropäischen Raumes geeignet.

Als die Frankfurter Nationalversammlung 1848 zusammentrat, blieben ihr die Vertreter der Ungarn, der Tschechen, der Polen und der Italiener fern. Viele, die gestern noch für die Solidarität der unterdrückten Völker eingetreten waren, forderten heute die Durchsetzung des Machtstandpunktes. Sogar die politische Vision eines imperialen deutschen Staates, eines Blocks im Zentrum Europas mit Kriegsflotte und Kolonialbesitz in Übersee stand vielen vor Augen. Daß die nicht-deutschen Nationen in diesem neuen Herrschaftsbereich einen ständigen Unruheherd bilden würden, der das Gebilde eines Tages mit Sicherheit sprengen mußte, wollte ihnen ebensowenig einleuchten wie die Tatsache der natürlichen Gegnerschaft aller übrigen

271

Großmächte gegen den plötzlich auftauchenden gefährlichen Konkurrenten. Das Ganze blieb denn auch ein Tagtraum; zu den bitteren Notwendigkeiten der politischen Realität hatte nur eine Minderheit Zugang. Schließlich war nicht einmal die „kleindeutsche" Lösung mit dem preußischen König als Kaiser und unter Verzicht auf die Einbeziehung der Donaumonarchie zu haben.

Deutschland und Mitteleuropa sanken in den 1850er Jahren scheinbar in den Zustand der Apathie zurück. Das Problem einer Neuordnung ließ die Geister aber nicht los: weder die Theoretiker wie Friedrich List, der den Plan eines einheitlichen Wirtschafts- und Zollgebietes entwarf, noch die politischen Praktiker, wie den österreichischen Ministerpräsidenten Schwarzenberg, dessen Vorstellung von einem „Siebzigmillionenreich" durchaus realisierbar erschien. Die Zeit für so umfassende Lösungsversuche war aber noch nicht gekommen, und die habsburgische Monarchie blieb angesichts immer deutlicherer Zerfallserscheinungen denkbar ungeeignet als Ausgangspunkt für solche Projekte. Zuerst mußte der Kernbereich Mitteleuropas erneuert werden, bevor man an eine weiterreichende Erfassung des Raumes denken durfte.

Zur Erfüllung dieser Aufgabe war nach Lage der Dinge nur Preußen fähig. Im 18. Jahrhundert hatte sich dieser Staat eine Machtbasis geschaffen, die ihn zum Konkurrenten Österreichs bestimmte, aber in der ersten Hälfte des 19. Jahrhunderts waren praktisch keine Versuche von Preußen aus unternommen worden, eine andere Rolle, als die der kleinsten europäischen Großmacht zu spielen. Zwar unternahm Preußen einige zögerliche Anläufe, seinen „deutschen Beruf" zu übernehmen, aber vor letzten Schritten scheute man dort immer wieder zurück. Es bedurfte der politischen Genialität Bismarcks, um diesen Zustand wirklich zu ändern. In drei duellartigen Kriegen wurden Dänemark, die zweite deutsche Vormacht Österreich und dann der dauernde Gegner jeder deutschen Einheit, Frankreich, niedergeworfen und ein Staat geschaffen, der wenigstens den größten Teil des deutschen Siedlungsgebietes umfaßte. Die Gründung des neuen „Deutschen Reiches" bedeutete das Ende der preußischen Monarchie und ihrer Staatsräson, aber es bedeutete nicht die Neuordnung Zentraleuropas. Niemand wußte besser als Bismarck, daß die kleindeutsche Nationalstaatsbildung ein „gerade noch" (A. Hillgruber) war, eine Zumutung an die übrigen europäischen Großmächte, die diese eben hinzunehmen bereit sein konnten. Alle „großdeutschen" Pläne hat Bismarck deshalb immer wieder abgelehnt, obwohl er sich darüber im klaren war, daß Österreich-Ungarn im Konfliktfall der einzige zuverlässige Verbündete sein würde. Bei Gelegenheit formulierte er sogar seine Ansicht, daß man den Habsburger-Staat opfern müsse, wenn sich keine andere Möglichkeit biete, um das Reich zu retten. Seine Kritiker haben Bismarck diese Haltung immer wieder vorgeworfen. Es gab unter ihnen konservative Intellektuelle wie Paul de Lagarde und Constantin Frantz, die die Entwicklung eines konstruktiven Mitteleuropa-Projektes erwarteten. Dabei besaßen die Vorschläge von Frantz für einen „mitteleuropäischen Bund", ein föderales Gebilde, in dem auch die nichtdeutschen Bevölkerungsgruppen „für ihr Nationalleben die vollste Freiheit behalten" sollten, durchaus zukunftweisende Züge, aber sie waren unter den gegebenen Verhältnissen nicht zu realisieren. Trotz der zunehmenden außenpolitischen Isolierung Deutschlands, vor allem nach der Entlassung Bismarcks, blieben alle Versuche, einen engeren Zusammenschluß zwischen dem Reich und Österreich-Ungarn aufzubauen, in Ansätzen stecken. Die politische Führung ging vielmehr davon aus, daß man durch Beteiligung an dem imperialistischen Wettlauf um Weltmachtpositionen die „Verkeilung" (M. Stürmer) in die Mittellage sprengen könne.

Bereits am Beginn des Ersten Weltkrieges zeigte sich die ganze Unmöglichkeit dieses Weges: die Kolonien gingen in kurzer Zeit verloren, Deutschland verblieb wie vorhergesehen nur die Donaumonarchie als Verbündeter und ein enger Zusammenschluß der beiden Staaten mußte in der Logik der historischen Entwicklung liegen. Zahllose Erörterungen zum Thema „Mitteleuropa" erschienen, die berühmteste 1915 von Friedrich Naumann. Naumanns Überlegungen waren ganz wesentlich von den Bedingungen des Krieges und insbesondere der Kriegswirtschaft diktiert. Er sah eine Zeit voraus, in der nur noch „autarke", d. h. sich wirtschaftlich selbst versorgende Großräume politisch überlebensfähig wären. Sein Ziel war deshalb der Zusammenschluß des Reiches und Österreich-Ungarns zum „Kristallisationskern" eines zukünftig auch Frankreich und die westlich bzw. östlich an Deutschland angrenzenden Gebiete erweiterten „Mitteleuropa". Der so entstandene Staatenbund sollte einerseits die Freiheit seiner Glieder nicht beeinträchtigen, andererseits in der „heraufziehenden Geschichtsperiode der Staatenverbände und Massenstaaten" in der Lage sein, den Konkurrenzkampf mit den britischen, amerikanischen und russischen Imperien zu bestehen. Kurz vor Erscheinen von Naumanns Buch hatte der Chef des Generalstabes, Falkenhayn, eine Denkschrift betreffend die Gründung eines „Mitteleuropäischen Staatenbundes" an den Reichskanzler Bethmann-Hollweg übergeben. Falkenhayns Plan lag die Überlegung zugrunde, daß es möglich sein müsse, die im September 1915 geschlossene Militärkonvention zwischen Deutschland, Österreich-Ungarn und Bulgarien in einen engeren, auch politischen Zusammenschluß zu verwandeln. Die Realisierung dieses und ähnlicher Projekte scheiterte aber am Widerstand der Donaumonarchie, der Begriff „Mitteleuropa" selbst kam in Verruf, nachdem er zur Bezeichnung einer überdehnten Annexionspolitik, wie sie Teile der radikalen Rechten in Deutschland planten, benutzt worden war.

Der Zusammenbruch des Reiches und die völlige Zerstörung des habsburgischen Staates unterbrachen die Diskussion über die Möglichkeit zur Reorganisation der europäischen Mitte nur für kurze Zeit. Die „Balkanisierung" Ostmitteleuropas durch die Schaffung einer großen Zahl kleiner politischer Gebilde zwischen Deutschland und der Sowjetunion löste das Problem in keiner Weise. Das Selbstbestimmungsrecht der Völker, auf das die Nachkriegsordnung gegründet werden sollte, erwies sich in kurzer Zeit als für den mitteleuropäischen Raum völlig unbrauchbar. Hier entstand der eigentliche Krisenherd, der der „Europa irredenta". Keiner der neuen Staaten war in sich homogen, jeder mußte in seinem Inneren mit nationalen Minderheiten fertigwerden, deren Zahl gelegentlich so groß wurde, daß das „Staatsvolk" selbst nur eine, eben die umfangreichste nationale Minderheit bildete. Die Folge war eine dauernde Instabilität, die selbstverständlich die Einflußnahme der größeren Länder provozierte. Insbesondere Frankreich versuchte durch ein Bündnissystem einen „cordon sanitaire" um Deutschland herumzulegen, der dieses an jeder weiteren Machtentfaltung hinderte. Die Politik der Weimarer Republik bemühte sich, dem zu begegnen, allerdings ohne wirkliche Aussicht auf Erfolg. Das Scheitern der von Brüning 1931 in Aussicht genommenen Zollunion zwischen Deutschland und Österreich ist dafür symptomatisch. Die praktische Ergebnislosigkeit scheint theoretische Überlegungen allerdings eher gefördert zu haben: Es gab Vorstellungen von einer „antiimperialistischen Front" (G. Wirsing) Deutschlands und der Völker „Zwischeneuropas", die die Ordnung des Vertrages von Versailles sprengen sollte, die Ideen Naumanns wurden in veränderter Form neu diskutiert, und als besonders einflußreich erwies sich der Rückgriff auf den Reichsgedanken. Hier war im Hintergrund die Erfahrung der Situation der deutschen Volksgruppen in Ostmitteleuropa lebendig, aus der man endlich konstruktive Folgerungen ziehen wollte. Das „Reich" würde eine föderative Ordnung Mitteleuropas verwirklichen, der nicht ein zentralistischer Begriff der „Nation" zugrunde lag, sondern die Gleichberechtigung der Völker: „der Gedanke des gegliederten Reiches, welches allen seinen Gliedern das Maß von Freiheit gewährt, das allein imstande ist, die bisherigen Vorstellungen von Annexion, Ausbeutung und Völkervernichtung endgültig aus der Seele Europas zu entfernen" (E. J. Jung).

Der Begriff des „Reiches" spielte auch in der nationalsozialistischen Ideologie eine wichtige Rolle, war aber mit einer ganz anderen Bedeutung verbunden. Das Staatsverständnis wurzelte hier in zentralistischen Vorstellungen, deren Ursprung letztlich in der Französischen Revolution zu suchen ist. Zudem war der Ausgangspunkt dieser Weltanschauung nicht die geschichtliche Situation mit ihrem komplizierten Geflecht von Völkern und Staaten, sondern ein unhistorisches Prinzip, das die Neigung zu tabula-rasa-Lösungen wachsen ließ: die „Rasse". Dennoch setzte sich die Mitteleuropa-Diskussion auch im Dritten Reich fort, und in den 30er Jahren konnte es scheinen, als ob sie einen wachsenden Bezug zur außenpolitischen Strategie Hitlers gewann. Bis zum Anschluß Österreichs und der Ratifizierung des deutsch-rumänischen Handelsvertrages von 1939 konnte man die Auffassung vertreten, das nationalsozialistische Deutschland strebe danach, die Erbschaft der Donaumonarchie im ostmitteleuropäischen Raum anzutreten. Die politische Führung des Reiches hat die Mitteleuropa-Idee, vor allem wegen der darin enthaltenen Vorstellung von der Autonomie der Völker, aber immer als wesensfremd empfunden. Die rassischen „Großräume", die Hitler seiner Vorstellung von einer Neuordnung Europas und der Welt zugrunde legte, waren in ihren Voraussetzungen von ganz anderen Faktoren bestimmt.

Der Zweite Weltkrieg und die unmittelbar anschließende Zeit zerstörten wesentliche Ausgangsbedingungen aller bisherigen Vorstellungen vom Aufbau Mitteleuropas. Die Vernichtung des Judentums, die Vertreibung der Deutschen aus den Ostgebieten des Reiches und den meisten ostmitteleuropäischen Staaten, die sogenannte „Westverschiebung" Polens, das alles beseitigte eine jahrhundertealte ethnische Struktur. Deutschland als die natürliche Führungsmacht des Raumes verschwand für unabsehbare Zeit als politischer Faktor, es verlor mehr als ein Drittel seines Territoriums und wurde nach den Gesetzen der neuen ideologischen Auseinandersetzung zwischen West und Ost geteilt. Und auch, nachdem mit der Bundesrepublik ein Teil Deutschlands Handlungsfreiheit in bescheidenem Umfang zurückgewann, war eine Wiederanknüpfung an frühere Überlegungen kaum vorstellbar. Noch in den 40er Jahren hatte Jakob Kaiser, innerparteilicher Gegner Konrad Adenauers in der CDU, gemeint, Deutschland müsse in die Funktion einer „Brücke" zwischen den verfeindeten Blöcken hineinwachsen, aber dieser Plan erwies sich rasch als illusorisch: Der Besiegte des Krieges konnte nicht zwischen den verfeindeten Siegern vermitteln. Für mehr als drei Jahrzehnte schien es dann, als habe die Geschichte eine neue Qualität angenommen, als sei die Frage nach der Ordnung der europäischen Mitte endgültig gelöst durch ihre Teilung in zwei Einflußsphären. Aber ganz offensichtlich kehren die traditionellen Probleme wieder, auch die, die mit Gewalt beiseite geschoben werden.

Seit dem Ende der 70er Jahre gibt es eine neue „Mitteleuropa-"Diskussion, wenn auch mit entscheidend veränderten Vorzeichen. Ihre Anstöße gingen nämlich fast ausschließlich von den nicht-deutschen Staaten des Zentrums aus. Mehr am Rande standen jene Versuche in Triest, dem alten Hafen der Donaumonarchie, ein „Movimento Mitteleuropeo" aufzubauen. Man erhoffte sich durch die Wiederbesinnung auf die alte Wirtschafts- und Verkehrsstruktur der Region die Überwindung der italienischen Dauerkrise. Damit war der Begriff „Mitteleuropa" zwar in die Debatte zurückgekehrt, aber der Funke sprang nicht über. Erst mit der Friedensdiskussion gewann das Thema wieder aktuelle Bedeutung. Anknüpfend an Pläne aus den 50er Jahren wird die Möglichkeit einer chemie- oder atomwaffenfreien Zone in Mitteleuropa erwogen. Darüber hinaus gehen noch die Überlegungen verschiedener Dissidenten in Ungarn und der Tschechoslowakei, die, wie etwa György Dalos, der Vorstellung einer „mitteleuropäischen Konföderation" aller Staaten des Warschauer Paktes zwischen der sowjetischen Westgrenze und der Demarkationslinie anhängen. Man hofft, daß durch die Entstehung eines solchen Bundes die kulturellen Traditionen der ihm angehörenden Völker besser geschützt werden können, ohne daß sich die UdSSR in ihren Sicherheitsinteressen bedroht fühlen müßte. Eine besonders intensive Diskussion um die „Notgemeinschaft Mitteleuropa" (Peter Bender) wird auch in Österreich geführt. Dabei mag der Versuch, der Enge des Kleinstaates zu entfliehen, eine Rolle spielen. In jedem Fall findet man interessierte Zuhörer jenseits des „Eisernen Vorhangs". Dort hat sich längst Ernüchterung über das Scheitern der Nationalismen ausgebreitet, und die Habsburger Monarchie, auf deren Zerstörung einmal alle Hoffnungen der Slawen und Magyaren gerichtet waren, erscheint manchem heute in verklärtem Licht. Auch in der Bundesrepublik ist „Mitteleuropa" erst im Zuge einer Desillusionierung zum Thema geworden. Etwa zu Beginn der 80er Jahre setzte sich in Teilen der Bevölkerung und vor allem in der Intelligenz die Einsicht durch, daß die Friedensfrage nicht auf dem Weg einer weiteren Anhäufung atomarer Sprengköpfe und die Frage der politischen Identität nicht durch den Verweis auf die „westliche Wertegemeinschaft" beantwortet werden kann. Die Schlußfolgerungen aus dieser Problemstellung sind ganz unterschiedlich, und eine Verbindung mit dem Thema „Mitteleuropa" ist erst relativ spät hergestellt worden. Auf dem Bundesparteitag der Sozialdemokraten in Nürnberg, im Sommer 1986, hat der damalige SPD-Geschäftsführer Peter Glotz durch seine Aufforderung, über „Mitteleuropa" nachzudenken, eine neue Entwicklung in Gang gesetzt. Glotz griff nicht nur auf Friedrich Naumanns Ideen, sondern ausdrücklich auch auf den „Reichsgedanken" zurück. Selbstverständlich fanden seine Äußerungen den schärfsten Widerspruch, sowohl aus den eigenen Reihen, als auch von gegnerischer politischer Seite. Aber in relativ kurzer Zeit wurden zum Problem „Mitteleuropa" Bücher veröffentlicht, Vorträge gehalten, Seminare und Tagungen durchgeführt. Interessanterweise entspricht der Frontverlauf in dieser Debatte nicht dem allgemeinen politischen Ordnungsschema. Bei den Linken wie bei den Bürgerlichen läßt sich eine Status-quo-Fraktion und eine „Bewegungspartei" ausmachen. Da gibt es einen Querdenker wie Karl Schlögel, aus der APO und der „Neuen Linken" herkommend, der erklärt: „Europa als Mitte — das wäre ein Projekt der zivilen Kräfte in Europa." Da gibt es den Bochumer Politologen Bernard Willms, glänzender national-konservativer Theoretiker, der formuliert, die deutsche Nation weise „über sich als Nation hinaus, sie ist zum Reich hin offen". Die Gegnerschaft zu solchen Vorstellungen ist in der Sozialdemokratie verbreitet, stärker ausgeprägt allerdings im Regierungslager. Der Kanzler hat vor „Gedankenexperimenten" gewarnt, die dazu führten, in „einer angeblichen Sonderstellung Mitteleuropas den Schlüssel zur Überwindung der Teilung des Kontinents" zu sehen. Helmut Kohl sprach auch davon, die Mitteleuropa-Idee sei eine „gefährliche Sprengladung". Wenn damit gemeint war, daß die Durchsetzung dieser Vorstellung die bestehenden Machtverhältnisse im Zentrum Europas verändern könnte, wird man ihm recht geben müssen. — Das Problem „Mitteleuropa", auf seinen Kern gebracht, führt zum Problem der deutschen Teilung. Vierzig Jahre lang wurde die Deutsche Teilung ausschließlich unter dem Gesichtspunkt des Ost-West-Konfliktes betrachtet, und in vierzig Jahren konnte die Deutsche Teilung nicht überwunden werden. Wenn man heute neu beginnt, über die Realität geopolitischer Konstanten nachzudenken, wenn die Verkürzung der deutschen Geschichte auf fünfzig oder höchstens zweihundert Jahre zugunsten einer weiteren Perspektive aufgegeben wird, dann muß das zwangsläufig politische Rückwirkungen haben. Schon erhebt sich die Stimme der Mahner, die im „Traum von Mitteleuropa" ein „Einfallstor für antiwestliches Denken, Politikdistanz und kritische Abwendung von der Industriegesellschaft" (Werner Weidenfeld) sehen, es geht die Rede vom unseligen „deutschen Sonderweg". Dabei ist die Frage nach der Identität der Deutschen längst unausweichlich gestellt, und wer danach fragt, fragt immer nach dem „Besonderen". So wie jedes andere Volk, haben auch die Deutschen ihren eigenen geschichtlichen Weg, eben ihren „Sonderweg" genommen. Der Blick auf dessen Verlauf in der Vergangenheit kann vielleicht auch einen Aus-Weg in die Zukunft eröffnen: für das deutsche u n d für alle anderen Völker im Herzen des Kontinents.

Daß es Nationen gibt, ist historisch das Europäische an Europa.

Hermann Heimpel

Notizen über die Autoren

HELLMUT DIWALD, geboren 1929 in Südmähren, aufgewachsen in Prag und Nürnberg, dann Studium der Ingenieurwissenschaften bis zum Abschluß, hernach auch der Geschichte und Philosophie. Promotion 1953, Habilitation 1958. Diwald ist Professor für Mittlere und Neuere Geschichte an der Universität Erlangen.

Wichtigste Veröffentlichungen: Das historische Erkennen (1955); Lebendiger Geist (als Hrsg., 1959); Wilhelm Dilthey. Erkenntnistheorie und Philosophie der Geschichte (1963); Wallenstein. Eine Biographie (1969); Die Anerkennung (1970); Anspruch auf Mündigkeit (1975); Geschichte der Deutschen (1978); Der Kampf um die Weltmeere (1980); Die Erben Poseidons (1984); Luther. Eine Biographie (1985); Lebensbilder Martin Luthers (1985); Mut zur Geschichte (1986); Heinrich der Erste. Die Gründung des Deutschen Reiches (1987).

WALTER HILDEBRANDT, geboren 1912 in Leipzig, emerit. o. Professor für Soziologie an der Universität in Bielefeld. Vorsitzender des Gesamteuropäischen Studienwerks e. V., Vlotho, und Mitherausgeber der Zeitschrift „Deutsche Studien".

Wichtigste Veröffentlichungen: Die Sowjetunion — Macht und Krise (1956); Siegt Asien in Asien? (1966); Das nachliberale Zeitalter (1973); Mut zur Mühe. Wege zur Lebensentfaltung (1984); Leben aus der Kraft der Stille (gemeinsam mit Irma Hildebrandt (1986); Versuche gegen die Kälte. Essays (1987). — Zahlreiche Essays in Zeitschriften, insbesondere auch im Taschenbuch-Magazin INITIATIVE (1974 - 1988).

GERD-KLAUS KALTENBRUNNER, geboren am 23. Februar 1939 in Wien, lebt als österreichischer Staatsbürger seit langem im Schwarzwald und war von 1974 bis 1988 Alleinherausgeber des Taschenbuch-Magazins INITIATIVE. Bundespräsident Richard von Weizsäcker rühmte ihn 1986 als einen „anerkannten philosophischen Essayisten, Ideenhistoriker und Biographen", der mit seinen Werken in beeindruckender Weise „die Aktualität eines aufgeklärten, kritischen und demokratischen Konservatismus" zu vermitteln verstehe. Dr. Helmut Kohl bekannte einmal, daß er gewisse Zeitschriftenartikel von Kaltenbrunner „oft mit viel Sympathie und Zustimmung" studiere, auch wenn er durchaus nicht immer mit seinen Meinungen einverstanden sei.

Dr. Klaus Wippermann, Mitglied der SPD, erklärte im Herbst 1987 im „Parlament", daß G.-K. Kaltenbrunners „Essays von einer heute andernorts leider kaum mehr zu findenden Brillanz und Vielfalt kulturhistorischen Wissens" seien. Ein allem rechten Denken überaus abholder Kritiker wie der „Zeit"-Autor Claus Leggewie nannte Kaltenbrunner den „absoluten Superstar des neuen deutschen Konservatismus" (in dem 1987 erschienenen Buch „Der Geist steht rechts"). Die angesehene „Neue Zürcher Zeitung" stellte am 16. Januar 1987 fest: „Das — editorisch gesehen — Ein-Mann-Unternehmen der INITIATIVE ist das Publikationsforum eines bewußten, sich durchaus kämpferisch gebenden und sich selbst als aufgeklärt verstehenden Konservatismus oder Neokonservatismus." Im Westdeutschen Rundfunk bezeichnete Harald Kaas am 28. Juni 1984 Kaltenbrunner als „begnadeten Leser" und „geborenen Essayisten", der mit dem Taschenbuch-Magazin INITIATIVE „inmitten eines Ozeans von Gewäsch und gegenseitiger Hagelschadenversicherung eine Insel der Reflexion, eine Arche für Nachdenkliche geschaffen hat, die in Deutschland einmalig ist". Der Pressedienst des Athenaeum Clubs für Führungskräfte und Kaderleute (Lugano) stellte ihn am 19. Januar 1988 u. a. mit den Worten vor: „Gerd-Klaus Kaltenbrunner hat als Schriftsteller und Herausgeber internationale Bekanntheit erreicht. Sein Interesse gilt vor allen Dingen der kritischen Auseinandersetzung mit politischen Fragen. Aus dem Erbe abendländischer Bildung schöpfend, gelingt es ihm, grundlegende ethische Werte herauszuschälen und miteinander in Beziehung zu setzen. Damit stellt er eingängigen, aber oberflächlichen und falschen Parteiparolen eine durchdachte Alternative gegenüber. Ohne an dogmatischen Prämissen zu kleben, sondern vielmehr analytisch fortschreitend, wagt es Kaltenbrunner, Begriffe wie Ordnung, Stabilität, Freiheit, Elite und Askese neu zu reflektieren."

Für seine geistesgeschichtlichen, kulturphilosophischen, biographischen und zeitkritischen Essays wurde Kaltenbrunner mit dem Baltasar-Gracián-Preis (1985), dem Anton-Wildgans-Preis für Literatur (1986), dem Konrad-Adenauer-Preis für Literatur (1986) und dem Mozart-Preis der Goethe-Stiftung (1988) ausgezeichnet.

Wichtige Veröffentlichungen (Auswahl): Rekonstruktion des Konservatismus (als Hrsg., Haupt Verlag, Bern ³1978); Europa. Seine geistigen Quellen in Porträts (3 Bände, Regio Verlag Glock & Lutz, Sigmaringendorf 1981 - 1985); Elite. Erziehung für den Ernstfall (MUT-Verlag, Asendorf 1984); Wege der Weltbewahrung. Sieben konservative Gedankengänge (MUT-Verlag, Asendorf 1985); Vom Geist Europas — Landschaften · Gestalten · Ideen (MUT-Verlag, Asendorf 1987).

HEINZ KARST, geboren am 1. Dezember 1914 in Aachen. Studium der Germanistik, Geschichte und Philosophie in Köln und Würzburg. 1936 Einziehung zur Wehrmacht in Coburg. 1939 aktiver Offizier. 1939 -

1945 Kriegsteilnehmer als Kompaniechef, Bataillonskommandeur und Kampftruppenschulkommandeur. Nach Entlassung aus amerikanischer Kriegsgefangenschaft Fortsetzung des Studiums. Dozent für deutsche Literaturgeschichte an der Buchhändlerschule in Köln. 1952 Eintritt in die Dienststelle Blank als Hilfsreferent. 1955 Major der Bundeswehr. 1959 Referent für Erziehung und Bildung im Führungsstab der Streitkräfte (Oberst), Brigadekommandeur in Schwanewede (Brigadegeneral), seit 1967 General des Erziehungs- und Bildungswesens im Heer. 1970 auf eigenen Wunsch in den Ruhestand versetzt.

Zahlreiche Beiträge in Zeitschriften und Sammelbänden sowie Vorträge im In- und Ausland über politische und strategische Fragen. Träger des Großen Bundesverdienstkreuzes, Gründungsmitglied des Studienzentrums Weikersheim (1979) und Inhaber wichtiger Ämter in anderen politisch-kulturellen Vereinigungen.

Wichtigste Veröffentlichungen: Das Bild des Soldaten (3 1969); Unterführerunterricht (1978); Menschenführung und Personalauslese in Wirtschaft und Armee (1986); Bundeswehr im geschichtlichen Niemandsland? Zum Verhältnis der Bundeswehr zu Wehrmacht und Reichswehr (mit Klaus Hornung, Karl Feldmeyer, Johann Graf Kielmansegg und anderen, 1986).

HERBERT KREJCI, geboren 1922, 1940 bis 1946 Kriegsdienst und Gefangenschaft. Anschließend Journalist, zuletzt Ressortleiter für Außenpolitik bei der Tageszeitung „Wiener Kurier". Seit 1956 in der Vereinigung Österreichischer Industrieller tätig: 1961 Leiter der Presseabteilung und Chefredakteur der Wochenzeitschrift „industrie", 1971 Leitender Sekretär, 1977 Generalsekretär-Stellvertreter, 1980 Generalsekretär. Lehrbeauftrager für Wirtschaftspublizistik an der Hochschule für Welthandel (Wirtschaftsuniversität) Wien. 1973 erhielt er vom österreichischen Bundespräsidenten den Berufstitel Professor. Zahlreiche Zeitungs- und Zeitschriftenaufsätze sowie Vorträge.

DETLEF KÜHN, 1936 in Potsdam geboren, studierte Rechtswissenschaften in Berlin, erstes und zweites Staatsexamen; 1966 bis 1970 wissenschaftlicher Assistent und Geschäftsführer des Arbeitskreises für Außen- und Deutschlandpolitik der FDP-Bundestagsfraktion Bonn; 1970 bis 1972 persönlicher Referent des Staatssekretärs Dr. Günter Hartkopf im Bundesministerium des Innern. Seit 1972 Präsident des Gesamtdeutschen Instituts — Bundesanstalt für gesamtdeutsche Aufgaben in Bonn.

INGE MEIDINGER-GEISE, geboren am 16. März 1923 in Berlin. Studium der Germanistik und Geschichte in Berlin und Erlangen (Dr. phil). Lebt seit 1943 in Erlangen. Vorsitzende der Europäischen Autorenvereinigung „Die Kogge" seit 1967. Mitglied des PEN-Clubs. Auszeichnungen: Willibald-Pirkheimer-Medaille (1956), Kunstpreis der Stadt Erlangen (1972), Kogge-Ehrenring der Stadt Minden (1973), Hans-Sachs-Bühnenpreis (1976), Dauthendey-Plakette (1979), Hugo-Carl-Jüngst-Medaille (1982), Bundesverdienstkreuz am Bande (1985).

Wichtigste Veröffentlichungen (Auswahl): Welterlebnis in deutscher Gegenwartsdichtung (2 Bde, 1956); Perspektiven deutscher Dichtung (Jahrbücher, 1957 - 1972); Die Freilassung (Roman, 1958); Das Amt schließt um fünf (Erzähl., 1960); Der Mond von gestern (Roman, 1963); Nie-Land (Erzähl., 1964); Gegenstimme (Lyrik, 1970); Quersumme (Lyrik, 1975); Erlanger Topographien (Essays, 1967); Europa-Kontrapunkte (1978); Kleinkost und Gemischtfarben (Satiren, 1978); Tee im Parterre (Erzähl., 1982); Alle Katzen sind nicht grau (Erzähl., 1983); Zweimal Ortwin (Erzähl., 1983); Eine Minute Vergänglichkeit (Erzähl., Leipzig 1985); Zählbares — Unzählbares (Lyrik, 1985); Zwischenzeiten (Lyrik, 1988); Mauros Partner (Erzähl., 1988); Menschenmögliches. Geschichten zum Schmunzeln (1988).

KLAUS MOTSCHMANN, geboren am 4. März 1934 in Berlin. Studium der Evangelischen Theologie, der Politologie und Neueren Geschichte in Ost- und West-Berlin. Diplom 1960, Promotion 1969. Seit 1971 Professor an der Hochschule der Künste in Berlin. 1972 bis 1980 Schriftleiter der Zeitschrift „Konservativ - heute"; nach der Fusion mit „Criticón" in der Redaktion dieser Zeitschrift. Seit 1985 Schriftleiter der Zeitschrift „Erneuerung und Abwehr" (Monatsblatt der Evangelischen Notgemeinschaft in Deutschland). Motschmann ist Vorstandsmitglied verschiedener wissenschaftlicher, hochschulpolitischer und kirchlicher Vereinigungen.

Wichtigste Veröffentlichungen: Evangelische Kirche und preußischer Staat in den Anfängen der Weimarer Republik (1970); Sozialismus. Das Geschäft mit der Lüge (1978); Oskar Brüsewitz. Sein Protest, sein Tod, seine Mahnung (1978); Zwischen Widerstand und Anpassung. Positionen der evangelischen Kirche zum Totalitarismus (1979); Sozialismus und Nation (1979); Herrschaft der Minderheit. Die verratene Basis (1983); Angst als Waffe (1985).

DIETRICH MURSWIEK, geboren 1948 in Hamburg, studierte Rechtswissenschaften an den Universitäten Erlangen, Marburg und Heidelberg (dort unter anderem bei Ernst Forsthoff) und promovierte 1978 zum Dr. jur. Nachdem er zuerst Wissenschaftlicher Mitarbeiter an der Universität Saarbrücken war, lehrt er nun als Professor an der Juristischen Fakultät der Georg-August-Universität zu Göttingen.

Wichtigste Veröffentlichungen: Die verfassunggebende Gewalt nach dem Grundgesetz für die Bundesrepublik Deutschland (1978); Systematische Überlegungen zum Selbstbestimmungsrecht des deutschen Volkes (In: Deutschland als Ganzes. Rechtliche und historische Überlegungen. Köln 1985); Die staatliche Verantwortung für die Risiken der Technik. Verfassungsrechtliche Grundlagen und immissionsrechtliche Ausformung (Berlin 1985); Wiedervereinigung Deutschlands und Vereinigung Europas — zwei Verfassungsziele und ihr Verhältnis zueinander (In: Die Überwindung der europäischen Teilung und die deutsche Frage. Hrsg. von Dieter Blumenwitz und Boris Meissner. Köln 1986).

REINHOLD OBERLERCHER, geboren 1943 in Dresden, studierte 1965 bis 1970 Philosophie, Pädagogik und Soziologie in Hamburg, wo er zu den führenden Aktivisten und Theoretikern des Sozialistischen Deutschen Studentenbundes (SDS) zählte und gemeinsam mit Rudi Dutschke und Bernd Rabehl dessen „nationaler Fraktion" angehörte. Dr. Oberlercher befaßt sich als in Hamburg lebender Privatgelehrter auch nach der Auflösung des SDS mit der Weiterführung und Anwendung der Marxschen Theorie auf die Probleme der Gegenwart.

Wichtigste Veröffentlichungen (Auswahl): Kapitalismus in Formeln (1972); Dialektik in Formeln (1975); Deduktion des Staates (1975); System der gesellschaftlichen Bewußtseinsformen (1976); Theorie der Erwachsenenbildung (1977); Das Subjekt der Weltgeschichte (1981); Die Logik der Arbeitsprozesse (1985); Die moderne Gesellschaft. Ein System der Sozialwissenschaften (1987).

TINA ÖSTERREICH, geboren 1944 in Bautzen (Sachsen). Nach Abitur Lehrerstudium in der DDR. Wegen „Republikflucht"-Versuchs 1974 zu 16 Monaten Haft verurteilt. 1975 Übersiedlung in die Bundesrepublik Deutschland. Seit 1982 Lehrerin an einer Berufsschule in der Westermarsch. 1978 erhielt sie den Märkischen Kulturpreis.

Wichtigste Veröffentlichungen: Ich war RF (1977); Gleichheit, Gleichheit über alles (1978); Luftwurzeln. Ein „Umzug" von Deutschland nach Deutschland (1987). — Außerdem Beiträge in Sammelbänden („Gesicht zur Wand", „Europäische Idee").

MANFRED SCHLAPP, geboren am 30. August 1943 in Innsbruck, studierte Philosophie, Psychologie und Klassische Philologie. 1967 Promotion zum Dr. phil. mit einer Dissertation über die Rolle des Meeres in der römischen erotischen Dichtung. Seine psychologische Ausbildung vervollkommnete Dr. Schlapp durch ein sechsmonatiges Praktikum an einer psychiatrischen Klinik. Seit 1967 lehrt er Philosophie und Latein am Liechtensteinischen Landesgymnasium in Vaduz. 1974 in den Internationalen PEN-Club aufgenommen, gründete er 1978 den PEN-Club des Fürstentums Liechtenstein, dessen langjähriger Generalsekretär er ist.

285

Wichtigste Veröffentlichungen: Steckbrief der Hinterwelt. Eine Kritik an gesellschaftlichem Fehlverhalten (1971); Das große Unbehagen (1973); Versuch und Irrtum. Grundzüge abendländischen Denkens (1979); Das ist Liechtenstein (1980); Irren ist unmenschlich. Kritik der reinen und praktischen Unvernunft (ARCUS-Verlag, Berlin 1987); Liechtensteiner Almanach (als Hrsg., 1987 ff.); Das verratene Gewissen. Unser Tun und Lassen wider besseres Wissen (1989). — Außerdem Hörspiele, Rundfunk-Essays, Fernsehfilme und Zeitschriften- sowie Anthologiebeiträge in Österreich, der Schweiz, der Bundesrepublik Deutschland und Israel.

CASPAR VON SCHRENCK-NOTZING, geboren 1927 in München, ist Begründer und Herausgeber einer der führenden neokonservativen Zeitschriften der Bundesrepublik Deutschland, die alle zwei Monate erscheint: CRITICÓN (Anschrift: Knöbelstraße 36/0, D-8000 München 22). Wichtigste Veröffentlichungen (Auswahl): Hundert Jahre Indien. Die politische Entwicklung von 1857 bis 1960 (1961); Charakterwäsche. Die amerikanische Besatzung in Deutschland und ihre Folgen (1965); Zukunftsmacher. Die neue Linke in Deutschland und ihre Herkunft (1968); Demokratisierung. Konfrontation mit der Wirklichkeit (1971); Honoratiorendämmerung. Das Versagen der Mitte (1973); Konservative Köpfe (als Hrsg., 1978).

WOLFGANG STRAUSS, geboren als Baltendeutscher am 8. März 1931 in Libau (Lettland), besuchte nach der Übersiedlung ins Deutsche Reich das Realgymnasium und später die Gerhart-Hauptmann-Oberschule in Schwerin (Mecklenburg). 1949 trat er in die Liberaldemokratische Partei Deutschlands (LDPD) ein und gründete eine Widerstandsgruppe von Oberschülern und Arbeitern, die im Juli 1950 von den DDR-Behörden entdeckt wurde. Der Staatssicherheitsdienst lieferte ihn der sowjetischen Okkupationsmacht aus. Nach monatelangen Verhören und Folterungen wurde er von einem Sowjetischen Militärtribunal zu zweimal 25 Jahren Zwangsarbeit verurteilt und in die UdSSR deportiert. Als Bergarbeiter in Workuta nahm er am Generalstreik des Sommers 1953 teil. Verurteilt zu einer lagerinternen Strafe — Karzer und Sonderstraflager —, gehörte er nicht zu den Amnestierten nach dem Besuch Adenauers in Moskau 1955. Am Heiligen Abend 1955 traf er als „Schwerstkriegsverbrecher" im DDR-Zuchthaus Bautzen ein, aus dem er im April 1956 entlassen wurde. Nach der Flucht in die Bundesrepublik wirkte W. Strauss als Redakteur bei Tageszeitungen und Wochenschriften in München, seit 1970 Lokalredakteur des „Straubinger Tagblattes" im bayerischen Furth im Wald.

Wichtigste Veröffentlichungen: Blut und Kohle (1961); Unter dem Banner Banderas (London 1963); Trotz allem, wir werden siegen (1968); Nation oder Klasse (1978); Bürgerrechtler in der UdSSR (1979); Lieber stehend sterben als auf Knien leben (1982); Revolution gegen Jalta (1982); Aufstand für Deutschland. Der 17. Juni 1953 (1983); „Rapallo". Neue deutsche Ost-Orientierung: Wunschtraum, Irrweg oder Gespenst? (MUT-Verlag, Asendorf 1986).

EDGAR TRAUGOTT, geboren 1912 in Straßwalchen (Salzburg), schrieb seine Doktorarbeit über Ernst Jünger und war von 1963 bis 1977 Chefredakteur der „Nürnberger Zeitung".

Wichtige Veröffentlichungen: Berge der Freiheit (Wien 1949); Media Terra (München 1964); Tief in Deutschland (Nürnberg 1969); Die Herrschaft der Meinung (Düsseldorf 1970); Auf der Adamsbrücke (Düsseldorf 1974); Schlagwörterbuch für Bürger und Zeitungsleser. Entzauberte Parolen von A (Aggression) bis Z (zeitgemäß) (Freiburg i. Br. 1980); Flugsamen . . . durch ein halbes Jahrhundert (Lyrik, 1981); Die magnetische Welt. Zu einem Wieder-Beginn des Denkens (1983); Sicherheit im Ungewissen. Das Sprechen gibt keine Bilder, sondern Ziele (1986).

Über das Buch „Die Magnetische Welt" schrieb der Philosoph Robert Spaemann (Universität München): „Das Buch ist brillant geschrieben und es gibt wirklich einen Schlüssel zum Verständnis der Moderne, der originell ist und eine eigentümliche Anziehungskraft hat." — Traugotts „Sicherheit im Ungewissen" stellt „Die Welt" in einer Besprechung vor, in der es heißt: „Edgar Traugott ist nicht nur ein überragender Zeitdiagnostiker und Kulturkritiker, sondern auch ein bedeutender philosophischer Schriftsteller. Traugott ist ein Selbstdenker, ein Grübler, ein außerhalb aller Schulen, Ideologien und ‚Ismen' meditierender Einzelgänger. Man kann ihn nirgendwo einordnen, weil er sich sowohl thematisch als auch in der Darstellungsweise allen herkömmlichen Etikettierungen entzieht. Seine Denkweise ist aphoristisch und essayistisch, bisweilen eruptiv; in immer neuen Durchbrüchen die Phänomene einkreisend und erörternd . . ., ‚Sicherheit im Ungewissen' gehört *nicht* zu jenen Arbeiten, von denen Schopenhauer grimmig sagt, daß sie Professorenphilosophie für Philosophieprofessoren enthielten."

KARLHEINZ WEISSMANN, Jahrgang 1959. Nach Schulbesuch und Studium in Göttingen seit 1984 Lehrer an einem niedersächsischen Gymnasium für die Fächer Geschichte und Evangelische Religionslehre. Veröffentlichungen in verschiedenen Zeitschriften zu historischen, politischen und theologischen Fragen.

BERNARD WILLMS, geboren 1931 in Mönchengladbach. Studium in Köln und Münster. 1964 Promotion bei dem Philosophen Joachim Ritter. 1965 bis 1969 Assistent des Soziologen Helmut Schelsky. Seit 1970 lehrt Bernard Willms als Professor der Politikwissenschaft an der Ruhr-Universität Bochum. Wissenschaftliche und philosophische Vorträge und Gastvorlesungen in Helsinki, London, Mailand, Neapel, Urbino, Paris, Nantes und Haifa (Israel). Professor Willms ist Mitherausgeber der Zeitschrift „Der Staat" und Mitglied des Honorary Board der International Hobbes-Association (New York). Er beabsichtigt, sich nach den jüngsten stark politikbezogenen Veröffentlichungen wieder intensiver der Ideengeschichte und insbesondere der Philosophie zuzuwenden. Wichtigste Veröffentlichungen: Die totale Freiheit. Fichtes politische Philosophie (1965); Die Antwort des Leviathan. Thomas Hobbes' politische Theorie (1970); Die politischen Ideen von Hobbes bis Ho Tschi Minh (1971); Selbstbehauptung und Anerkennung. Grundriß der politischen Dialektik (1977); Einführung in die Staatslehre (1979); Der Weg des Leviathan. Die Hobbes-Forschung von 1968 bis 1978 (1980); Die Deutsche Nation. Theorie — Lage — Zukunft (1982); Handbuch zur Deutschen Nation (als Hrsg., 1985); Identität und Widerstand. Reden aus dem deutschen Elend (1986); Idealismus und Nation. Zur Rekonstruktion des politischen Selbstbewußtseins der Deutschen (1986); Thomas Hobbes. Das Reich des Leviathan (1987); Erneuerung aus der Mitte: Prag-Wien-Berlin. Diesseits von Ost und West (gemeinsam mit Paul Kleinewefers, 1988).